Elmar Lange

Soziologie des Erziehungswesens

AF130379

Studienskripten zur Soziologie

Herausgeber:
Prof. Dr. Heinz Sahner
begründet von Prof. Dr. Erwin K. Scheuch †

Die Bände „Studienskripten zur Soziologie" sind als in sich abgeschlossene Bausteine für das Grund- und Hauptstudium konzipiert. Sie umfassen sowohl Bände zu den Methoden der empirischen Sozialforschung, Darstellung der Grundlagen der Soziologie als auch Arbeiten zu so genannten Bindestrich-Soziologien, in denen verschiedene theoretische Ansätze, die Entwicklung eines Themas und wichtige empirische Studien und Ergebnisse dargestellt und diskutiert werden. Diese Studienskripten sind in erster Linie für Anfangssemester gedacht, sollen aber auch dem Examenskandidaten und dem Praktiker eine rasch zugängliche Informationsquelle sein.

Elmar Lange

Soziologie des Erziehungswesens

2., überarbeitete Auflage

VS VERLAG FÜR SOZIALWISSENSCHAFTEN

VS Verlag für Sozialwissenschaften
Entstanden mit Beginn des Jahres 2004 aus den beiden Häusern
Leske+Budrich und Westdeutscher Verlag.
Die breite Basis für sozialwissenschaftliches Publizieren

Bibliografische Information Der Deutschen Bibliothek
Die Deutsche Bibliothek verzeichnet diese Publikation in der Deutschen Nationalbibliografie;
detaillierte bibliografische Daten sind im Internet über <http://dnb.ddb.de> abrufbar.

1. Auflage 1986
2., überarbeitete Auflage Januar 2005

Alle Rechte vorbehalten
© VS Verlag für Sozialwissenschaften/GWV Fachverlage GmbH, Wiesbaden 2004

Lektorat: Frank Engelhardt

Der VS Verlag für Sozialwissenschaften ist ein Unternehmen von Springer Science+Business Media.
www.vs-verlag.de

Umschlaggestaltung: KünkelLopka Medienentwicklung, Heidelberg
Gedruckt auf säurefreiem und chlorfrei gebleichtem Papier

ISBN-13: 978-3-531-14122-0   e-ISBN-13: 978-3-322-80509-6
DOI: 10.1007/ 978-3-322-80509-6

Vorwort

Im Jahr 2004 eine soziologische Analyse des Erziehungssystems der Bundesrepublik Deutschland schreiben zu wollen, erfordert auf den ersten Blick einigen Mut. Vor dem Hintergrund des ersten PISA-Schocks[1] aus dem Jahr 2000 (mit dem Schwerpunkt der international vergleichenden Erfassung der Lesekompetenz 15jähriger Schüler) (vgl. Deutsches PISA-Konsortium 2001) und den aus den Nachfolgestudien 2003 (Erfassung der mathematischen Grundbildung) und 2006 (Erfassung der naturwissenschaftlichen Grundbildung) zu erwartenden weiteren Ergebnissen mittelmäßiger Schulleistungen deutscher Schüler und mitten in der Reformdiskussion über das deutsche Bildungssystem, in der die Bildungspolitiker aus Bund und Ländern nahezu jeden Tag neue Reformvorschläge veröffentlichen, kann man ein solches Unterfangen nur wagen, wenn man die historische Entwicklung des Bildungssystems und seiner Reformen im Kopf behält und über einen theoretischen Ansatz verfügt, der diese Verhältnisse zu beschreiben und zu erklären vermag. Dann sieht man nämlich, was auch Vorläuferstudien von PISA, wie z.B. TIMSS[2] (1997), bereits erkennen ließen, dass diese Ergebnisse nicht überraschend kommen, sondern in der gegenwärtigen Struktur des deutschen Bildungswesens und die sie mit bedingenden sozialen, ökonomischen und kulturellen Strukturen begründet sind. Deutschland ist in all diesen Hinsichten das strukturkonservativste Land der Welt, zumindest im Kreis der regelmäßig untersuchten OECD-Länder. Und ob in den kommenden Jahren die jetzt angekündigten, im Jahr 1970 vom Bildungsrat bereits weitgehend geforderten, Reformen umgesetzt werden, ist mehr als zweifelhaft. Begründete Projektionen werden wir hierzu auf der Basis theoretischer Überlegungen und empirischer Befunde am Ende anstellen.

Das vorliegende Buch ist eine vollständige Überarbeitung des gleichnamigen Buchs aus dem Jahr 1986. Dabei wird zum ersten der seinerzeit auf den Überlegungen von Hurrelmann (vgl. Hurrelmann 1975; neu: 2002) beruhende sozialisationstheoretische Ansatz in einen allgemeinen handlungs-struktur-theoretischen Ansatz (Coleman 1995, Esser 1993 und 1999 – 2002) eingearbeitet. Zum zweiten werden die Daten aus der amtlichen Statistik aktualisiert und neue Ergebnisse einschlägiger empirischer Untersuchungen berücksichtigt. Zum dritten wird überall dort, wo es sinnvoll erscheint, die Situation Deutschlands im internationalen Vergleich dargestellt.

---

[1]   PISA steht für „Programme for International Student Assessment".
[2]   TIMSS steht für „Third International Mathematics and Science Study".

Als Erziehungssystem wird hier die Gesamtheit der Einrichtungen der Bundesrepublik begriffen, in denen Sozialisation bewusst geplant und formal organisiert
abläuft. Der Elementarbereich und der Hochschulbereich werden deskriptiv und
überblicksartig behandelt, der Schwerpunkt liegt im Bereich der allgemeinbildenden
Schulen. Die Einrichtungen der Weiterbildung sowie das duale System der Berufsausbildung werden aufgrund ihrer Heterogenität und ihrer besonderen Prob-
lemlagen hier nicht einbezogen.

Im Mittelpunkt der Analyse steht erstens die Frage, unter welchen ökonomischen, sozialen und kulturellen Bedingungen auf der Makroebene der Gesellschaft,
unter welchen organisatorischen Bedingungen des Erziehungssystems auf der
Mesoebene und unter welchen Schul- und Unterrichtsbedingungen auf der Mikroebene welche Leistungen und welche sozialen Kompetenzen unserer jungen Leute
nach Art und Umfang produziert werden. Beantwortet werden soll zweitens die
Frage, in welchem Umfang unter diesen Bedingungen Persönlichkeiten geschaffen
werden, die sich sowohl norm- und rollenkonform als auch selbstbestimmt, initiativ
und kreativ zu verhalten vermögen.

Dem theoretischen Ansatz folgend, liegt der analytische Primat der zu erklären-
den Sachverhalte auf der Makroebene: Es geht in dieser soziologischen Analyse
nicht um die Erklärung der individuellen Schülerleistungen, sondern um das durch
das Erziehungssystem insgesamt produzierte Leistungsniveau unterschiedlicher
Leistungsarten sowie um Art und Umfang sozialer Kompetenzen. Darüber hinaus
geht es um die Erklärung ihrer Veränderungen in den letzten 40 Jahren. Das
schließt nicht aus, sondern setzt im Gegenteil voraus, dass die „Gesetzmäßigkeiten"
des Erklärungsmodells aus methodologischen Gründen nur auf der Mikroebene,
z.B. der individuell handelnden Schüler und Lehrer, erfasst werden können (me-
thodologischer Individualismus).

Die folgende Abhandlung beginnt mit den grundlegenden Fragestellungen und
der Vorstellung des theoretischen Ansatzes einer „aufgeklärten" Version der Rational Choice-Theorie, unter besonderer Berücksichtigung der Sozialisationstheorie.
Es folgt ein deskriptiver Teil, in dem das gegenwärtig in Deutschland bestehende
Erziehungssystem in seinem Aufbau und in seinen institutionellen Grundlagen
dargestellt wird. Um die Frage zu beantworten, woher die gegenwärtig beobachteten Strukturen stammen, wird in diesem Kapitel auch auf die historische Entwicklung des Erziehungssystems eingegangen, ohne deren Kenntnis die gegenwärtigen
Verhältnisse nicht verstanden werden können. Im Mittelpunkt stehen anschließend
die Analysen der gesellschaftlichen, organisatorischen und interaktionsspezifischen
Strukturen des Erziehungssystems, ihrer Interdependenzen und ihrer Effekte auf
die Schulleistungen sowie auf die Handlungskompetenzen der Schüler.

Der vorliegende Text ist das Ergebnis mehrerer Vorlesungen, erstmals 1985/86
an der Wirtschafts- und Sozialwissenschaftlichen Fakultät der Universität zu Köln,

in den letzten drei Jahren an der Fakultät für Soziologie der Universität Bielefeld gehalten. Dementsprechend richtet er sich von seinen Zielsetzungen und der Auswahl seiner Inhalte vornehmlich an Studierende der Sozialwissenschaften, gleichgültig, ob in Lehramts-, Diplom-, Magister-, BA- oder MA-Studiengängen. Er dürfte darüber hinaus für Studenten der Erziehungswissenschaften, der Sozialpädagogik, für Lehrer und Erzieher sowie nicht zuletzt auch für Bildungspolitiker und Bildungsplaner von Interesse sein. Als fachwissenschaftlicher Beitrag ist er insofern zu verstehen, als er versucht, wichtige Fragen unseres Erziehungssystems aus einem einheitlichen theoretischen Ansatz unter Einbeziehung vorliegender empirischer Ergebnisse systematisch zu beantworten.

Für die Textgestaltung und die redaktionelle Bearbeitung bedanke ich mich ganz herzlich bei Frau Sonja Koster, Frau Ingeborg Mc Intyre und Herrn Sunjong Choi.

Bielefeld, Juli 2004   Elmar Lange

Inhaltsverzeichnis

Tabellenverzeichnis

Abbildungsverzeichnis

1 Fragestellungen und theoretische Grundlagen

1.1 Fragestellungen

Wer sich mit dem Erziehungssystem Deutschlands aus soziologischer Perspektive im Hinblick auf seine Ergebnisse beschäftigt, hat zunächst einmal seine mehr oder weniger offiziell vorgegebenen Aufgaben oder Zielsetzungen zu ermitteln, und die sind in den je spezifischen gesellschaftlich-historischen Situationen in Abhängigkeit von den dominanten bildungspolitischen und pädagogischen Vorstellungen normativ geprägt. Andererseits gilt es analytisch zu untersuchen, inwieweit das gegenwärtig operierende Erziehungssystem diese Aufgaben auch erfüllt.[3]

Damit geht es in der aktuellen Situation in Deutschland um die folgenden Fragen:

1. Welche Aufgaben soll das Erziehungssystem in der funktional differenzierten Gesellschaft der Bundesrepublik Deutschland für andere funktional ausdifferenzierte Systeme der Gesellschaft erfüllen, z.B. für die Wirtschaft, für die Politik, für die gesellschaftliche Gemeinschaft? Antworten auf diese Frage finden wir z.B. in den (normativen) Theorien der Bildungssoziologie und in den bildungspolitischen Programmen der Parteien. Vorab einer ausführlichen Behandlung dieser Thematik seien hier erste vorläufige Antworten schon einmal gegeben.

In Bezug auf die Wirtschaft wird vom Erziehungssystem z.B. verlangt:

die Betriebe und Behörden des Beschäftigungssystems mit nach Art und Höhe ausreichend qualifiziertem Humankapital zu versorgen, um national und international leistungs- bzw. konkurrenzfähig zu sein;

das zukünftige Humankapital nach Art und Höhe seiner Qualifikation zu selektieren und diese Selektion über Zeugnisse zu zertifizieren, um den Betrieben und Behörden eigene Selektionen zu ersparen;

das zukünftige Humankapital zeitlich passend „just in time" bereitzustellen, notfalls auch zu „verwahren", bis es gebraucht wird[4];

---

[3] Frühere soziologische Ansätze fassten beide Aufgaben in der zu kurz greifenden Aufgabe der Bestimmung der Funktionen des Erziehungssystems zusammen (vgl. z. B. den struktur-funktionalen Ansatz der Soziologie).

[4] Diese Aufgabe wird klassischerweise auch unter dem Begriff der Arbeitsmarktregulation behandelt.

In Bezug auf das System der gesellschaftlichen Gemeinschaft, zu dem Familien, Nachbarschaften und Gemeinden zählen, hat das Erziehungssystem z.b. den offiziellen Auftrag,

die Chancengleichheit aller jungen Menschen aus allen sozialen Schichten, allen Ethnien, gleich welcher Konfessions- oder Geschlechtszugehörigkeit sicher zu stellen, d.h nur nach Leistung zu selektieren.

In Bezug auf die Politik wird vom Erziehungssystem z.b. verlangt,

den jungen Menschen Kenntnisse über die Strukturen und Prozesse des demokratischen Systems zu vermitteln;

den jungen Menschen die Verinnerlichung der Werte, Normen und Symbole des z. Zt. herrschenden politischen Systems nahe zu legen, um damit zu seiner Legitimierung beizutragen.

2. Welche Aufgaben haben andererseits die o.g. anderen Teilsysteme für das Erziehungssystem zu erfüllen?

Was die Wirtschaft angeht, so dürfte ihre Hauptaufgabe in der indirekten Finanzierung des Erziehungssystems über Steuern liegen. Dem politischen System, speziell dem Staat obliegt in Deutschland schwerpunktmäßig die Aufgabe der direkten Finanzierung des Erziehungssystems, soweit die Einrichtungen nicht durch private Träger oder über Gebühren (mit-)finanziert werden. Darüber hinaus hat der Staat, in der föderalen Bundesrepublik der Bund und die Länder, hier und heute vor allem die Aufgabe der bildungspolitischen Steuerung des Erziehungssystems.

Es ist leicht erkennbar, dass die wechselseitigen Aufgaben bzw. Zielsetzungen unter anderen historischen und gesellschaftlichen Verhältnissen, als wir sie gegenwärtig in Deutschland haben, anders ausfallen können und faktisch ausfallen.

3. Welche Aufgaben hat das Erziehungssystem für die Entwicklung der Persönlichkeit der einzelnen jungen Menschen zu erbringen? Das Erziehungssystem ist ja nicht primär für andere gesellschaftliche Teilbereiche da, sondern in erster Linie dafür, jeder neuen Generation die herrschende Kultur zu vermitteln; in dieser Hinsicht gilt es,

die jungen Menschen mit der herrschenden Kultur vertraut zu machen, d.h. ihnen die Kenntnisse, Fähigkeiten und Fertigkeiten, aber auch die Werthaltungen, Normen und Symbole, einschließlich der Sprache, zu vermitteln, die sie als Mitglieder in allen gesellschaftlichen Teilbereichen zur Ausübung ihrer sozialen Rollen benötigen; anders formuliert: junge Menschen sind zur „Normkonformität" zu erziehen.

Andererseits sind sie zugleich zu einem kritischen Umgang mit der herrschenden Kultur, zu Kreativität und Selbstverantwortung zu erziehen, um die vorhandene Kultur wandelnden gesellschaftlichen Verhältnissen anpassen zu können; warum das ebenfalls nötig zu sein scheint, werden wir dem im Folgenden näher darzustellenden derzeit akzeptierten Menschenbild der philosophischen Anthropologie entnehmen müssen.

4. Was haben die einzelnen jungen Menschen für das Erziehungssystem zu tun? Eine nahe liegende Antwort ist die: Sie haben zu lernen, und unter den Bedingungen der Schulpflicht auch zwangsweise, und zwar das, was die Curricula vorschreiben. Wenngleich vermutlich die meisten Schüler gerade diese Antwort teilen, ist sie offiziell natürlich absurd: „Non scholae sed vitae discimus" (Seneca) – nicht für die Schule, sondern für das eigene Leben lernen wir! Wenn aber ein Großteil der Schüler meint, für die Schule zu lernen, dann ist offensichtlich etwas an den Lernbedingungen faul.

Jenseits der Analyse dieser in der gegenwärtigen Situation in Deutschland beobachtbaren manifesten und latenten Aufgaben erheben sich für den Soziologen allerdings die auf das Erziehungssystem bezogenen empirisch zu beantwortenden Fragen:

In welchem Umfang werden die vorab genannten Aufgaben auch faktisch erfüllt?

5. Von welchen gesellschaftlichen, organisatorischen und unterrichtlichen Bedingungen hängt die Aufgabenerfüllung ab?
6. Wie haben sich diese Bedingungen in den letzten Jahrzehnten mit welchen Konsequenzen verändert?
7. Welche Folgen haben zukünftige Veränderungen der gesellschaftlichen, organisatorischen und unterrichtlichen Bedingungen, nicht zuletzt auch durch politische Reformen für die Erfüllung der o. g. Aufgaben?
8. Welche neuen Aufgaben stellen sich dem Erziehungssystem unter veränderten nationalen und internationalen Verhältnissen?

1.2   Theoretische Grundlagen – die Rational Choice-Theorie

Zur Beantwortung der Fragen bedarf es eines theoretischen Ansatzes, der die folgenden Leistungen zu erbringen vermag:

1. Er muss in der Lage sein, das individuelle Handeln der Menschen in ihren verschiedenen gesellschaftlichen Systemen zu *verstehen* und gleichzeitig die Art und den Umfang der Erfüllung der verschiedenen Aufgaben auf der gesellschaftlichen Makroebene zu *erklären*.
2. Er muss die Handlungsbedingungen auf mehreren Ebenen (zumindest: gesellschaftlich, organisatorisch, unterrichtlich) differenziert beobachtbar und in ihren Zusammenhängen sichtbar werden lassen.
3. Er muss dynamisch angelegt sein und die Zeitdimension berücksichtigen.

Wir wählen hier eine spezielle Version der Handlungs-Struktur-Theorie, nämlich die „aufgeklärte Version" der Rational Choice-Theorie (RC-Theorie) (Coleman

1995, Esser 1993, Esser 1999 – 2001). Ihre grundlegenden Theoreme lassen sich wie folgt zusammenfassen: Beobachtbare gesellschaftliche Verhältnisse, ihre Unterschiede und ihre Entwicklungen, sind das Ergebnis aggregierter individueller Handlungen (Logik der Aggregation), wobei die Handelnden diejenigen Handlungen aus einem Satz von Handlungsmöglichkeiten auswählen, die ihren subjektiven Nutzen zu maximieren versprechen (Logik der Selektion). Bei ihrer Auswahl orientieren sich die Handelnden an den situativen (interaktiven, organisatorischen und gesellschaftlichen) Strukturen, unter denen sie leben und die ihnen sowohl bestimmte wünschenswerte Möglichkeiten (Optionen) zur Verfügung stellen als auch andere Möglichkeiten ausschließen (Restriktionen) (Logik der Situation). Diese Theorie lässt sich in dem folgenden Modell zusammenfassen (vgl. Abbildung 1)[5].

Wenn wir hier von Strukturen sprechen, an denen sich die Handelnden orientieren und die sie durch ihr Handeln entweder konservieren oder modifizieren, meinen wir relative Invariante, die wir auf allen Ebenen, d.h. gleichermaßen auf der gesellschaftlichen, der organisatorischen und der Interaktionsebene antreffen, und die aus unterschiedlichem „Material" bestehen; hierzu gehören[6]:

kulturelle Strukturen, d.h. die Wissens-, Wert- und Symbolbestände,

institutionelle Strukturen, d.h. die Gesamtheit der normativen Erwartungen wie Gesetze, Sitten, Bräuche, bezogen u.a. auf Mitgliedschaften, vertikale und horizontale Differenzierungen,

sozioökonomische Strukturen, d.h. Verteilungs-, Interdependenz- und Beziehungsmuster bezogen auf unterschiedliche Kapitalien,

Infrastrukturen, d.h. die materiellen und technischen Grundlagen der Produktion und Reproduktion.

Die Orientierung der Handelnden an diesen Strukturen und den mit ihnen verbundenen Optionen und Restriktionen ist einerseits das Ergebnis des Sozialisationsprozesses: Von Kindheit an lernen wir, uns auf diese Strukturen einzustellen, uns in ihrem Rahmen zu bewegen und sie damit zu konservieren oder aber gegen sie zu rebellieren und sie damit möglicherweise zu verändern (= Institutionalisierung neuer Strukturen). Das Erziehungssystem ist dabei ein zentraler Ort der systematischen Vermittlung der Kenntnisse über diese Strukturen und ihre Wirkungsweisen. Die Orientierung erfolgt weiterhin dadurch, dass wir jede Situation, in die wir treten, definieren müssen: Wo bin ich, welche Strukturen existieren in diesem „Raum", wie habe ich mich zu verhalten? Hier sind durchaus von „offiziellen" Definitionen abweichende „überraschende" und zu Innovationen führende individuelle Definitionen möglich.

---

5   Das Grundmodell findet sich in Esser (1993, S. 83-118).
6   Vgl. hierzu auch das Strukturmodell von Esser (1993, S. 419-467).

Abbildung 1:   Grundmodell sozialwissenschaftlicher Erklärung nach der Rational Choice-Theorie

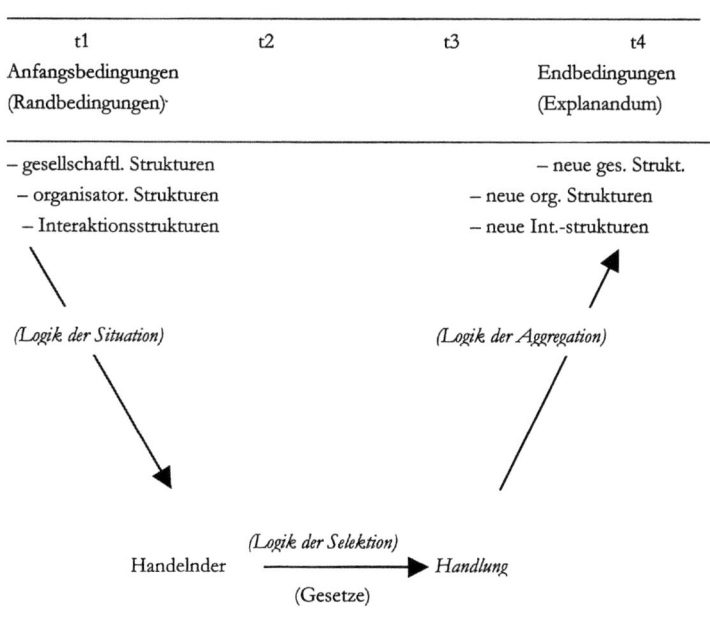

t1	t2	t3	t4
Anfangsbedingungen			Endbedingungen
(Randbedingungen)			(Explanandum)

– gesellschaftl. Strukturen   – neue ges. Strukt.
– organisator. Strukturen   – neue org. Strukturen
– Interaktionsstrukturen   – neue Int.-strukturen

(Logik der Situation)   *(Logik der Aggregation)*

                        (Logik der Selektion)
        Handelnder ──────────────▶ *Handlung*
                           (Gesetze)

Im Ergebnis kommt es dann, wenn diese Neubestimmungen auch von anderen geteilt werden, zur Institutionalisierung neuer Strukturen. Alle Mitbestimmungsinstitutionen auf allen gesellschaftlichen Ebenen, vom Bundesparlament bis zum Schülerparlament können so z.b. als Sekundärinstitutionen verstanden werden, die eigens zur systematischen Veränderung bestehender Primärinstitutionen eingerichtet sind. Alle Forschungs- und Entwicklungsinstitute haben nur die eine Aufgabe der Veränderung bzw. Verbesserung bestehender materieller und technologischer Infrastrukturen.

Konkretisieren wir die nach diesem Modell durchzuführende soziologische Analyse auf die Situation im Erziehungssystem (vgl. Abbildung 2).

Abbildung 2:   *Modell zur Erklärung von Schulleistungsquoten nach der Rational Choice-*
                 Theorie

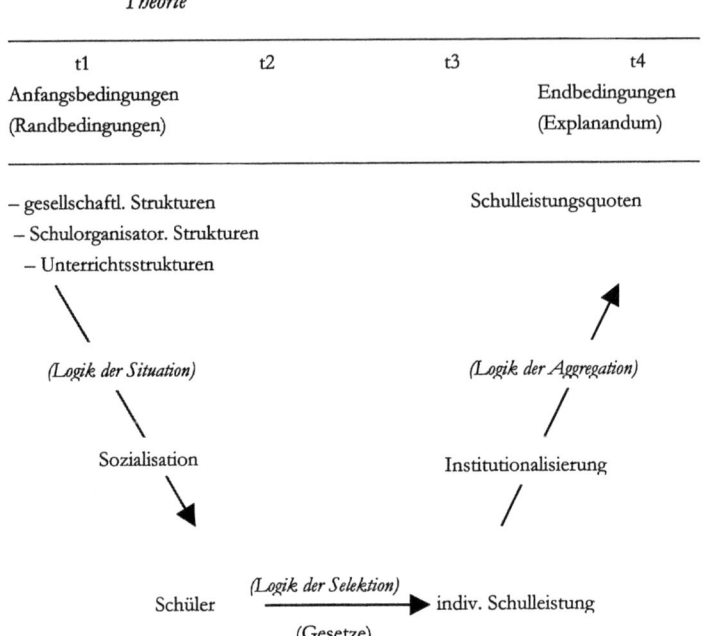

t1	t2	t3	t4
Anfangsbedingungen			Endbedingungen
(Randbedingungen)			(Explanandum)

Die RC-Theorie geht in ihrer Analyse der Logik der Situation davon aus, dass z.b. die Schüler (Handelnde) hinsichtlich ihrer schulischen Leistungen (Handlungen) zum einen von individuellen kognitiven (z.B. Intelligenz) und motivationalen (z.B. Leistungsmotivation) Fähigkeiten und Fertigkeiten bestimmt werden, diese Fähigkeiten und Fertigkeiten andererseits aber das Ergebnis des Sozialisations- bzw. Definitionsprozesses sind. Im Rahmen der Sozialisation lernen die Schüler in ihren Familien und Freundesgruppen sowie in Kindergärten, in der Schule u.a. Einrichtungen, was sie tun dürfen und was sie lassen müssen und wo sie ggf. Freiräume zur Selbstgestaltung ihres Lebens besitzen. Die konkret beobachtbare Persönlichkeit des Schülers erscheint damit zum Einen als Ergebnis eines Sozialisationsprozesses, den sie in verschieden Instanzen der primären und sekundären Sozialisation unter den herrschenden gesellschaftlichen Bedingungen durchläuft, zum Anderen als Ergebnis einer „freien" Entscheidung, die im Rahmen der vorgegebenen situativen Bedingungen mit ihren Optionen und Restriktionen möglich ist. Schulische

Leistung, wie auch andere Verhaltensmuster, erscheinen damit weder starr durch persönlichkeitsstrukturelle Merkmale determiniert noch durch sie prädeterminierende sozialstrukturelle Bedingungen festgelegt.

In ihrer Analyse der Logik der Selektion modelliert die Theorie den Handelnden als Nutzen maximierend. Das heißt allerdings nicht, dass jeder Schüler und jeder Lehrer in der Schule oder außerhalb, ständig als zweckrational handelnd im Weberschen Sinne zu begreifen wäre. Im Gegenteil, über die vorgängige Wahl eines situationsadäquaten Handlungsrahmens (frame) bleibt auch wertrationales, traditionales oder schlicht emotionales Handeln durchaus mit dem Modell der RC-Theorie vereinbar. So erscheint es auch als nutzenmaximierend, wenn in ständig wiederkehrenden Unterrichtssituationen an Normen orientiert oder in überraschenden Situationen auf dem Pausenhof spontan aus dem Bauch heraus gehandelt wird. Die Modellierung der Selektion nach einer derart aufgeklärten Nutzentheorie mit den angesprochenen Relativierungen ermöglicht dem Soziologen damit sowohl ein grundlegendes Verständnis der individuellen Handlungen der Schüler, der Lehrer, aber auch der Eltern und Bildungspolitiker als auch ihrer Erklärung unter Berücksichtigung der situativen Randbedingungen.

In der Logik der Aggregation fragt die Theorie nach den Wegen, auf denen aus individuellen Schülerhandlungen (z.B. erreichte Punktzahlen im PISA-Sprachtest) auf der Mikroebene aggregierte Merkmale des Outputs des Erziehungssystems (z.B. Durchschnittswerte, Standardabweichungen, Anteilswerte auf Kompetenzstufen in den PISA-Leistungstests für Deutschland) auf der Makroebene werden. Als Antwort wird hier auf mathematisch-statistische Operationen sowie auf institutionelle Regeln verwiesen, die von den Forschern für unterschiedliche Untersuchungsgebiete je individuell zu suchen sind.

Kurz zusammengefasst erscheinen hier auf der gesellschaftlichen Ebene Schulleistungsquoten als das Ergebnis aggregierter individueller Schülerleistungen. Die individuellen Leistungen der Schüler sind ihrerseits das Ergebnis eines Prozesses der Nutzenoptimierung, in dem die Schüler die Leistungen zeigen, die ihren individuellen Präferenzen und Erwartungen (auf der Basis vorhandener bzw. entwickelbarer motivationaler und kognitiver Grundstrukturen) entsprechen. Bei der Produktion ihrer Leistungen orientieren sie sich (bewusst und unbewusst) an den Möglichkeiten und Restriktionen, die ihnen der Schulunterricht, die schulische Organisation und die jeweils historisch gegebenen gesellschaftlichen Strukturen bieten.

Dieses theoretische Modell verabschiedet sich von struktur-funktionalen und systemtheoretischen Überlegungen, Gesetzmäßigkeiten auf der Makroebene zu suchen: Ein adäquates Verstehen und Erklären von Verhältnissen auf der Makroebene ist diesem Ansatz nach nur möglich, wenn gleichzeitig wenigstens die Makro- und die Mikroebene einbezogen werden.

Wir werden diesen Ansatz als heuristisches Erkenntnismodell nutzen und unsere Untersuchungsfragen jeweils mit Bezug auf die Elemente dieses Modells zu beantworten suchen.

1.3   Der Sozialisationsprozess im Rahmen der Rational Choice-Theorie

Ein zentraler Bestandteil der Rational Choice-Theorie ist, wie aus den Abbildungen 1 und 2 hervorgeht, der Prozess der Sozialisation, dessen Verständnis für die Analyse des Erziehungssystems grundlegend ist.

1.3.1   Zum Begriff der Sozialisation

Der Begriff Sozialisation (engl. socialisation) taucht bereits 1828 im Oxford Dictionary of the English Language im Sinne von „to render social, to make fit for living in society" auf; im Französischen ist er seit 1846 nachweisbar (Clausen, J.A. 1968, S. 21 f.). Zurzeit finden sich die folgenden Begriffsverständnisse und Explikationen:

R. Klima definiert im Lexikon zur Soziologie Sozialisation wie folgt (1973, S. 622 f.): „Sozialisation, Sozialisierung, selten auch deutsch: Vergesellschaftung, (1) Bezeichnung für den Prozess, durch den ein Individuum in eine soziale Gruppe eingegliedert wird, indem es die in dieser Gruppe geltenden sozialen Normen, insbesondere die an das Individuum als Inhaber bestimmter Positionen gerichteten Rollenerwartungen, die zur Erfüllung dieser Normen und Erwartungen erforderlichen Fähigkeiten und Fertigkeiten sowie die zur Kultur dieser Gruppe gehörenden Werte, Überzeugungen usw. erlernt und in sich aufnimmt. Wenn dieser Aneignungsprozess soweit geht, dass das Individuum die betreffenden Verhaltensstandards, Werte, Überzeugungen, Einstellungen usw. als seine eigenen bzw. als Selbstverständlichkeiten empfindet, spricht man von einer Internalisierung derselben. Der S.s.-prozess setzt unmittelbar nach der Geburt ein und führt durch die Internalisierung und Integration der von den wichtigsten Interaktionspartnern des Individuums während der Kindheits- und Jugendphase (Sozialisationsinstanzen) vermittelten Werte, Einstellungen, Rollenerwartungen usw. zum Aufbau des sozialen Selbst bzw. der sozialkulturellen Persönlichkeit... (2) Abweichend von dem in (1) dargestellten Sprachgebrauch bezeichnen einige Autoren (z.B. Wurzbacher, Scharmann) nur das Erlernen der für das Rollenverhalten des Individuums entscheidenden Verhaltensmuster als Sozialisation und verwenden für das Erlernen der von der Gruppe tradierten Kultur den Begriff der Enkulturation. Für die meisten Autoren ist die Enkulturation jedoch ein Teilaspekt des Sozialisationsprozesses."

Geulen/Hurrelmann definieren Sozialisation im Handbuch der Sozialisationsforschung (1980, S. 51) bereits umfassender: „Dabei gehen wir davon aus, dass
Sozialisation begrifflich zu fassen ist als der Prozess der Entstehung und Entwicklung der Persönlichkeit in wechselseitiger Abhängigkeit von der gesellschaftlich vermittelten sozialen und materiellen Umwelt."
Und in seinem neusten Buch zur Sozialisationstheorie definiert Hurrelmann
Sozialisation wie folgt: „Sozialisation bezeichnet ... den Prozess, in dessen Verlauf sich der mit einer biologischen Ausstattung versehene menschliche Organismus zu einer sozial handlungsfähigen Persönlichkeit bildet, die sich über den
Lebenslauf hinweg in Auseinandersetzung mit den Lebensbedingungen weiterentwickelt. Sozialisation ist die lebenslange Aneignung von und Auseinandersetzung mit den natürlichen Anlagen, insbesondere den körperlichen und psychischen Grundmerkmalen, die für den Menschen die „innere Realität" bilden,
und der sozialen und physikalischen Umwelt, die für den Menschen die „äußere
Realität" bilden" (Hurrelmann 2002, S. 15 f.). Diese Definition entspricht weitgehend auch dem Menschenbild der Rational Choice-Theorie mit ihrer Unter-
scheidung zwischen einer inneren und äußeren Realität.
Hurrelmann grenzt Sozialisation als Oberbegriff weiterhin u.a. gegenüber Bildung
und Erziehung ab. Für ihn ist Bildung in Anlehnung an die Auffassung von Adorno
(1971, S. 44) als „Förderung der Eigenständigkeit und Selbstbestimmung eines Menschen (zu) verstehen, die durch die intensive sinnliche Aneignung und gedankliche
Auseinandersetzung mit der ökonomischen, kulturellen und sozialen Lebenswelt
entsteht" (Hurrelmann 2002, S. 17). Er fügt hinzu: „Bildung schützt gegen die soziale
und kulturelle Funktionalisierung des Menschen und sichert seine Individualität. Sie
ist in diesem Verständnis die normative Zielsetzung des Sozialisationsprozesses"
(a.a.O., S. 17). Erziehung bezeichnet dagegen „alle gezielten und bewussten Einflüsse
auf den Bildungsprozess" ... Sozialisation umfasst alle Impulse auf die Persönlichkeitsentwicklung, unabhängig davon, ob sie geplant und beabsichtigt sind, und auch
unabhängig davon, welche Dimension der Persönlichkeitsentwicklung (Wissen, Motive, Gefühle, Bedürfnisse, Handlungskompetenzen) beeinflusst wird. Erziehung hingegen konzentriert sich meist auf einen Ausschnitt davon, vor allem die absichtsvol-
len Interaktionen zwischen Eltern/Pädagogen und Kindern in Familie, Kindergarten,
Schule und Hochschule, wobei die Wissens- und Motivebenen im Vordergrund stehen" (Hurrelmann, a.a.O., S. 17).

1.3.2 Der Persönlichkeitsbegriff der Sozialisationstheorie

Jeder Sozialisationstheorie liegt ein bestimmter Persönlichkeitsbegriff bzw. ein
bestimmtes Menschenbild zugrunde, auf die hin sie ihre Erklärungen ausrichtet.
Diese Menschenbilder werden in der Regel nicht weiter begründet, sondern axio-

matisch eingeführt. Sofern Begründungen vorliegen, beruhen sie derzeit in den Sozialwissenschaften zumeist auf dem Menschenbild der philosophischen Anthropologie, die von Scheler, Plessner und Gehlen begründet wurde. Dieser Position zufolge ist der Mensch bei seiner Geburt als ein physiologisches Mängelwesen zu kennzeichnen, das über einen Antriebsüberschuss und über die Unspezialisiertheit seiner Organe gekennzeichnet werden kann. Es ist bei seiner Geburt ein unfertiges Wesen, das weltoffen und nicht festgestellt nicht in der Lage ist, selbst zu überleben. Es ist auf Vorgaben von außen angelegt und bedarf einer „zweiten Natur", einer Kultur, um überhaupt lebensfähig zu werden. Die menschliche Weltoffenheit wird durch soziokulturelle Vorgaben somit in eine relative Weltgeschlossenheit transformiert (Sozialisationsprozess), die dem Menschen erst sein jeweiliges Überleben und Leben ermöglicht (vgl. hierzu z.B. H. Plessner, 1928, 1961; A. Gehlen, 1965 (Erstauflage 1940); P. Berger, T. Luckmann 1966).

Anders formuliert: Aufgrund dieser Annahmen erscheint die Persönlichkeit des Menschen in keiner ihrer Merkmale gesellschaftsfrei gebildet, sondern beruht auf einer konkreten Lebenswelt, die gesellschaftlich-historisch vermittelt ist. „Die physisch-psychischen Grundgegebenheiten für die Entwicklung des Menschen, wie etwa Bau und Funktionsweise des Organismus, genetisches Potential, Trieb- und Affekthaushalt, Wachstums- und Verfallprozesse der physischen und psychischen Kapazitäten usw. folgen zum Teil ihren eigenen immanenten Gesetzmäßigkeiten, doch sind diese Gesetzmäßigkeiten gesellschaftlich (mit)konstituiert und sozial überformt. So sind etwa kognitive und sprachliche Entwicklungsphasen in gewissem Maße von der Entwicklung organischer Strukturen abhängig, doch werden sie in ihrer zeitlichen Dauer, inhaltlichen Ausgestaltung und kulturellen Sinngebung durch gesellschaftliche und soziale Faktoren mitbestimmt. Die gesellschaftlichen Setzungen überlagern die physisch-psychischen Entwicklungskomponenten, sie geben der Gestaltung der Triebe und Affekte entscheidende Impulse, steuern z.B. die Herausbildung der Geschlechtsidentität mit, bieten Rollen- und Identitätsmuster auf jeder Stufe der psychosozialen Entwicklung an und kanalisieren auf diese Weise wichtige Teile des Prozesses der Persongenese nach gesellschaftlich notwendigen oder erwünschten Vorstellungen." (Geulen/Hurrelmann 1980, S. 64).

Hier stellt sich nun die Frage, in welche Richtung und über welche Prozesse und Strukturen Gesellschaft ihre Individuen steuert, und woraus Gesellschaft als reifizierter Handelnder besteht. Eine soziologische Antwort auf diese Fragen, insbesondere auf die Fragen nach Art und Richtung der Vergesellschaftung des Menschen, d.h. nach der Sozialisation des Menschen hängt eng mit den Antworten darauf zusammen, wie Stabilität und Wandel von Gesellschaften möglich sind.

Gesellschaft stabilisiert und sozialisiert damit ihre Individuen, indem sie Erwartungen formuliert, diese Erwartungen durch Normenbildung verbindlich macht, ihre Befolgung belohnt und ihre Nicht-Befolgung bestraft, also ihre Normen mit

Sekundärnormen und Verhaltenskonsequenzen versieht. Diese Normen können für alle, für Teile oder für einzelne typische Positionen der Gesellschaft verbindlich sein. Im letzten Fall handelt es sich um Rollennormen. Geschaffen wird damit ein homo sociologicus, der sich weitgehend norm- und rollenkonform verhält und dadurch die Gesellschaft stabilisiert. Unter inhaltlichen Aspekten beziehen sich diese Normen auf den Erwerb und die Ausübung von Fähigkeiten und Fertigkeiten, Wissen und Kenntnissen, die der Mensch zur Bewältigung von Alltagssituationen und z.b. spezialisierten Berufssituationen benötigt; sie beziehen sich weiterhin auf Einstellungen, Orientierungen und Werthaltungen, die der Mensch als Kriterien zur Selektion von Handlungsmöglichkeiten benötigt. Die Folge dieser Normierung im weitesten Sinne ist eine relativ festgestellte, angepasste, normkonforme Persönlichkeit, eben homo sociologicus; die Folge ist weiterhin eine stabile, konservative Gesellschaft.

So notwendig der Mensch diese gesellschaftliche Feststellung braucht, so brüchig bleibt diese von außen an ihn heran getragene Ordnung, so sehr sträubt er sich als Individuum, als autonom und selbständig handeln wollendes Wesen offensichtlich gegen diese Festlegung. Individualität und Emanzipation sowie Innovation gegenüber verfestigten gesellschaftlichen Ordnungen sind aufgrund der menschlichen „Natur" möglich und aufgrund des stets vorläufigen Charakters der sozialen Ordnung nötig. „Was die emanzipatorischen Motive angeht, so stellte sich schon Durkheim das Problem, wie das durch verinnerlichte Normen moralisch gebundene Individuum gleichzeitig autonom sein könne. Und Freud hat den Gedanken entwickelt, dass Vergesellschaftung (Sozialisation E. L.) qua Verinnerlichung von Normen notwendig Triebrepression bedeutet und geradezu pathogen wirkt. Mit dem Begriff des Ichs bzw. der Ich-Stärke legt die Psychoanalyse dann die Grundlage für eine von Freud selbst nur ansatzweise vollzogene Wende im Verständnis vom sozialisierten Menschen: Sozialisation muss nicht notwendig als Verinnerlichung einer heteronomen Normeninstanz, sondern kann auch aufgefasst werden als Genese des menschlichen Subjektcharakters, einer viel weiter gefassten Handlungsfähigkeit." (Geulen/ Hurrelmann 1980, S. 54). Ähnliche Überlegungen finden sich z.B. bei Mead mit seiner Differenzierung des Selbst in ein selbstbestimmtes I, ein fremdbestimmtes Me, die beide über das Mind in ein ausgewogenes Verhältnis gebracht werden (Mead 1934).

Für die Entwicklung der Persönlichkeit resultiert aus diesen Überlegungen, dass über den Sozialisationsprozess das Individuum sowohl über Norm- und Rollenvorgaben stabilisiert als auch über die Entwicklung der Ich-Stärke und Individualität flexibilisiert und innovationsfähig gehalten wird bzw. werden muss.

1.3.3 Gesellschaftliche Sozialisationsinstanzen

An dieser Stelle stellt sich nun die Frage, wer oder was denn nun „die Gesellschaft"
ist; die in der genannten Weise Sozialisation betreibt (vgl. Abbildung 3).

An erster Stelle sind hier nun die Eltern zu nennen, die für den heranwachsen-
den jungen Menschen Gesellschaft ausmachen; sie bilden mit den weiteren Mitgliedern der Familie (Geschwister, übrige Verwandte) die sog. primäre Sozialisationsin-
stanz, in der Erwartungen, Normen, Werte und Einstellungen von einer Generation an die nächste weitergegeben werden.

Hinzu kommen die Freundesgruppen und Gruppen Gleichaltriger, die so genannten Peer-Gruppen, die zunächst in der unmittelbaren räumlichen und sozialen
Umgebung angesiedelt sind und in denen sich die Kinder und Jugendlichen wechselseitig in ihren Handlungsmöglichkeiten erfahren und wechselseitig feststellen.

Neben diese auf verwandtschaftlicher und freundschaftlicher Basis gebildeten
Gruppen treten dann unter den gegenwärtig herrschenden gesellschaftlichen Bedingungen die formal organisierten Sozialisationsinstanzen, zu denen vor allem
Kindergärten, Schulen, Hochschulen und weitere sozialpädagogische Bildungseinrichtungen gehören. Diese Sozialisationsinstanzen zeichnen sich dadurch aus, dass
sie systematisch auf die Sozialisation des gesellschaftlichen Nachwuchses hin geplant und implementiert sind. Die systematischen im Rahmen einer formalen Organisation ablaufenden Sozialisationsprozesse aber bezeichnet man üblicherweise
als Erziehungsprozesse, die entsprechenden Organisationen zusammengefasst als
Erziehungssystem einer Gesellschaft. Es dürfte bereits hier deutlich sein, dass Er-
ziehungssysteme und Erziehungsinstitutionen historisch gewachsen sind, in ihren
Formen zwischen den Gesellschaften variieren und sich im Laufe der Zeit systematisch verändern. Die Instanzen des Erziehungssystems werden auch als sekundäre
Sozialisationsinstanzen bezeichnet.

Sozialisation findet darüber hinaus in allen informellen Gruppen und formalen
Organisationen statt, in denen die Menschen Mitgliedschaftsrollen erwerben: Bewusst oder unbewusst, gewollt oder ungewollt werden hier Erwartungen, Rollen,
Werte und Einstellungen, Deutungs- und Handlungsmuster vermittelt, übernommen, tradiert und modifiziert. Zu den wichtigsten Organisationen gehören hier die
Betriebe und Behörden des Wirtschafts- und Verwaltungsbereichs, in denen berufliche Sozialisation stattfindet, die Parteien und Verbände, in denen politische Sozialisation stattfindet, die Kirchen und Glaubensgemeinschaften, in denen religiös-
weltanschauliche Sozialisation betrieben wird sowie nicht zuletzt auch die Zwangs-
organisationen wie Erziehungsheime und Gefängnisse, denen bezeichnenderweise
die Aufgabe der Resozialisation obliegt.

Als Mitglied einer Gesellschaft im weitesten Sinne unterliegt das Individuum den
nationalen und kulturellen Sozialisationseinflüssen, die nicht zuletzt über die Mas-

senmedien vermittelt werden. Über ihre aufgezeigten Sozialisationsinstanzen des primären, sekundären und tertiären Bereichs trägt die Gesellschaft damit zur Tradierung der jeweils dominanten kulturellen Muster bei. Gleichzeitig unterliegt sie dem Wandel aufgrund der individuellen und innovativen Potenz der in ihr handelnden Menschen und der durch diese Menschen konstituierten sozialen Gruppen und Systeme.

Abbildung 3: Komponenten und Ebenen eines Strukturmodells der Sozialisationsbedingungen

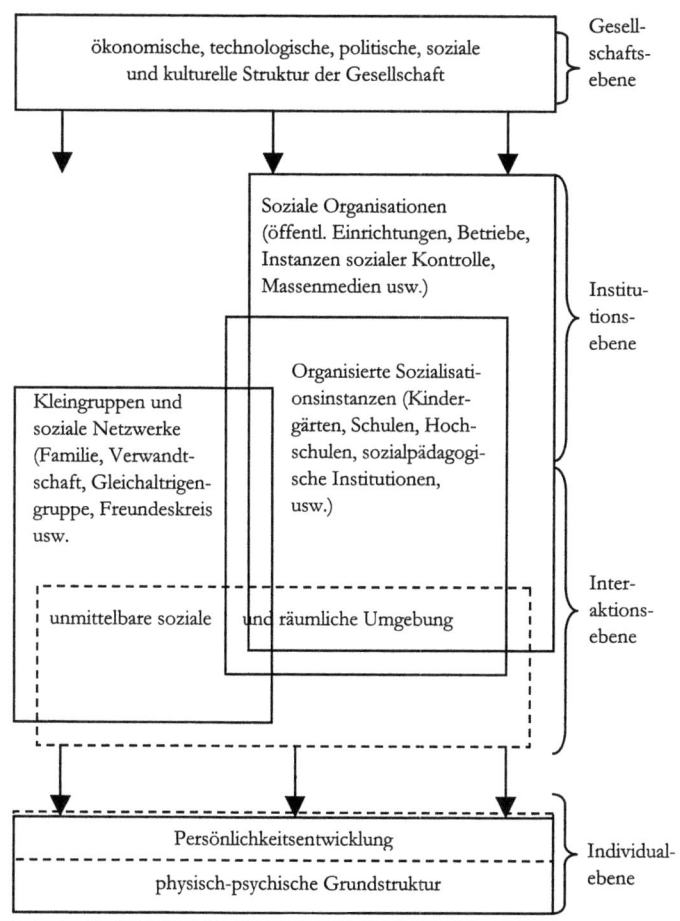

Quelle: Geulen, Hurrelmann 1980, S. 65

2   Das Erziehungssystem der Bundesrepublik Deutschland

2.1   *Abgrenzungen*

Wie bereits erwähnt, bezeichnet Erziehung denjenigen Teil der Sozialisation, der bewusst geplant und formal organisiert ist. Unter dem Erziehungssystem verstehen wir somit die Gesamtheit der formalen Organisationen, die eine Gesellschaft mit dem primären Ziel der Erziehung ihrer Mitglieder eingerichtet hat. Dazu gehören sowohl staatliche als auch private Einrichtungen, angefangen bei den Kinderhorten bis hin zu den Weiterbildungseinrichtungen.

In der folgenden Behandlung des Erziehungssystems der Bundesrepublik Deutschland werden wir nach seiner überblicksartigen Darstellung im Wesentlichen nur auf die staatlichen bzw. auf die unter staatlicher Aufsicht stehenden Teile des Erziehungssystems eingehen. Innerhalb dieses Bereiches werden die Kindergärten, Schulen und Hochschulen behandelt; die Einrichtungen der Weiterbildung sowie die betriebliche Ausbildung als Teil des dualen Systems werden aufgrund der Heterogenität dieses Bereichs ausgeklammert.

Ausgeblendet werden auch die primären Sozialisationsprozesse in den Familien und Peer-Gruppen sowie die tertiären Sozialisationsprozesse in anderen gesellschaftlichen Bereichen. Ausblendung bedeutet jedoch nicht, dass nicht regelmäßig auf die Vorleistungen dieser Systeme und auf die Folgen des Erziehungssystems für diese Systeme hingewiesen wird: Das Erziehungssystem baut immer auf den Vorleistungen der primären Sozialisationssysteme auf und produziert Leistungen für die Systeme, in die die jungen Menschen anschließend eintreten. Wennschon das Erziehungssystem und die in ihm enthaltenen Subsysteme eine relativ hohe Autonomie besitzen, stehen sie doch in Austauschbeziehungen mit den übrigen gesellschaftlichen Teilsystemen.

In der folgenden Darstellung wird Erziehung häufig durch Bildung und Erziehungssystem durch Bildungssystem ersetzt. Wennschon wir, wie aus der bisherigen Analyse deutlich geworden ist, den Begriff der Erziehung für die bewusst geplanten und formal organisierten Sozialisationsprozesse vorziehen, wird vor allem in amtlichen Schriften, aber auch in zahlreichen wissenschaftlichen Veröffentlichungen weiterhin am Bildungsbegriff festgehalten, wennschon mit zum Teil unterschiedlichen Implikationen.

Wie bereits angedeutet, erscheint der Bildungsbegriff, ähnlich wie der Klassenbegriff, mit Inhalten verbunden, die eine bestimmte historisch-gesellschaftliche

Situation treffen: den Wissens-, Wert- und Weltanschauungskanon des gehobenen
Bürgertums des 19. und beginnenden 20. Jahrhunderts in Mitteleuropa. Dieser
Kanon ist spätestens nach dem Zweiten Weltkrieg in Deutschland unter Ideologie-
verdacht geraten und u.a. aus diesem Grund durch die von der konkreten ge-
schichtlichen und gesellschaftlichen Situation in stärkerem Maße abstrahierenden
Begriffe Erziehung oder Qualifizierung ersetzt worden.

Geht man jedoch auf die Ursprünge des Bildungsbegriffs zurück, in dem gerade
auch für das Bürgertum die Chance zur Emanzipation mit angelegt war, und versucht man, daran anknüpfend ein der heutigen Zeit angemessenes Bildungsver-
ständnis zu begründen, wie z.B. bei Klemm, Rolff und Tillmann (1985, S. 161 ff.)
geschehen, dann könnte der Bildungsbegriff zukünftig auch als analytischer Begriff
soziologisch brauchbar bleiben.

2.2   Das Erziehungssystem im Überblick

2.2.1   Institutionelle Grundlagen und offizielle Zielsetzungen

Das Erziehungssystem der Bundesrepublik Deutschland, insbesondere der Ele-
mentar-, Primar-, Sekundar- und Tertiärbereich, aber auch Teile der öffentlichen
Weiterbildung beruhen auf rechtlichen Regelungen, die ihre Grundlagen im
Grundgesetz, in Bundes- und Landesgesetzen sowie in Verwaltungsvorschriften
und -verordnungen besitzen. So bestimmt Artikel 7 des Grundgesetzes: „(1) Das
gesamte Schulwesen steht unter der Aufsicht des Staats. ... (4) Das Recht zur Errichtung von privaten Schulen wird gewährleistet. Private Schulen als Ersatz für
öffentliche Schulen bedürfen der Genehmigung des Staates und unterstehen den
Landesgesetzen."

Die Gesetzgebungskompetenz des Bundes bezieht sich angesichts der Kulturhoheit der Länder jedoch ausschließlich auf die berufliche Bildung im Bereich des
dualen Systems (Berufsbildungsgesetz), auf die Rahmengesetzgebung im Bereich
der Hochschulen (Hochschulrahmengesetz) sowie auf die Finanzierung der Berufsausbildung (Bundesausbildungsförderungsgesetz). Mitwirkungsmöglichkeiten
bestehen für den Bund im Übrigen bei der Bildungsplanung und bei der Förderung
von Einrichtungen und Vorhaben der wissenschaftlichen Forschung von überregio-
naler Bedeutung auf der Basis von Vereinbarungen mit den Ländern nach Artikel
91b des Grundgesetzes. Initiator derartiger Planungen und Vereinbarungen ist
gegenwärtig die Bund-Länder-Kommission für Bildungsplanung und Forschungsförderung.

Zuständig für die Gestaltung der internen Struktur des Erziehungssystems sind in der Bundesrepublik ansonsten die Bundesländer, die ihre Kulturhoheit durch entsprechende Landesgesetze und Verwaltungsvorschriften ausüben. Die Koordination der Kulturpolitiken der einzelnen Länder erfolgt auf der Basis des Länderabkommens von 1964 durch die Ständige Konferenz der Kultusminister (KMK).

Zuständig für die materielle Ausstattung der Schulen sind die jeweiligen Schulträger: bei öffentlicher Trägerschaft in der Regel die Gemeinden und Gemeindeverbände sowie das Land, bei privater Trägerschaft die jeweiligen natürlichen oder juristischen Personen, z.B. Kirchen. Die Träger haben alle anfallenden Sachkosten mit Ausnahme der Personalkosten, wie z.b. die Kosten für die Grundstücke, Schulbauten und die Sachmittel zu tragen.

Darüber hinaus haben die Selbstverwaltungsorgane der Wirtschaft die Möglichkeit, die berufliche Ausbildung entweder in rein schulischer oder in dualer Form mitzugestalten. Näheres regelt u.a. das Berufsbildungsgesetz.

Ziel des Erziehungssystems ist zum einen die individuelle Förderung der Kinder, Jugendlichen und der Erwachsenen. Das Recht auf Erziehung. und Bildung ist für alle Kinder in den jeweiligen Landesverfassungen abgesichert (vgl. Aufgabe 3 der Fragestellungen). Ein zweites offizielles Ziel des Erziehungssystems, speziell des Schulsystems, ist die gegenwärtige und zukünftige Sicherung der Befriedigung der sozialen und kulturellen sowie der wirtschaftlichen Bedürfnisse (vgl. Aufgabe 1 der Fragestellungen). Entsprechende Formulierungen finden sich ebenfalls in fast allen Landesverfassungen.

Aus den Zielen des Erziehungssystems heraus lässt sich jedoch noch nicht die konkrete Struktur dieses Systems ableiten. Hierzu bedarf es weiterhin der Kenntnis der historisch-gesellschaftlichen Rahmenbedingungen, unter denen sich das Erziehungssystem in der Bundesrepublik entwickelt hat, und der Vorstellungen der Bildungspolitiker im weitesten Sinne über die „zieladäquate" Organisation von Lernprozessen. Auf diese Entwicklungen werden wir jedoch in der Detailanalyse noch näher eingehen.

2.2.2 Aufbau des Erziehungssystems

Im Folgenden sollen zunächst einmal ein grober Überblick über die Struktur des Erziehungssystems in der Bundesrepublik im Jahr 2001 gegeben und die zentralen Konstruktionsprinzipien herausgearbeitet werden (vgl. Abbildung 4).

Abbildung 4: Grundstruktur des Bildungswesens in der Bundesrepublik Deutschland im Jahr 2001

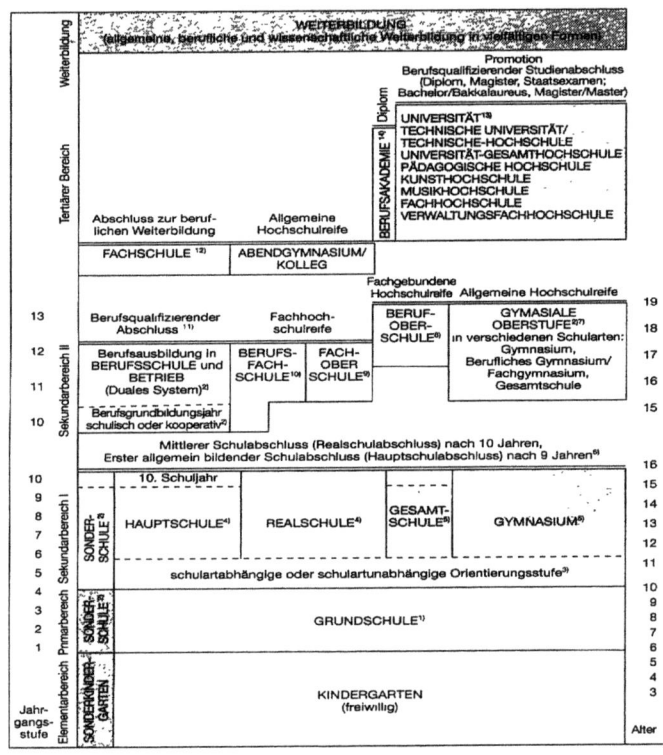

Quelle: Sekretariat der Ständigen Konferenz der Kultusminister der Länder in der Bundesrepublik Deutschland, Dokumentations- und Bildungsinformationsdienst, Lennéstr. 6, 53113 Bonn, Tel.: 0228 501-0. © KMK 2001

Abbildung 4 zeigt zunächst einmal, dass das Bildungswesen der Bundesrepublik im Wesentlichen auf der Basis gleicher Altersgruppen horizontal nach sechs Bereichen differenziert ist:

dem Elementarbereich mit den Altersgruppen der drei- bis fünfjährigen,

dem Primarbereich mit den sechs- bis neunjährigen,

dem Sekundarbereich I mit den 10-15jährigen,

dem Sekundarbereich II mit den 16-18jährigen,

dem Tertiärbereich mit den 19jährigen und Älteren sowie

▪ dem Quartärbereich der allgemeinen und beruflichen Weiterbildung, der altersmäßig alle Jugendlichen und Erwachsenen nach Beendigung der Vollzeitschulpflicht enthalten kann.

Der Differenzierung des Erziehungssystems nach Altersgruppen liegt dabei die Vorstellung zugrunde, dass Lernfortschritte bei Kindern und Jugendlichen im Wesentlichen alters- und reifeabhängig sind. Die Differenzierung nach Altersgruppen knüpft damit an bildungspolitische Vorstellungen über die jeweiligen Lernvoraussetzungen an: Sie unterstellen, dass alle Kinder mit sechs Jahren die gleiche intellektuelle und motivationale Grundausstattung besitzen, sich also z.b. hinsichtlich ihrer bis dahin erworbenen Fähigkeiten und Fertigkeiten, ihrer Arbeitshaltungen und ihrer Intelligenz nicht unterscheiden. Sie unterstellen weiterhin, dass alle Kinder in den Folgejahren die gleiche Lerngeschwindigkeit besitzen und sich daher in Altersgruppen parallel durch das Bildungssystem bewegen können. Dass diese Vorstellungen nicht zutreffen, ist inzwischen bekannt.

Ein zweites Kriterium der Differenzierung des Erziehungssystems ist die Differenzierung nach dominanten Zielsetzungen und Inhalten in

▪ Einrichtungen der Allgemeinbildung und
▪ Einrichtungen der Berufsbildung.

Allgemeinbildende Erziehungseinrichtungen, speziell Schulen, haben die Aufgabe, eine berufs- und tätigkeitsbereichsunspezifische Grundbildung sicherzustellen. Berufsbildende Einrichtungen bauen auf den Einrichtungen der Allgemeinbildung auf und haben die Aufgabe, berufs- und tätigkeitsfeldbezogenes Wissen sowie entsprechende Fähigkeiten und Fertigkeiten zu vermitteln.

Im allgemeinbildenden Sektor des Erziehungssystems wird im Bereich der Sekundarstufe I das System ausdifferenziert in

▪ das traditionell vertikal differenzierte System weiterführender Schulen (Hauptschule, Realschule, Gymnasium) und in
▪ das horizontal integrierte System der Gesamtschulen.

Im Bereich der Sekundarstufe II wird im allgemeinbildenden Sektor noch zwischen

▪ allgemeinen Gymnasien und
▪ fachbezogenen Gymnasien unterschieden.

Während die allgemeinen Gymnasien die allgemeine Hochschulreife vermitteln, vergeben die fachbezogenen Gymnasien eine auf die jeweilige Schwerpunktsetzung der Schule bezogene fachgebundene Hochschulreife.

Im Sektor der beruflichen Bildung sind ebenfalls zwei grundlegende Formen zu unterscheiden:

▪ das System der schulischen Berufsbildung und
▪ das System der dualen Berufsausbildung.

Während die rein schulische Berufsausbildung jeweils nach Abschluss der verschiedenen allgemeinbildenden Schulen in bestimmten Formen (Berufsgrundbildungsjahr, Berufsfachschulen, Fachoberschulen oder auch Fachhochschulen und Hochschulen) aufgenommen werden kann und in sich einen zweiten Bildungsweg konstituiert, der dem Weg der Allgemeinbildung gleichwertig gesetzt ist, impliziert das System der dualen Berufsausbildung die gleichzeitige weiterführende Ausbildung in Berufsschulen und in Betrieben oder Verwaltungen.

Der Bereich der Weiterbildung lässt sich allenfalls grob nach allgemeinbildenden und berufsbezogenen Bereichen weiter differenzieren; er ist insgesamt so heterogen, dass er in diesem Überblick nicht näher behandelt werden kann.

Mit Ausnahme von Teilen des Weiterbildungsbereichs ist das gesamte Erziehungssystem der Bundesrepublik formal organisiert, dazu gehört u.a.

- Die Ziele, Inhalte, Didaktiken und Materialien aller Einrichtungen sind weitgehend durch staatliche Richtlinien bestimmt.
- Der Eintritt der Kinder ist mit der allgemeinen Schulpflicht auf das sechste Lebensjahr festgelegt. Sofern die Kinder auf der Basis medizinisch-psychologischer Untersuchungen als noch nicht schulreif definiert werden, können sie zurückgesetzt werden. Die Dauer der Schulpflicht variiert je nach den einzelnen Landesgesetzen derzeit zwischen neun und zehn Jahren.
- Der Wechsel zwischen den Teilsystemen und der Austritt aus dem System sind ebenfalls formal geregelt. Zeugnisse geben Auskunft über den individuellen Leistungsstand und werden damit zu Voraussetzungen für die möglichen Bewegungen der Kinder und Jugendlichen über die Positionen des Erziehungssystems; damit sind sowohl Klassenwiederholungen als auch Klassenüberspringungen möglich.
- Das gesamte Erziehungssystem ist hierarchisch und arbeitsteilig aufgebaut und vom Minister bis zum Schüler in seinen Interaktionsstrukturen weitgehend geregelt.
- Die Ausbildung der Lehrer ist auf eine wissenschaftliche Grundlage gestellt, die Berufstätigkeit überwiegend verbeamtet.

Aus den verfassungsmäßig abgesicherten Rechten der Kinder auf Bildung und Erziehung sowie dem Sozialstaatlichkeitsgebot der Vermeidung von Diskriminierungen jeglicher Art resultieren weiterhin:

- die Unentgeltlichkeit des Unterrichts in den allgemeinbildenden und den meisten berufsbildenden öffentlichen Einrichtungen, wohingegen die Lernmittelfreiheit in den letzten Jahren wieder eingeschränkt wurde,
- die weitgehend flächendeckende Versorgung der Bevölkerung mit den Einrichtungen des Bildungswesens; wo sie nicht möglich ist, werden die Schüler zumeist kostenlos zu nahe gelegenen Bildungseinrichtungen transportiert.

Nach diesem groben Überblick über die institutionellen Grundlagen, die allgemeine Struktur und die Organisationsprinzipien des Erziehungssystems wenden wir uns jetzt den einzelnen Teilbereichen näher zu. Im Einzelnen werden wir den Elementarbereich, den Bereich der allgemeinbildenden und der beruflichen Schulen sowie den Hochschulbereich hinsichtlich ihrer Formen, ihrer Verbreitung sowie hinsichtlich ihrer historischen Entwicklung näher darstellen. Dabei werden wir bei den Definitionen und Zahlenangaben überwiegend auf die Veröffentlichungen des Bundesministeriums für Bildung und Forschung in den „Grund- und Strukturdaten 2001/2002" (im Folgenden als 'GSD' abgekürzt) zurückgreifen.

2.3 Der Elementarbereich

2.3.1 Definitionen

Zum Elementarbereich zählen Kinderkrippen/Krabbelstuben, Kindergärten, Sonderkindergärten, Kinderhorte und Schulkindergärten sowie sonstige Tageseinrichtungen für Kinder mit altersgemischten oder altershomogenen Gruppen.

Kinderkrippen oder Krabbelstuben sind Einrichtungen, die Kinder unter einem Alter von drei Jahren aufnehmen.

Kindergärten sind Einrichtungen in überwiegend kirchlicher, sonst öffentlicher oder auch anderer privater Trägerschaft, in denen Kleinkinder im Alter von drei Jahren bis zum Schuleintritt tagsüber betreut werden.

Sonderkindergärten sind Einrichtungen für Körperbehinderte, Blinde, Hör- oder Sprachgeschädigte sowie geistig schwach entwickelte Kinder.

Als Kinderhorte bezeichnet man Einrichtungen, in denen Kinder im schulpflichtigen Alter tagsüber oder während der üblichen Arbeits- und Geschäftszeit bzw. vor oder nach der Schulzeit ganztägig oder für einen Teil des Tages aufgenommen sowie pflegerisch und erzieherisch betreut werden.

Schulkindergärten sind Einrichtungen, die den Grundschulen oder den Sonderschulen angegliedert sind. Sie werden in der Regel von schulpflichtigen, aber noch nicht schulreifen Kindern besucht und bereiten diese auf den Eintritt in die Schulen vor. Hierzu zählen auch die Vorklassen und Klassen der Eingangsstufe an Grundschulen, die von Kindern besucht werden, die noch nicht schulpflichtig, jedoch schulfähig sind.

Die sonstigen Tageseinrichtungen nehmen je nach Trägerschaft Kinder gleichen oder unterschiedlichen Alters von der Geburt bis zum Eintritt in die Schule auf; sie werden überwiegend von privaten Trägervereinen unterhalten.

2.3.2 Zur Versorgung der Bundesrepublik mit Einrichtungen im Elementarbereich

Die folgenden Tabellen geben einen ersten groben Überblick über die Versorgung
der Bundesrepublik mit Kindergärten und ähnlichen Einrichtungen sowie deren
Entwicklung seit 1960 (vgl. Tab. 1 und 2, GSD S. 37 ff.).
Tabelle 1 zeigt die Versorgung der Bundesrepublik Deutschland mit Kinderkrippen und Krabbelstuben Ende 1998. Wenngleich in absoluten Zahlen rund 170.000
Krippenplätze in rund 32.000 Einrichtungen zur Verfügung stehen, bedeutet das,
dass je nach Alter der aufgenommenen Kinder nur für sieben bis 14 Prozent aller
Kinder unter drei Jahren Plätze vorhanden sind. Das war in der ehemaligen DDR
ganz anders: Dort wurde bereits der größte Teil der Kleinkinder mit in die Betriebe
gebracht und dort versorgt. Nach der Wende aber wurde der größte Teil dieser
Krippen, wie die sie tragenden Betriebe auch, „abgewickelt".

Tabelle 1: Verfügbare Krippenplätze zum 31.12.1998

Verfügbare Krippenplätze			Verfügbare Krippenplätze je 1000 Kinder im Alter von … bis unter … Jahren (Platz-Kinder-Relation)[7]			
Insgesamt	davon in					
	Kinder-krippen	Tages-einrich-tungen	0 – 3	½-3	1 – 3	1½-3
insgesamt	166927	16876	150051	69,7	83,4	103,7	138,7

Auch im Vergleich zu anderen europäischen Staaten liegt Deutschland mit seiner
Kinderkrippenversorgung am unteren Ende. Dort stehen bereits für rund ein
Drittel aller Kinder Kinderkrippen zur Verfügung. Eine Ursache dieser unzureichenden Versorgung ist die nach wie vor in weiten Bevölkerungskreisen weit
verbreitete Vorstellung, dass Kleinkinder zur Mutter gehören und nicht in fremde
Hände gegeben werden dürfen. Empirische Untersuchungen aber zeigen, dass die
Kinder in diesen Einrichtungen dann keinen Schaden nehmen, wenn die grundlegenden Bedingungen einer gelingenden Sozialisation erfüllt sind, nämlich eine
positive emotionale Zuwendung, Konstanz der Bezugspersonen und Konsistenz
in der Erziehung. Eine Folge dieser unzureichenden Versorgung ist die mangeln-
de Vereinbarkeit von Mutterschaft und Berufstätigkeit der Mütter: Gegenwärtig
verzichten insgesamt bereits ein Drittel aller jungen Frauen und über 40% aller

---

7   Bevölkerungsstand 31.12.1998.

jungen Akademikerinnen auf Kinder, weil sie mit ihrer Berufstätigkeit nicht vereinbar sind.

Aus Tabelle 2 geht u.a. hervor, dass zwischen 1960 und 1998 in den alten Bundesländern die Zahl der Kindergartenplätze von 818 Tausend auf gut 2,2 Millionen und die Zahl der Hortplätze von 67 Tausend auf 179 Tausend angestiegen ist. Nimmt man die neuen Länder hinzu, finden wir derzeit rund 2,5 Millionen Kindergartenplätze und 450 Tausend Hortplätze.

Tabelle 2: Kindergärten und Horte

Jahr	Kindergärten		Horte	
	Plätze	Einrichtungen	Plätze	Einrichtungen
	in Tausend	Anzahl	in Tausend	Anzahl
	Früheres Bundesgebiet			
1960	817,6	12301	67,4	1456
1965	952,9	14113	73,6	1857
1970	1160,7	17493	72,9	2036
1975	1478,9	23130	82,7	2376
1980	1393,7	24011	105,7	3026
1981	1396,5	24149	107,4	3096
1982	1335,0	22724	86,8	2407
1986	1472,8	25890	102,9	3041
1990	1583,6	26525	128,8	3397
1994	1918,8	27335[1]	145,8	1765[1]
1998	2151,9	29491[1]	179,4	2176[1]

1) Reine Kindergärten und Horte ohne Tageseinrichtungen mit alterseinheitlichen und altersgemischten Gruppen; 1980 einschl. Schulkindergärten in Bayern

Nimmt man weiterhin die Kinderkrippenplätze in Kinderkrippen und in Tageseinrichtungen mit altersgemischten oder altershomogenen Gruppen im Umfang von 167.000 hinzu, dann stehen in der Bundesrepublik gegenwärtig etwa 2,67 Millionen Plätze in insgesamt etwa 48.200 Einrichtungen für die Kinder zur Verfügung (GSD, S. 39 ff.).

Kindergartenplätze werden seit 1998 in allen Bundesländern für alle Kinder ab dem dritten Lebensjahr garantiert, aber nicht von allen Kindern auch in Anspruch genommen. So suchen 1998 nur 56% der drei- bis vierjährigen, aber schon 83%

der vier- bis fünfjährigen und gar 90% der fünf- bis sechsjährigen einen Kindergarten auf (GSD, S. 45).

Der Ausbau der Kindergarten- und Kinderhortplätze für Kinder ab dem dritten Lebensjahr folgt zum einen den politischen Vorgaben einer umfassenden Versorgung dieser Altersgruppe mit Kindergärten, die mit gesetzlichen Regelungen eine Kindergartenplatzgarantie für alle Kinder dieser Altersgruppe ab 1998 vorsah. Diese Garantie kann gegenwärtig (also im Jahr 2004) weitgehend als eingelöst betrachtet werden. Der Ausbau der Kindergärten folgt weiterhin aber auch der demographischen Entwicklung. Bis zum Jahr 1998 stieg die Kinderzahl in Deutschland noch leicht an; hier waren es die „Kinder" der geburtenstarken Jahrgänge zwischen 1960 und 1970, die ihrerseits Kinder bekamen. Seither ist die Kinderzahl in Deutschland, sowohl die der deutschen als auch der zugewanderten Eltern, rückläufig (vgl. GSD, S. 6 f.). Derzeit überlegen zahlreiche Kindergartenträger, insbesondere die Kirchen, die etwa die Hälfte der Träger stellen, den Kindergartenausbau zukünftig zurück zu fahren. Angesichts dessen, dass aber die Versorgung mit Kinderkrippenplätzen nach wie vor zu wünschen übrig lässt, wäre es erstrebenswert, die Kindergärten zu erhalten, sie aber durch Kinderkrippeneinrichtungen zu ergänzen und durchgängig auf den Ganztagsbetrieb umzustellen. Das setzt allerdings voraus, dass sowohl die materielle Ausstattung auf die Situation der Kleinkinder unter drei Jahren ergänzt als auch das Personal auf diese Aufgaben hin weitergebildet werden müsste.

2.3.3 Zur Entwicklung der Vorschulerziehung

Die vorschulische Erziehung und Betreuung von Kleinkindern außerhalb der Familie hat eine lange geistige Tradition, die zurückzuverfolgen ist z.B. bis Platon (427 – 348 v. Chr.), der in seiner Utopie vom idealen Gemeinwesen die Kinder der Freien nach der Geburt in staatliche Einrichtungen geben will, damit sie dort alle die gleiche hervorragende geistige und körperliche Bildung erhalten und zur späteren Elite ausgebildet werden (Platon, Der Staat) (vgl. hierzu und zum folgenden Hiewerdeis 1974).

Die ersten öffentlichen Vorschuleinrichtungen scheint es im 16. Jahrhundert in einigen mährischen Wiedertäufergemeinden gegeben zu haben. Die Gemeindemitglieder einschließlich der Frauen lebten in Gütergemeinschaft und arbeiteten in Werkstätten für den Lebensunterhalt. Die Kinder wurden in „Kleinen Schulen" von eigens frei gestellten Frauen und Mädchen versorgt, im Glauben unterwiesen und an religiöse Übungen gewöhnt.

Im 17. Jahrhundert entwirft Johann Amos Comenius (1592 – 1670) in seinen Schriften „Große Didaktik" (Didactica Magna), „Informatorium der Mutterschule" und „Pampaedia" eine Theorie der vorschulischen Erziehung. Danach soll für jede

(Groß-)Familie eine Schule für die ein- bis sechsjährigen geschaffen werden (Mutterschule), in der das Kind sprechen lernt und an den Dingen seiner Umwelt Sinne und Unterscheidungsvermögen erprobt. In seinem Alterswerk Pampaedia stellt Comenius dar, wie die Kinder in einer gemeinsamen „Schule fürs erste Lernen" in die Gründe allen Wissens eingeführt werden und durch Fragen zum vernünftigen Gebrauch der Sprache provoziert werden, wo sie arbeiten lernen und die Grundzüge der moralischen Normen und der Regeln des Umgangs erwerben. Nach diesen Grundsätzen sollen die Kinder aller Schichten und Stände erzogen werden. Comenius bietet sogar die konkreten Inhalte der einzelnen Altersstufen und konkrete Vorgehensweisen der Erzieher, entwirft somit bereits erste Vorschulcurricula und -didaktiken.

Ähnliche Überlegungen zur vorschulischen Erziehung finden sich bei John Locke (1632 – 1704), J. J. Rousseau (1712 – 1778) sowie bei Johann Heinrich Pestalozzi (1746 – 1827), der Kinderhäuser im Rahmen der Dorfgemeinschaft plant. Von Johann Friedrich Oberlin (1740 – 1826) werden 1770 im Elsass bereits Bewahranstalten für Kinder berufstätiger Eltern eingerichtet. Ähnliche Einrichtungen finden sich zu Beginn der Industrialisierung überwiegend dort, wo aufgrund der Berufstätigkeit beider Eltern die Kinder zu verwahrlosen drohen; Träger sind Kirchen und kirchliche Einrichtungen. Die Aufgabe dieser Einrichtungen war die Kompensation defizitärer familiärer Erziehung.

Das Interesse am Kind selbst und seiner körperlichen und geistigen Förderung findet sich jedoch erst bei Friedrich Fröbel (1782 – 1852), der aufgrund seiner Zusammenarbeit mit Pestalozzi und seinen Erfahrungen in der Schulung von Volksschullehrern zur Einsicht kommt, dass der Schulerziehung ein Fundament fehlt: 1836 richtet er eine „Anstalt zur Pflege des Beschäftigungstriebes für Kindheit und Jugend" ein; er nennt sie 1840 „Kindergarten". In ihr sollte ursprünglich Müttern und Mädchen demonstriert werden, wie Kinder spielend lernen können; erst später hat sich der Kindergarten zu einer die Familie unterstützenden, die Schule vorbereitenden Institution weiterentwickelt. (Grundlage sind Stufentheorien der kindlichen Entwicklung und Spieltheorien). Nach Fröbels Vorbild wird in Deutschland im 19. Jahrhundert eine Reihe von Kindergärten eingerichtet, stets aber von Privatpersonen oder von Wohlfahrtseinrichtungen.

Ähnlich wie Fröbel kommt Maria Montessori (1870 – 1952) aufgrund ihrer Beschäftigung mit schwachsinnigen Kindern in Rom zur Einrichtung eines Kinderhauses (1907), das in seiner Ausstattung und in den Methoden, mit denen Montessori das kindliche Lernen anregt und steuert, beispielgebend wird für ähnliche Einrichtungen in ganz Europa und später der ganzen Welt. Die Montessori-Pädagogik ist dabei im Unterschied zur Spiel-Pädagogik Fröbels auf Leistungssteigerungen des Kindes aus, vor allem zur Kompensation von Defiziten.

Während der Weimarer-Republik kommt es zu einem ersten Ausbau der Kindergärten auf der Basis des Reichsjugendwohlfahrtsgesetzes von 1922, das auch zur Grundlage des Jugendwohlfahrtsgesetzes in der BRD von 1952 (novelliert im November 1961) wurde. Dieses Gesetz wird durch die Kindergarten-Gesetzgebung (KgG) der einzelnen Länder konkretisiert.

Der flächendeckende Ausbau der Kindergärten und ähnlicher Einrichtungen erfolgt in der Bundesrepublik Deutschland erst nach dem Zweiten Weltkrieg mit Schwerpunkt in den 60er und 70er Jahren, in der DDR bereits seit den 50er Jahren. Seit 1980 wurden dort rund 60% der Kleinkinder bis zum dritten Lebensjahr in der Regel in den Betrieben zugeordneten Kinderkrippen und über 90% der älteren Kinder in Kindergärten und Dauerheimen betreut (Winkler 1990, S. 49 f.).

Im 20. Jahrhundert beschäftigen sich die Wissenschaften zunehmend mit der kindlichen Entwicklung und ihrer Förderung im vorschulischen Bereich: In den 70er Jahren wird in der alten Bundesrepublik die generelle und besonders die kompensatorische Förderung des Kindes, vor allem derjenigen aus sozial benachteiligten Schichten zum Ziel, um die Chancengleichheit der Kinder bei Eintritt in die Schule zu verbessern. Dieses Ziel wird aber bereits in den 80er Jahren wieder vernachlässigt, nachdem einschlägige empirische Untersuchungen (z.B. Bronfenbrenner 1974) nachzuweisen glaubten, dass kompensatorische Erziehung letztendlich wirkungslos bleibt, weil die Kinder vor und während ihrer Schulzeit den dominanten Einflüssen einer schichtspezifischen Sozialisation im Elternhaus ausgesetzt bleiben würden. Erst in den letzten Jahren und unter dem Einfluss der Ergebnisse der international vergleichenden Schulforschung, die im OECD-Vergleich für Deutschland den stärksten Zusammenhang zwischen sozialer Herkunft und schulischer Leitung konstatierten, wird auch die Zielsetzung kompensatorischer Vorschulerziehung wieder in den Vordergrund gerückt. Darüber hinaus wird aber auch in Politik und Öffentlichkeit verstärkt eine vorschulische Erziehung eingefordert, die systematisch auf die Schule vorbereitet. So können in den Kindergärten auf spielerische Weise vor allem Handlungskompetenzen und soziale Kompetenzen der Kinder gefördert werden, die für den Besuch der Schulen vorausgesetzt werden.

2.4 Der Schulbereich

2.4.1 Definitionen

Der Bereich der schulischen Bildung umfasst die allgemeinbildenden und die berufsbildenden Schulen. Zum Bereich der allgemeinbildenden Schulen gehören die Grundschulen, die Hauptschulen, Realschulen, Gymnasien, Gesamtschulen, die Sonderschulen sowie die Freien Waldorfschulen.

Die Grundschulen werden von normal entwickelten Kindern nach Vollendung des sechsten Lebensjahres besucht. Sie umfassen die ersten vier – in Berlin und Brandenburg die ersten sechs – Schuljahre, vermitteln Grundkenntnisse und bereiten auf den Besuch weiterführender Schulen vor.

Nach dem Besuch der Grundschule können die Kinder bzw. ihre Eltern vor bzw. nach dem Besuch der schulartunabhängigen, mit Ausnahme von Niedersachsen, Bremen, Hessen und Sachsen-Anhalt[8], aber den weiterführenden Schulen organisatorisch zugeordneten Orientierungsstufen der Klassen 5 und 6 zwischen dem Besuch des traditionellen dreigliedrigen Schulsystems (Hauptschulen, Realschulen und Gymnasien) oder den Gesamtschulen wählen.

Hauptschulen sind weiterführende Schulen. Sie umfassen in der Regel fünf Schuljahre (Klassenstufen 5 bis 9 bzw. auch Klassenstufe 10, je nach den unterschiedlichen Regelungen der Länder zum zehnten Pflichtschuljahr) oder drei Schuljahre bei sechsjähriger Grundschule in Berlin und Brandenburg oder zweijähriger schulformunabhängiger Orientierungsstufe. In den Schulsystemen Brandenburgs, Sachsens und Thüringens sind die Hauptschulen nicht vertreten. Sie vermitteln eine allgemeine Bildung als Grundlage für eine praktische Berufsausbildung.

Realschulen sind ebenfalls weiterführende Schulen, die entweder im Anschluss an die Grundschule oder an die Klassenstufe sechs der Hauptschule besucht werden können. Das Abschlusszeugnis der Realschule bietet im Allgemeinen die Grundlage für gehobene Berufe aller Art und berechtigt zum Besuch der Fachoberschule, des Fachgymnasiums oder mit entsprechendem Qualifikationsvermerk zum Besuch der Oberstufe eines Gymnasiums.

Die Bildungsgänge der Haupt- und Realschule werden inzwischen auch an Schularten mit mehreren Bildungsgängen mit nach Ländern unterschiedlichen Bezeichnungen angeboten. Hierzu zählen die Mittelschule in Sachsen, die Regelschule in Thüringen, die Sekundarschule in Sachsen-Anhalt, die Erweiterte Real-

---

8 In diesen Ländern ist die Orientierungsstufe in einer organisatorisch eigenständigen Schule untergebracht. Vereinzelt findet sich die schulartunabhängige Orientierungsstufe auch in Baden-Württemberg, Bayern und Hamburg.

schule im Saarland, die Integrierte Haupt- und Realschule in Hamburg, die Verbundene Haupt- und Realschule in Hessen und Mecklenburg-Vorpommern und die Regionale Schule in Rheinland-Pfalz; dort kennt man auch noch die Duale Oberschule als Versuchsschule.

Gymnasien sind weiterführende Schulen, die ebenfalls entweder im Anschluss an eine Grundschule oder die sechsten Klasse der Hauptschule besucht werden können. Die Schulbesuchsdauer beträgt in der Regel neun bzw. sieben Jahre. Das Bildungsziel Abitur wird in der Regel mit Abschluss der 13. Klasse, in Mecklenburg-Vorpommern, Sachsen, Sachsen-Anhalt und Thüringen mit Abschluss der zwölften Klasse erworben. Das Abschlusszeugnis des Gymnasiums (Reifezeugnis) berechtigt zum Studium an Hochschulen.

Gesamtschulen sind Schulen im Sekundarbereich I, in denen alternativ zum dreigliedrigen Schulsystem die verschiedenen Schularten in unterschiedlicher organisatorischer und inhaltlicher Ausgestaltung zusammengefasst sind; unterschieden werden integrierte Gesamtschulen, in denen die äußere Schulartdifferenzierung aufgehoben ist, und additive bzw. kooperative Gesamtschulen, in denen die verschiedenen Schularten in einer gemeinsamen Schulanlage zusammengefasst sind.

Sonderschulen sind Einrichtungen mit Vollzeitschulpflicht zur Förderung und Betreuung körperlich, geistig oder psychisch benachteiligter oder sozial gefährdeter Kinder, die nicht oder nicht mit ausreichendem Erfolg in normalen Schulen unterrichtet werden können; hierzu gehören auch die Realsonderschulen und Gymnasialsonderschulen.

Darüber hinaus kennt das Bildungssystem Abendhaupt- und Abendrealschulen, Abendgymnasien und Kollegs, die Erwachsenen neben der Berufstätigkeit oder in Vollzeitform den Erwerb des Realschulabschlusses bzw. der Hochschulreife ermöglichen sollen.

Betrachten wir jetzt den Bereich der berufsbildenden Schulen, der im Zuge der Reformen der 60er und 70er Jahre gründlich verändert, aber auch in den letzten Jahren weiterhin modifiziert wurde. Es wurde ein „zweiter Bildungsweg" geschaffen, der der Allgemeinbildung gleichwertig von der Sekundarstufe I über die Sekundarstufe II zur Hochschulausbildung führen kann.

Zu nennen sind hier zunächst die Berufsschulen als Bestandteil des dualen Systems der Berufsausbildung. Berufsschulen werden in Teilzeitform nach Abschluss der neun- bzw. zehnjährigen Vollzeitschulpflicht von Jugendlichen besucht, die in der beruflichen Erstausbildung mit einem Ausbildungsvertrag oder in einem Arbeitsverhältnis stehen und das 18. Lebensjahr noch nicht vollendet haben. Berufsschulen haben die Aufgabe, die Allgemeinbildung zu vertiefen und die für den jeweiligen Beruf erforderliche fachtheoretische Grundausbildung zu vermitteln. Diesen Schulen entsprechen die Berufssonderschulen als Voll- oder Teilzeitschulen für die berufliche Förderung geistig, psychisch oder körperlich benachteiligter bzw. sozial gefährdeter Jugendlicher.

Wer keine Berufsausbildung im dualen System wählt oder findet, hat die Möglichkeit, eine Berufsausbildung in Vollzeitschulen zu erlangen; hierzu gehören das Berufsgrundbildungsjahr, die Berufsaufbauschulen, die Berufsfachschulen, die Fachoberschulen und Fachgymnasien sowie die Fachschulen.

Das Berufsgrundbildungsjahr ist eine berufliche Ausbildung in Vollzeitschulform, zu der auch das Berufsvorbereitungsjahr zählt, in der eine allgemeine und auf das Berufsfeld bezogene Grundbildung nach Abschluss der Vollzeitschulpflicht vermittelt wird.

Berufsaufbauschulen werden von Jugendlichen, die in einer Berufsausbildung oder Berufstätigkeit stehen oder gestanden haben, nach mindestens halbjährigem Besuch der Berufsschule neben derselben oder nach erfüllter Berufsschulpflicht besucht. Sie sind zumeist nach Fachrichtungen gegliedert und vermitteln die dem Realschulabschluss gleichwertige Fachoberschulreife.

Berufsfachschulen sind Vollzeitschulen mit mindestens einjähriger Schulbesuchsdauer, die in der Regel freiwillig nach Erfüllung der Vollzeitschulpflicht zur Berufsvorbereitung oder auch zur vollen Berufsausbildung ohne vorherige praktische Berufsausbildung besucht werden können. Nach erfolgreichem Bestehen einer Abschlussprüfung nach zweijährigem Schulbesuch vermitteln sie ebenfalls die dem Realschulabschluss gleichwertige Fachoberschulreife.

Fachoberschulen sind ebenfalls auf bestimmte Berufsbereiche hin ausgerichtete berufsbildende Schulen des Sekundarbereichs II. Ihr Besuch setzt den Realschulabschluss oder die Fachoberschulreife voraus. Der Schulbesuch dauert in der Regel zwei Jahre und schließt mit der Fachhochschulreife ab, die zum Besuch von Fachhochschulen berechtigt.

Fachgymnasien sind berufsbezogene Gymnasien des Sekundarbereichs II, die den Realschulabschluss oder die Fachoberschulreife voraussetzen; sie führen nach einer dreijährigen Ausbildung in der Regel zur allgemeinen Hochschulreife. Im Unterschied zum Gymnasium werden neben den allgemeinbildenden auch berufsbezogene Fachrichtungen schwerpunktmäßig unterrichtet. Teilweise besteht an Fachgymnasien damit auch die Möglichkeit zur Doppelqualifikation. Fachgymnasien existieren in zwölf der 16 Bundesländer; sie fehlen in Bayern, Bremen, Nordrhein-Westfalen und dem Saarland. Ähnliche Einrichtungen werden z.B. in Nordrhein-Westfalen unter der Bezeichnung Berufskolleg geführt.

Bleiben zum Schluss noch die Fachschulen zu erwähnen, die in der Regel freiwillig nach einer Berufsausbildung und Berufstätigkeit besucht werden und eine weitergehende berufliche und fachliche Ausbildung ermöglichen (z.B. Meisterschulen, Technikerschulen). Die Ausbildung erfolgt sowohl in Vollzeit- als auch in Teilzeit-

schulform; im internationalen Vergleich werden die Fachschulen bereits dem Tertiärbereich zugeordnet.

2.4.2 Zur Versorgung der Bundesrepublik mit allgemein- und berufsbildenden Schulen und zur Verteilung der Schüler auf die Schulformen

Einen ersten Überblick über die Versorgung der Bundesrepublik mit allgemeinbildenden und berufsbildenden Schulen sowie über Schüler in diesen Schulen geben
die Tabellen 3 bis 6 (GSD S. 52 – 53, 56 – 59).

Ohne auf die Fülle der Einzelergebnisse im Einzelnen eingehen zu können oder
zu wollen, sollen doch einige grundlegende Entwicklungstrends der letzten 40 Jahre
kurz zusammengefasst werden.

Insgesamt hat sich in den alten Bundesländern die Zahl der allgemeinbildenden
Schulen von 1960 bis Mitte der 80er Jahre insgesamt um rund ein Viertel verringert; seitdem ist sie in etwa konstant geblieben. Dieser Rückgang dürfte auf zwei
Ursachen zurückzuführen sein: Zum ersten sind im Zuge der Schulreformen seit
Anfang der 70er Jahre vor allem Klein- und Kleinstschulen mit altersheterogenen
Klassen aufgelöst worden; stattdessen sind Schulzentren mit mehrzügigen Klassen
gebaut und die Schüler, wenn nötig, kostenlos zu diesen Schulzentren befördert
worden. Zum Zweiten sind infolge des starken Geburtenrückgangs nach 1965 vor
allem Grundschulen, aber auch später Hauptschulen geschlossen worden, wie der
Rückgang der Zahl beider Schularten um rund 40% belegt. Auf der anderen Seite
wurden ab Mitte der 60er Jahre sowohl die Sonderschulen als auch die weiterführenden Realschulen und Gymnasien sowie seit Anfang der 70er Jahre auch die
Gesamtschulen verstärkt ausgebaut. So hat sich die Zahl der Realschulen bis Mitte
der 80er Jahre mehr als verdoppelt, seitdem ist sie leicht rückläufig. Auch die Zahl
der Gymnasien ist bis zu diesem Zeitpunkt um ein Drittel gestiegen, seither ist sie
in etwa konstant.

Für Deutschland insgesamt zeigt sich seit Anfang der 90er Jahre ein leichter
Rückgang der Grundschulen, ein starker Rückgang der Hauptschulen, dem allerdings ein deutlicher Anstieg der Schulen mit mehreren Bildungsgängen gegenüber
steht, in die die Hauptschulen integriert sind. Darüber hinaus beobachten wir einen
leichten Rückgang der Realschulen und eine gleich bleibende Entwicklung bei den
Gymnasien. Bleibt zu erwähnen, dass seit 1975 auch der Ausbau der Integrierten
Gesamtschulen (in den alten Ländern bis 1990) sowie der freien Waldorfschulen (in
ganz Deutschland bis heute) kontinuierlich zugenommen hat.

Tabelle 3: Allgemeinbildende Schulen nach Schularten

Jahr	Vorkla ssen	Schulk inderg ärten	Grund schule n	Schul- art- unab- häng- ige Orien- tie- rungss tufe	Haupts chulen	Schula rten mit mehrer en Bildun gsgäng en	Realsc hulen	Gymn asien	Integri erte Gesam tschule n	Freie Waldo rfschul en	Abend schule n und Kolleg s	Sonder schule n
Früheres Bundesgebiet												
1960		220		31109			1125	1823			50	1106
1970		1303		21504			2116	2311			178	2381
1980		3207		18411			2623	2477	192	63	218	2856
1990	1009	2304	13648	1118	5757		2567	2441	347	112	243	2692
1991	1023	2389	13678	1129	5831		2551	2446	375	117	239	2679
Deutschland												
1995	1411	2772	17910	2358	6132	1280	3504	3168	817	161	291	3397
2000[1]	941	2708	17275	2276	5657	1776	3469	3166	788	176	278	3123
darunter private Schulen												
Früheres Bundesgebiet												
1990	73	104	212	46	155		248	328	12	112	99	487
Deutschland												
1995	81	120	263	51	177	5	256	355	23	161	95	534
2000[1]	41	130	363	72	189	18	278	367	28	176	89	575

1) Vorklassen ab Schuljahr 1998/99 ohne Sachsen und Schleswig-Holstein;
Nachweis erfolgt bei den Schulkindergärten bzw. in der Kindergartenstatistik

Tabelle 4: Berufliche Schulen nach Schularten

Jahr	Berufss chulen	Berufsg rundbild ungsjahr[1]	Berufsa ufbausc hulen	Berufsfa chschul en	Berufs-, Technis che Obersch ulen	Fach- obersch ulen	Fachgy mnasien	Fachsch ulen	Fachber ufsakad emien	Kollegs chule Nordrhe in-Westfal en[2]
Früheres Bundesgebiet										
1960	2463			1636				825		
1970	1702		595	2603	5	821		1162		
1980	1583	1210	493	2788	27	645	346	1146	74	13
1990	1389	1224	259	1853	33	630	342	1048	87	30
1991	1385	1185	258	1862	34	625	343	1070	89	30
Deutschland										
1995	1768	1504	157	2792	35	775	509	1577	85	43
2000	1761	1516	30	3343	79	810	506	1634	81	13
darunter private Schulen										
Früheres Bundesgebiet										
1990	131	47	15	456	1	50	12	282	55	1
Deutschland										
1995	162	56	3	565	1	50	14	518	52	1
2000	197	94		782	1	65	14	565	50	

1) Einschließlich Berufsvorbereitungsjahr
2) Ab 2000 auslaufende Bildungsgänge der ehemaligen Kollegschulen in Nordrhein-Westfalen; gibt es nur
noch als öffentliche Schulen

Tabelle 5: Schüler an allgemeinbildenden Schulen in Tausend

	Insge-samt	Vorschulbereich		Primarbereich (Klassenstufe 1 bis 4)			Sekundarbereich I			
		Vor-klassen	Schul-kinder-garten	Grund-schulen	Inte-grierte Ge-samt-schulen	Freie Waldorf schulen	Schulart unab-hängige Orientie rungs-stufe	Haupt-schulen	Schul-arten mit mehre-ren Bildung sgängen	Real-schulen
Früheres Bundesgebiet										
1960	6672,5		6,0	3096,9				2122,4		430,7
1965	7324,8		10,9	3453,2				2112,5		570,9
1970	8978,1		31,8	3977,3				2370,2		885,8
1975	10128,3		84,2	3913,4	7,2	7,5		2511,7		1174,1
1980	9186,4	13,0	49,1	2772,8	2,3	10,9	337,9	1933,7		1351,1
1985	7212,6	15,3	44,8	2255,5	1,8	14,2	239,9	1332,5		1049,0
1990	6881,5	33,7	36,3	2534,6	7,4	19,3	218,3	1054,2		864,6
Deutschland										
1995	9931,7	40,1	43,9	3634,3	27,0	22,8	374,7	1123,5	368,2	1175,2
2000	9960,8	26,8	37,9	3352,9	18,4	23,4	404,2	1103,9	428,6	1263,4

Tabelle 5 (Forts.): Schüler an allgemeinbildenden Schulen in Tausend

	noch: Sekundarbereich I				Sekundarbereich II						Sonderschulen Förderschwerpunkt	
	Inte-grierte Gesamt schu-len[1) 1)]	Freie Wal-dorf-schulen[1)]	Abend-haupt-schulen	Abend-real-schulen	Gymnasien		Inte-grierte Gesamt schulen[2)]	Freie Wal-dorf-schulen[2)]	Abend-gymna-sien/ Kollegs		Lernen	sonstige
					Klasse nstufe 5-10	Jahr-gangs-stufe 11-13						
Früheres Bundesgebiet												
1960				1,9	641,7	211,7			6,9		108,5	34,4
1965				4,1	760,7	197,2			10,7		161,4	30,9
1970				8,8	1062,1	303,7			16,3		264,6	57,4
1975	132,5	11,4		11,5	1394,8	455,5	4,1	3,1	23,3		314,4	79,4
1980	174,1	14,8		8,9	1495,5	623,5	14,1	4,0	26,3		244,2	110,1
1985	158,8	19,4	0,7	9,1	1109,6	639,3	17,5	5,7	28,0		163,6	107,8
1990	217,5	23,6	0,8	10,8	1053,0	496,7	21,1	7,5	30,2		132,7	119,2
Deutschland												
1995	434,9	30,8	1,0	12,2	1546,1	618,5	46,7	9,4	31,2		221,0	170,1
2000	471,8	34,6	1,2	15,3	1605,2	651,6	59,4	12,0	29,9		230.9	189,5

1) Klassenstufe 5-10
2) Jahrgangsstufe 11-13

Tabelle 6: Schüler an beruflichen Schulen in Tausend

Jahr	Schüler im/an								
	Sekundarbereich II								
	Insgesamt	Berufsschulen im dualen System 1)	Berufsvorbereitungsjahr		Berufsgrundbildungsjahr		Berufsaufbauschulen		Berufsfachschulen	
		Teilzeit	Vollzeit	Teilzeit	Vollzeit	Teilzeit	Vollzeit	Teilzeit	Vollzeit	Teilzeit
Früheres Bundesgebiet										
1960	1889,4	1661,9							125,7	
1965	2085,4	1780,0					11,4	41,6	148,5	
1970	2012,4	1599,4					13,4	27,0	182,7	
1975	2173,7	1607,3	6,9		22,7		14,1	13,7	270,8	
1980	2576,4	1847,5	41,7		66,1	14,4	16,1	5,7	325,6	
1985	2668,5	1893,3	36,0		80,1	15,5	8,3	1,6	339,7	
1990	2162,2	1469,4	25,6		36,6	47,0	7,1	0,8	254,6	
Deutschland										
1995	2435,8	1556,4	55,5		37,9	63,3	3,6	0,1	294,6	12,1
2000	2681,8	1796,9	55,9	16,9	41,2		0,6	0,0	400,4	14,9

1) Ab 1996 einschl. Berufsgrundbildungsjahr in kooperativer Form

Tabelle 6 (Forts.): Schüler an beruflichen Schulen in Tausend

Jahr	noch: Schüler im/an								
	noch: Sekundarbereich II								
	Berufs-Technische Oberschulen	Fachoberschulen		Fachgymnasien	Fachschulen		Fach-Berufsakademien	Kollegschule Nordrhein-Westfalen 1)	
	Vollzeit	Vollzeit	Teilzeit	Vollzeit	Vollzeit	Teilzeit	Vollzeit	Vollzeit	Teilzeit
Früheres Bundesgebiet									
1960					101,8				
1965					103,9				
1970	0,9	50,3		8,1	130,6				
1975	2,7	90,1		28,7	100,8	6,3	9,6		
1980	4,0	55,5	23,8	54,5	73,6	11,3	10,1	8,3	18,2
1985	3,6	50,5	24,2	61,1	70,5	20,2	11,5	13,1	39,3
1990	5,7	52,9	21,6	62,6	82,2	33,2	8,5	13,7	49,7
Deutschland									
1995	3,9	54,5	23,9	87,4	104,5	48,3	8,3	19,8	61,7
2000	10,4	66,3	30,2	98,1	90,7	51,4	7,5	0,4	0,0

1) Auslaufende Bildungsgänge der ehemaligen Kollegschulen

Der Schulaus- bzw. -rückbau folgt vor allem der demographischen Entwicklung der Kinderzahlen sowie den Schulwahlen der Schüler in den alten Bundesländern, wie Tabelle 5 erkennen lässt. Bei den Grundschülern steigt die Schülerzahl noch bis 1970 an; zu diesem Zeitpunkt wird der letzte geburtenstarke Jahrgang geboren. Seit Anfang der 70er Jahre geht die Grundschülerzahl mit Eintritt der geburtenschwachen Jahrgänge bis zum Jahr 1985 zurück; Zwischen 1985 und 2000 beobachten wir dann einen erneuten Anstieg der Grundschüler, da jetzt die Kinder der geburtenstarken Jahrgänge in die Schule kommen. Seither geht die Zahl der Grundschüler erneut zurück. Die Prognosen für die nächsten 15 Jahre sind angesichts der

bekannten demographischen Entwicklung ebenfalls klar: Nimmt man das Jahr
1999 als Ausgangsjahr, dann reduziert sich bis zum Jahr 2015 der Anteil der Schüler
im Vorschulbereich um 25%, im Primarbereich um 23%, im Sekundarbereich I um
20% und im Sekundarbereich II um 5% . Im Bereich der beruflichen Schulen ist
bis zu diesem Zeitpunkt ebenfalls ein Rückgang um etwa 5% zu erwarten. Für die
Sonderschulen geht man von einem Rückgang von ca. 20% aus.

Diese Entwicklungen bieten Risiken und Chancen zugleich. Risiken ergeben sich
mittelfristig, d.h. ab etwa 2010 für die Beschäftigungssituation: Wenngleich man
zunächst einmal einen Rückgang des Angebots auf dem Arbeitmarkt und damit
einen Rückgang der Arbeitslosenzahlen erwarten kann, fehlen dem Beschäftigungssystem mittelfristig die Beschäftigten, um das Bruttosozialprodukt zu erstellen.
Darüber hinaus sind erhebliche Belastungen für die sozialen Sicherungssysteme zu
erwarten, die jetzt bereits offenkundig sind. Chancen liegen in der Verkleinerung
der Klassen- und Kurszahlen. Hier wird eine individuellere Betreuung und Förderung der Schüler möglich, sofern man nicht aus Kostengründen Schulen schließt
und die Gesamtzahl auch der Lehrkräfte verringert.

Während die Schülerzahl der Grundschulen als einer Art Gesamtschule direkt
von der Geburtenzahl der einzelnen Jahrgänge betroffen ist, hängen die Schülerzahlen der übrigen weiterführenden Schulen darüber hinaus von den Bildungs-
gangsentscheidungen der Schüler und ihrer Eltern ab: Erkennbar ist ein genereller
Trend der Schüler zum Besuch „höherwertiger" Schulen: Die Zahl der Hauptschü-
ler nimmt stetig ab, die Zahl der Realschüler und Gymnasiasten steigt kontinuierlich
an. Das, was hier für die absoluten Zahlen gilt, zeigt sich auch bei den relativen
Zahlen: Lag im heutigen Sekundarbereich I der Anteil der Hauptschüler an allen
Schülern weiterführender Schulen 1952/53 noch bei 79% (damals hießen sie noch
Volksschüler), so sinkt er bis 1984 auf 37% (in den alten Ländern) und bis zum
Jahr 2000 bis auf 21% (in Deutschland insgesamt). Umgekehrt steigen im gleichen
Zeitraum der Anteilswert der Realschüler von 6% in 1952/53 (in den alten Län-
dern) auf 23% bis 2000 (in Gesamtdeutschland) und der Anteil der Gymnasiasten
von 13% im Jahr 1952/53 auf 30% im Jahr 2000. Hinzu kommen im Jahr 2000
10% Schüler in Gesamtschulen und in Schularten mit mehreren Bildungsgängen.
Der Rest verteilt sich auf die schulartunabhängigen Orientierungsstufen, die Freien
Waldorfschulen, die Abendhaupt- und Abendrealschulen.

Was die Entwicklung der Schulen und Schülerzahlen im Bereich der schulischen
Berufsausbildung angeht, so ist auch hier eine Zunahme „höherwertiger" beruflicher
Bildung zu beobachten: Deutlichste Indikatoren sind zum einen der starke Anstieg
der Fachschulen und Fachschüler und zum anderen der starke Rückgang der Berufs-
schulen- und Berufsschülerzahlen. Da die Schüler gegenwärtig um etwa drei Jahre
länger die Schulbank drücken als die Generation der 50er Jahre und nach dem höheren allgemeinbildenden Schulabschluss verstärkt auch eine „höhere" schulische Be-

rufsausbildung aufnehmen, sinkt der Anteil der Berufsschulpflichtigen seit 1985 stark ab. Damals war bereits die Hälfte der Bewerber um einen betrieblichen Ausbildungsplatz 18 Jahre und älter, unterlag somit nicht mehr der Berufsschulpflicht.

2.4.3 Zur geschichtlichen Entwicklung der Schule im deutschen Kulturraum

Im deutschen Kulturraum waren die ersten Schulen kirchliche Einrichtungen, die vor allem der Ausbildung der künftigen Geistlichen sowie dann auch der privilegierten Stände des Adels und der künftigen Reichsbeamten dienten. An der Hofschule Karls des Großen z.b. erlernte der Nachwuchs der Adeligen den Gebrauch der Schriftsprache; Latein und Religion sowie die Grundrechenarten wurden vermittelt. Daneben entwickelten sich in den Städten des Mittelalters von „Schulmeistern" geleitete Schulen, die vor allem den Kindern von Kaufleuten und Gewerbetreibenden Lese-, Schreib- und Rechenkenntnisse vermittelten; in diesen Schulen wurden allenfalls 5% der Gesamtbevölkerung in den Kulturtechniken unterrichtet. Als in der Reformationszeit die Laienbildung mit dem Ziel des selbstständigen Bibellesens erstrebt wurde, erließen einige evangelische Landesfürsten Schulordnungen, die dem Ideal des gottesfürchtigen und frommen Christen verpflichtet waren. Nach dem Vorbild der alten Lateinschulen stand auch in den reformatorischen Schulen die Beherrschung der lateinischen, griechischen und hebräischen Sprache, die Lektüre der antiken Klassiker und das Studium der Heiligen Schrift im Vordergrund.

Die katholische Gegenreformation konnte die Ausbreitung der neuen Lehre und der neuen Schulen nicht eindämmen, ging aber daran, die alten Lateinschulen nach und nach dem evangelischen Vorbild anzupassen. Erste systematische Entwürfe der Unterrichtsinhalte und der -methoden finden sich dann bei den sog. Didaktikern der Barockzeit, vor allem bei Wolfgang Ratke (1571 – 1632) und dem bereits erwähnten Johann Amos Comenius. Comenius entwarf eine auf der Muttersprache aufbauende Muttersprachenschule (die deutsche Schule im Unterschied zur Lateinschule). „Einzig konsequent sei ein einheitliches, in sich gestuftes Schulwesen für alle Knaben und Mädchen mit zwei Wegen, einem über Muttersprachenschule und Lehre und einem über – dieselbe – Muttersprachenschule, Lateinschule und Universität, wobei aber Lateinschule und Universität keinen prinzipiell anderen Inhalt haben sollten als die Muttersprachenschule, nämlich Sprache (Denken) und Welt (Universum der Dinge und Mandat Gottes an den Menschen), nur eben in verschiedener Form." (Groothoff 1964, S. 44). Mit diesem Modell, das zur Grundlage verschiedener Schulordnungen in den deutschen Ländern wurde, werden zugleich das Gymnasium als Fortsetzung der Lateinschule zur Vorbereitung auf die Universität (nach Einbeziehung der Inhalte der Ritterakademien des 17. Jahrhunderts wie neue Sprachen, Erdkunde, Geschichte, aber auch Sport, Reiten, Fechten, Tanzen und Musizieren) und die Volksschule mit betrieblicher Lehre als Fortsetzung der Muttersprachenschule begründet. Hier liegen auch die Wurzeln für die grundlegende Differenzierung in eine schwerpunktmäßige Allgemeinbildung (für die Kinder der höheren Stände) und einer Berufsbildung/Berufsvorbereitung (für die Kinder der unteren Stände).

Nach dem Dreißigjährigen Krieg nahmen die Landesfürsten das Schulwesen generell in die Hand (auch in den katholischen Ländern) und entzogen es der kirchlichen Oberaufsicht. Aufgabe der Volksschule wurde vor allem die Einübung von Untertanentugenden auf der Basis religiöser Unterweisung während der absolutistischen Herrschaft; Wissen und Aufklärung waren nicht gefragt. Der Nachwuchs für die Herrscherhäuser und für die Verwaltung wurde dagegen über die Lateinschulen/Gymnasien und Universitäten für die zukünftigen Aufgaben ausgebildet. Gleichwohl wurde bereits 1763 in Preußen mit dem General-Land-Schul-Reglement Friedrichs des Grossen die allgemeine Schulpflicht (sieben bis acht Jahre) eingeführt (Volksschule als Nationalschule).

Die Neuhumanisten, z.B. Wilhelm von Humboldt (1767 – 1835), forderten, alle rein ökonomischen Zielsetzungen aus den Schulen zu eliminieren. Jedes Kind, gleich welcher sozialen Herkunft, sollte ein Recht auf allgemeine Menschenbildung haben. Hier werden die Ideen der Aufklärung und der französischen Revolution auf das Bildungswesen angewandt; mit ihnen sollte die Vorherrschaft des Adels auf das ständisch gegliederte Schulwesen beendet werden. So sah z.B. Johann W. Süverns Preußischer Unterrichtsgesetzentwurf von 1819 eine öffentliche und allgemeine Volksbildung vor, die auf einer Elementarschule basieren sollte und über die Stadtschule und das Gymnasium an die Universität führen konnte. Es blieb jedoch beim Entwurf, die Reaktion setzte sich in Deutschland nach dem Wiener Kongress und dem Scheitern der Revolution 1848 voll durch: Lateinschulen/Gymnasien und Universitäten blieben den herrschenden Oberschichten vorbehalten, den unteren Schichten blieb die Elementarschule, aus der kein Weg zur höheren Bildung führte. Einige Reformen wurden an Gymnasien realisiert: z.B. 1812 die Einführung des Abiturs und Ablösung der seit 1788 bestehenden Maturitätsprüfungen der Universitäten.

Die technisch-wissenschaftliche sowie die industrielle und ökonomische Entwicklung verlangten jedoch bereits ab Mitte des 18. Jahrhunderts Qualifikationen, die über die Elementarschulen nicht und über die Gymnasien in ihrer klassisch-humanistischen Ausrichtung ebenfalls nicht vermittelt werden konnten. So kommt es zu einer Schulbewegung des aufstrebenden Bürgertums, vor allem in den Städten, die eine Einbeziehung der Realia, des wirklichen Lebens verlangt. Sie führt im 19. Jahrhundert zum Aufbau von Mittelschulen, Bürgerschulen, Stadtschulen oder zusammengefasst zu Realschulen, in denen den Jugendlichen nach der Elementarschule in verstärktem Maße Kenntnisse in Mathematik und den Naturwissenschaften vermittelt wurden, um sie für eine Berufstätigkeit vor allem im Bereich des Gewerbes, des Handels und des Verkehrs vorzubereiten. Bereits 1859 erhielt das Realschulwesen in Preußen mit der 1. Amtlichen Lehrordnung eine einheitliche Form. 1872 erhielten die Realschulen dann im Deutschen Reich mit dem Erlass der Allgemeinen Bestimmungen eine einheitliche Organisationsform, einen einheitlichen Lehrplan sowie eine Festlegung der Lehrerausbildung. Damit hatte sich im letzten Drittel des 19. Jahrhunderts das dreigliedrige Schulsystem aus Volksschulen, Realschulen und Gymnasien konsolidiert, das bis in die Weimarer Zeit Bestand besaß.

Während der Weimarer Republik setzten erneut Bemühungen ein, das vertikale, an der ökonomischen und sozialen Stellung der Eltern orientierte dreigliedrige Schulsystem zu reformieren und an den Anforderungen der Wirtschafts- und Berufswelt auszurichten. „Der entscheidende schulorganisatorische Fortschritt jener Jahre ist darin zu sehen, dass die getrennten Vorschulen an Mittelschulen und höheren Schulen und die Elementarklassen an Volksschulen ersetzt wurden durch eine vierjährige Grundschule für alle Schüler" (Deutscher Bildungsrat 1975, S. 81). Weitergehende Reformziele konnten nach der Machtübernahme durch die Nationalsozialisten 1933 nicht mehr realisiert werden.

Nach dem Zweiten Weltkrieg wurde in der Bundesrepublik Deutschland das dreigliedrige Schulsystem bis Ende der 50er Jahre ohne größere organisatorische Änderungen weitergeführt. Die einzelnen Schulformen wurden nun aus der Aufgabe der Qualifizierung der Schüler für unterschiedlich hohe Berufsanforderungen neu begründet. Gleichzeitig sollte jedoch über die Einführung der Schulgeld- und Lernmittelfreiheit Schülern aller Schichten der Zugang zu höheren Bildungsgängen erleichtert werden. Darüber hinaus kam es zum Ausbau der Volksschuloberstufe zur Hauptschule und zum Abbau einklassiger und wenig gegliederter Landschulen sowie zum Aufbau zentraler Mittelpunktschulen. Die Lehrerausbildung wurde aus den Pädagogischen Akademien an neu gegründete Pädagogische Hochschulen verlagert.

Mit dem „Rahmenplan zur Umgestaltung und Vereinheitlichung des allgemeinbildenden öffentlichen Schulwesens" des Deutschen Ausschusses für das Erziehungs- und Bildungswesen von 1959 sowie mit dem „Bremer Plan" des Allgemeinen Deutschen Lehrervereins von 1960 beginnen Anfang der 60er Jahre die Reformdiskussion und die Reformmaßnahmen des Bildungswesens auf breiter Ebene. Die Bildungsreformdiskussion erreicht ihren Höhepunkt mit dem „Strukturplan" des Bildungsrates von 1970. Seit etwa Mitte der 70er Jahre lässt die Reformbereitschaft deutlich nach. Die wichtigsten Reformen dieser Phase aber sollen hier schon einmal kurz festgehalten werden:

- Im Bereich der Sekundarstufe I kommt es zur Einrichtung entweder schulformunabhängiger oder schulformabhängiger Orientierungsstufen bzw. Förderstu-

fen, die die Klassen 5 und 6 umfassen. Derartige Orientierungsstufen, die die
Entscheidung der Schüler über die zu besuchende weiterführende Schule bis
ans Ende des sechsten Schuljahres verschieben sollen, werden gegenwärtig
noch von allen Schülern besucht.

Ebenfalls im Bereich der Sekundarstufe I kommt es zur Entwicklung integrier-
ter oder kooperativer Gesamtschulen als Alternativen zum traditionellen dreigliedrigen Schulsystem. Gesamtschulen werden zurzeit von etwa 10% aller
Schüler in weiterführenden Schulen besucht.

Seit der Wiedervereinigung beobachten wir besonders in den neuen Ländern
Formen der Integration der Haupt- und Realschule unter verschiedenen, oben
bereits dargestellten Bezeichnungen.

Im Bereich der Sekundarstufe II kommt es zur Reform der gymnasialen Oberstufe: 1972 erfolgt die Einrichtung des Kurssystems, das die Fächer der gymnasialen Oberstufe an den wissenschaftlichen Disziplinen ausrichtet und den
Schülern eine verstärkte Wahlfreiheit und zugleich Vertiefungschancen in den
gewählten Kursen ermöglicht.

Die schulische Berufsausbildung wird grundlegend reformiert. Es wird ein „zweiter Bildungsweg" eröffnet, der die verschiedenen Formen der beruflichen Bildung in ein gestuftes System (u.a. durch Neuschaffung von Fachoberschulen)
bringt, der ein Durchlaufen vom Berufsgrundbildungsjahr bis hin zur Fachhoch-
schule und zur Hochschule ermöglicht. Gleichzeitig werden die Übergangsmög-
lichkeiten von der beruflichen Ausbildung in die allgemeine Ausbildung und umgekehrt verbessert.

Die Inhalte aller Schulen werden verstärkt am Stand der wissenschaftlichen
Erkenntnisse ausgerichtet. Dementsprechend werden die Curricula aller Schulen durchforstet und auf den neuesten Stand gebracht.

Die Lehrerausbildung wird durch Integration der Pädagogischen Hochschulen
in die wissenschaftlichen Hochschulen auf eine fachwissenschaftliche Grundlage gestellt, die durch pädagogische Studien und eine berufspraktische Ausbildung ergänzt wird.

Wie bereits vorab erwähnt, kommt es im Zuge dieser Reformen zu einem verstärkten Andrang der Schüler zu weiterführenden allgemeinbildenden und berufsbildenden Schulen und zu einer erheblichen Verlängerung der durchschnittlichen Schulzeit.

In der DDR wurde nach der sog. Phase der antifaschistisch-demokratischen Schulreform (1945 – 1949), in der auf der Basis des Gesetzes zur Demokratisierung der
deutschen Schule (1946) eine achtklassige Grundschule eingerichtet worden war,
1949 damit begonnen, nach sowjetischem Vorbild diese Schule auf zehn Jahre zu
erweitern. Diese Schulform wurde 1956 in Mittelschule und 1959 in Allgemeine
polytechnische Oberschule (POS) umbenannt. Parallel dazu wurden bis 1961 die

einklassigen Landschulen reduziert und schließlich geschlossen. Die POS war eine Gesamtschule, unterteilt in Unter-, Mittel- und Oberstufe, die von allen Schülern zu durchlaufen war, von den Sonderschülern einmal abgesehen, für die wie im Westen eigene Schulen eingerichtet wurden. Das Leitprinzip des polytechnischen Unterrichts war die Verbindung von Schule und Produktion („lernend arbeiten, arbeitend lernen (Wettstädt 1988, S. 345)). Nach dem Besuch der POS bestand die Möglichkeit, entweder in eine Berufsausbildung einzutreten oder aber in die Hochschulvorbereitung. Letztere erfolgte entweder über die zweijährige Erweiterte Oberschule (EOS) oder über eine dreijährige kombiniert schulische und praktische Berufsausbildung, die beide zum Abitur führten. Mit dem Abitur bestand die Möglichkeit, entweder Ingenieur- und Fachschulen oder aber Universitäten und Hochschulen zu besuchen. Man bezeichnet die Phase zwischen 1949 und 1961/62 auch als Etappe des Aufbaus der sozialistischen Schule, an die sich die Etappe des einheitlichen sozialistischen Bildungssystems (1962 bis 1989) anschloss (vgl. Fischer 1992, S. 28). Abbildung 5 zeigt den Aufbau des Bildungswesens in der DDR im Jahr 1989 (vgl. Abbildung 5).

Im Wendejahr 1989 verließen rund 90% der Schüler die POS nach der zehnten Klasse. Von ihnen gingen 70% in eine Facharbeiterausbildung, 19% in Abiturklassen (davon 13% in die EOS und 6% in eine Berufsausbildung mit Abitur), 11% nahmen ein Fachschulstudium auf. Von den Abiturienten des Jahres 1989 konnte allerdings nur ein Drittel direkt mit einem Studium beginnen, der Rest sollte Studienchancen in den nächsten fünf Jahren erhalten (Winkler 1990, S. 51 ff.); die Wiedervereinigung schuf anschließend neue Verhältnisse.

Die berufliche Ausbildung zum Facharbeiter erfolgte nach Abschluss der 10. Klasse der POS im Rahmen einer Lehre üblicherweise nach zwei Jahren. Mit dem Facharbeiterbrief bestand die Möglichkeit, ein Fachschulstudium aufzunehmen. Wer die POS bereits nach der achten Klasse verließ, konnte spezifische Facharbeiterberufe nach einer dreijährigen Lehrzeit erlernen, die jedoch nicht zur Aufnahme eines Fachschulstudiums berechtigten. Schüler, die keinen Abschluss der achten Klasse besaßen, hatten noch die Möglichkeit, einen Facharbeiterteilabschluss zu erlangen.

Um aber auch den Arbeitern die Möglichkeit eines Studiums zu eröffnen, wurden in den 50er und 60er Jahren so genannte Arbeiter- und Bauernfakultäten (ABF) eingerichtet, auf denen ebenfalls das Abitur erreicht werden konnte. Diese Möglichkeit wurde in den 70er Jahren weitgehend wieder aufgegeben und durch Vorkurse, besonders an technischen und ökonomischen Hochschulen und Universitäten ersetzt, in denen junge Facharbeiter eine Art Fachabitur erwerben konnten. Im Jahr 1989 existierten ABFs nur noch in Freiberg und in Halle-Wittenberg.

Die DDR kannte keine freie Schul-, Studienfach- oder Berufswahl, weil auch das gesamte Bildungssystem mit der Entwicklung der Planwirtschaft die Aufgabe erhielt, das für die wirtschaftliche Produktion und Distribution benötigte Humankapital nach Art und Umfang zum jeweils benötigten Zeitpunkt zur Verfügung zu stellen. Mit der Wiedervereinigung wurde dann das gesamte Schulsystem institutionell, organisatorisch und inhaltlich den Verhältnissen im Westen angeglichen.

Abbildung 5: Das Bildungswesen der DDR im Jahr 1989

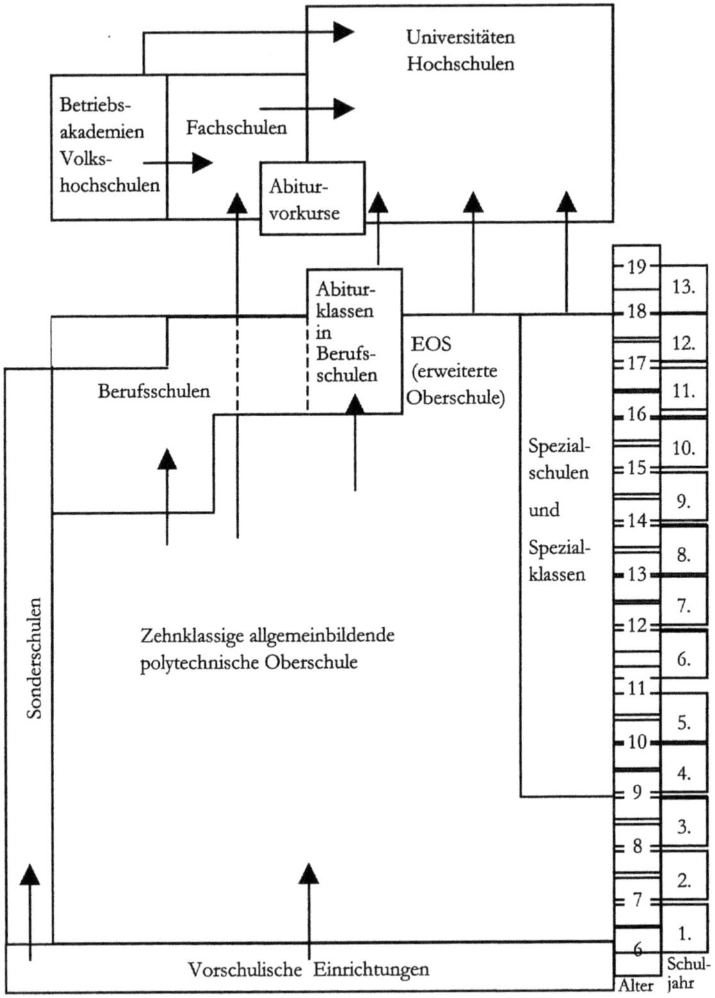

Quelle: Anweiler u.a. 1992, S. 531

2.5   Der Hochschulbereich

2.5.1   Definitionen

Als Hochschulen werden alle nach Landesrecht anerkannten Hochschulen, unabhängig von der Trägerschaft, ausgewiesen. Sie dienen der Pflege und der Entwicklung der Wissenschaften und der Künste durch Forschung, Lehre und Studium und bereiten auf berufliche Tätigkeiten vor, die die Auswertung wissenschaftlicher Erkenntnisse und Methoden oder die Fähigkeit zur künstlerischen Gestaltung erfordern. Zu den Hochschulen zählen die folgenden Hochschularten: Wissenschaftliche Hochschulen, Kunsthochschulen und Fachhochschulen.

Wissenschaftliche Hochschulen umfassen Gesamthochschulen, Universitäten, Theologische Hochschulen und eigenständige Pädagogische Hochschulen. Das Studium an Universitäten, pädagogischen und theologischen Hochschulen sowie in den wissenschaftlichen Studiengängen der Gesamthochschulen setzt die allgemeine oder fachgebundene Hochschulreife voraus.

Gesamthochschulen umfassen Ausbildungseinrichtungen von wissenschaftlichen und von Fachhochschulen, zum Teil auch von Kunsthochschulen. Die Studiengänge können integriert (Kurz- und Langzeitstudium mit gemeinsamer Grundausbildung) oder nach Hochschulbereichen getrennt sein (kooperative Gesamthochschulen).

Universitäten einschließlich der Technischen Universitäten/Technischen Hochschulen sowie anderer gleichrangiger wissenschaftlicher Hochschulen (z.B. Medizinische Hochschulen, Theologische Hochschulen) bieten Studiengänge wissenschaftlicher Fachrichtungen an, die in der Regel vier bis fünf Jahre dauern.

Pädagogische Hochschulen einschließlich der Erziehungswissen-schaftlichen Hochschulen dienen überwiegend der Lehrerbildung und bestehen nur noch in Baden-Württemberg als selbstständige Einrichtungen. In den restlichen Ländern sind sie in die Universitäten bzw. Gesamthochschulen eingegliedert worden und werden mit diesen nachgewiesen. Das Studium dauert in der Regel drei bis vier Jahre.

Kunsthochschulen sind Hochschulen für bildende Künste, Gestaltung, Musik, Schauspielkunst, Medien, Film und Fernsehen. Die Aufnahmebedingungen sind unterschiedlich; die Aufnahme kann aufgrund von Begabungsnachweisen oder Eignungsprüfungen erfolgen.

Fachhochschulen (ohne Verwaltungsfachhochschulen) sind größtenteils aus den früheren Ingenieurschulen und höheren Fachschulen hervorgegangen. Ihr Besuch setzt die Fachhochschulreife voraus. Bei erfolgreichem Abschluss wird die allgemeine Hochschulreife erworben.

Verwaltungsfachhochschulen sind verwaltungsinterne Fachhochschulen, an denen Nachwuchskräfte für den gehobenen nichttechnischen Dienst des Bundes und
der Länder ausgebildet werden.

Die rechtlichen Grundlagen des Hochschulsystems liegen im Artikel 5 des
Grundgesetzes, der die Freiheit von Kunst und Wissenschaft, Forschung und Lehre
gewährleistet, im Hochschulrahmengesetz von 1976 (zuletzt geändert 2002) sowie
in den einschlägigen Landeshochschulgesetzen (in NRW z.B. im Gesetz über die
Wissenschaftlichen Hochschulen, die Fachhochschulen, im Gesetz über die Zu-
sammenführung der Pädagogischen Hochschulen mit den anderen wissenschaftlichen Einrichtungen sowie im Lehrerausbildungsgesetz).

2.5.2 Zur zahlenmäßigen Entwicklung der Hochschulen und Hochschüler

Das Hochschulsystem der Bundesrepublik Deutschland ist insbesondere seit Ende
der 60er Jahre in erheblichem Maße ausgebaut worden. Hierzu gehören die Neu-
gründungen zahlreicher Hochschulen, die Umwandlung von Ingenieurschulen und
ähnlichen höheren Fachschulen in Fachhochschulen sowie die Errichtung von
Gesamthochschulen. Im Jahr 2003 existieren in der Bundesrepublik Deutschland
insgesamt 359 Hochschulen, davon 99 Universitäten und Gesamthochschulen,
sechs Pädagogische Hochschulen, 17 Theologische Hochschulen, 50 Kunsthochschulen, 158 allgemeine Fachhochschulen sowie 29 Verwaltungsfachhochschulen.

Noch eindrucksvoller als der Ausbau der Hochschulen ist die Entwicklung der
Studienanfänger und der Studenten insgesamt (vgl. Tabelle 7).

Zwischen 1960 und 1990 hat sich in den alten Bundesländern die Zahl der Studienanfänger in etwa verdreieinhalbfacht. Die Ursachen hierfür liegen sowohl in
der demographischen Entwicklung, die zum Eintritt der geburtenstarken Jahrgänge
in die Hochschulen geführt hat, als auch in der verstärkten Beteiligung der Schüler
an weiterführenden Bildungsgängen, wie die Entwicklung der Studienanfängeran-
teile in Prozent der gleichaltrigen Bevölkerung zwischen 18 und 39 Jahren von
7,9% im Jahr 1960 bis hin zu 30% im Jahr 2000 zeigt; nach jüngsten OECD-
Berechnungen liegt sie im Jahr 2002 schon bei 36%. Im internationalen Vergleich
aber liegt sie nach wie vor unter dem Mittel der OECD-Länder von 47% und mit
weitem Abstand unter dem Niveau der Spitzenländer Neuseeland (76%), Finnland
(72%) und Schweden (69%) (BMBF 2003, S. 4).

Die Zahl der Studierenden hat sich in den alten Ländern zwischen 1960 und
1990 insgesamt mehr als verfünffacht und erreicht 1990 fast 1,6 Millionen. Im
vereinten Deutschland studieren im Jahr 2000 insgesamt rund 1.8 Millionen.

Hinsichtlich der zukünftigen Entwicklung kann man einerseits vom status-quo
ausgehen: Man nimmt die bestehenden Übergangsquoten von 68% der Schüler auf
die Hochschulen, die bisherige Verteilung der Studierenden auf Fachhochschulen

und Hochschulen im Verhältnis von 35% zu 65% und die Verweildauer von 13,6 Hochschulsemestern an Universitäten und von 9,7 Hochschulsemestern an Fachhochschulen. Unter diesen Voraussetzungen bleibt die Studentenzahl bis zum Jahr 2015 weitgehend konstant.

Tabelle 7: Entwicklung der Studienanfänger und der Studenten in der Bundesrepublik insgesamt

Jahr	Studienanfänger in 1000	Studienanfänger in % gleichalt- riger Bevölk.[9]	Studenten in 1000	Studenten in % gleichalt- riger Bevölk.
1960	79,4	7,9	291,1	4,3
1965	85,7	13,3	384,4	6,6
1970	125,7	15,4	510,5	9,5
1975	166,6	19,5	840,8	14,1
1980	190,0	19,1	1036,3	15,9
1985	206,8	20,6	1338,0	18,0
1990 (aBL)	277,9	–	1579,0	–
1990 (nBL)	39,5	–	133,6	–
1995 (ges.)	262,4	25,8	1857,9	–
2000 (ges.)	315,0	30,2	1799,3	–
2005 (Prog.[10])	290		1785	
2010 (Prog.)	299		1838	
2015 (Prog.)	275		1789	

Unterstellt man andererseits jedoch, dass im Zuge der derzeit geplanten Schul- und Hochschulreformen zukünftig 80% der Hochschulzugangsberechtigten auch zur Hochschule gehen, davon 40% die Fachhochschulen aufsuchen und sich die Studienzeiten auf 9,2 Hochschulsemestern an Universitäten und 8 Semestern an

---

[9] Berechnet nach ISCED97 (International Standard Classification of Education der OECD von 1997 bezogen auf die Bevölkerung zwischen 18 und 39 Jahren)

[10] Status quo-Berechnung: Übergang von Schule auf Hochschule von 68%, bisherige Verteilung der Anfänger auf Universitäten und Fachhochschulen; bisherige Verweildauer: Universitäten 13,6, Fachhochschulen 9,7 Hochschulsemester

Fachhochschulen verkürzen, dann sind im Jahr 2015 allerdings nur noch 1,5 Millionen Studierende zu erwarten.

Bleibt ein Wort zur Entwicklung der Studienabsolventen im internationalen Vergleich zu sagen. Die Abschlussquote im Tertiärbereich A (Universitäten und Fachhochschulen in Prozent der gleichaltrigen Bevölkerung) ist in Deutschland von 16% in 1998 auf 19% im Jahr 2001 gestiegen. Sie liegt im OECD-Ländervergleich ebenfalls weit unter dem Mittelwert von 31% und erneut deutlich hinter den Spitzenreitern Australien (42%), Finnland (41%) und Neuseeland (40%). Damit hat in Deutschland entgegen dem internationalen Trend in den letzten 20 Jahren kaum eine Ausweitung der Abschlüsse stattgefunden. Erst wenn sich die in den letzten Jahren stark gestiegenen Anfängerquoten in einigen Jahren auch in entsprechende Abschlüsse niederschlagen, ist mit einer Verbesserung der deutschen Position zu rechnen. Betrachtet man allerdings die Quote der Promotionen, dann liegt Deutschland mit einem Wert von 2,0% in der Spitzengruppe hinter Schweden (2,7%) und der Schweiz (2,5%) bei einem Ländermittel von 1,1% (BMBF 2003, S. 5).

Bemerkenswert ist in diesem Zusammenhang die Zusammensetzung der Studentenschaft nach Geschlecht, sozialer und ethnischer Herkunft als drei traditionell sozial selektiven Merkmalen. Was zunächst die Zusammensetzung der Studienanfänger nach Geschlecht angeht, so konnte von 1960 bis 2000 der Anteil der Frauen an allen Hochschulen von 27% bis auf 48,4% gesteigert werden. Nimmt man nur die Universitäten, dann stieg ihr Anteil in diesem Zeitraum auf 53% an (BMBF 2002, S. 152 f.). Insgesamt gesehen konnte damit im Bereich der Hochschulen die noch 1960 erkennbare deutliche Benachteiligung der Frauen vermindert, und im Bereich der Universitäten sogar in einen Vorsprung verwandelt werden. Für das Jahr 2001 sieht die OECD für Deutschland bereits insgesamt einen leichten Vorsprung der weiblichen Studienanfänger von 33% gegenüber 32% der gleichaltrigen Bevölkerung (BMBF 2003, S. 5).

Betrachten wir jetzt die Zusammensetzung der Studienanfänger nach ihrer sozialen Herkunft (vgl. Tabelle 8).

Die vorliegenden Zahlen lassen erkennen, dass die soziale Selektivität des Hochschulsystems zwischen 1966 und 1975 geringfügig abgebaut werden konnte: So stieg z.B. der Anteil der Arbeiterkinder an Universitäten von 6,5% im Jahr 1966 bis auf 14,9% im Jahr 1975 an, um danach erneut bis auf 11% im Jahr 2000 abzusinken. Dabei bleibt zu bedenken, dass der Arbeiterkinderanteil in der Gesellschaft um 1975 noch bei über 40% lag und heute noch bei knapp über 30% liegt. Anders formuliert: Nicht mehr als ein Drittel aller Arbeiterkinder kommt auch zum Studium. Leicht abgenommen hat der Anteil der Selbständigenkinder an den Universitäten; hier liegt eine Parallelentwicklung zum Rückgang der Selbständigen in der Gesellschaft insgesamt vor. Gleichwohl liegt der Selbständigenkinderanteil an den Universitäten noch mehr als doppelt so hoch wie der Selbständigenkinderanteil an allen Kindern. Deutlich gestiegen ist der Anteil der Angestelltenkinder an den Universitäten; auch diese Entwicklung entspricht der Zunahme der Angestellten an den Berufstätigen. Wenngleich der Anteil der Beamtenkinder an den Universitäten im Beobachtungszeitraum leicht rückläufig ist, liegt er absolut weit über dem Anteil der Beamtenkinder an allen Kindern.

Tabelle 8: Studienanfänger an Wissenschaftlichen und Kunst-Hochschulen nach sozialer Herkunft

Jahr	Stellung des Vaters				
	Selbst-ständiger	Beamter	Ange-stellter	Arbeiter	Sonstige[11]
	%	%	%	%	%
1966[12]	30,8	28,6	31,8	6,6	2,2
1970	26,5	25,2	34,0	11,9	2,4
1975	22,8	22,6	36,7	14,9	3,0
1980	21,5	21,3	39,3	14,7	3,2
1985	20,1	20,7	39,3	11,5	8,3
1990	15,3	17,9	34,4	9,3	23,1
1995[13]	21	22	41	12	4
2000	22	21	41	11	5

Quellen: BMBW 1990, S. 186, BMBF 2002, S. 204

Wenngleich die Bildungssysteme aller in OECD-Studien untersuchten Länder sozial selektiv sind, ist die soziale Auslese im deutschen Bildungssystem am stärksten (vgl. Deutsches PISA-Konsortium 2001). Als Folge dieser Selektionen, die vor allem in den vertikal differenzierten Schulen der Sekundarbereiche I und II stattfinden und die Kinder aus unteren und unteren Mittelschichten herausfiltern, finden wir in Deutschland die unter Herkunftsaspekten sozial homogenste Studierendenschaft von allen untersuchten OECD-Ländern.

Aber auch die ethnische Herkunft spielt eine erhebliche Rolle bezüglich der Bildungs- und Lebenschancen, wie PISA gerade für Deutschland nachgewiesen hat. Kinder nicht-deutscher Provenienz, besser: Kinder, die die deutsche Sprache nur unzureichend beherrschen, haben erheblich geringere Chancen, weiterführende

---

[11] Da bei den „Sonstigen"-Werten für 1985 und 1990 sehr häufig „keine Angaben" auftauchen, sind sie nicht direkt mit den anderen Daten zu vergleichen.
[12] 1966 bis 1990 alte Bundesländer.
[13] Ab 1995 für Deutschland insgesamt.

Schulen, insbesondere die Gymnasien zu besuchen, und gute Schulleistungen zu erzielen. Die Folge ist, dass sie in erheblich geringerem Umfang die Hochschulreife erwerben und ein Studium aufnehmen, als es ihrem Bevölkerungsanteil entspricht. Diese ethnische Diskriminierung hat im Laufe der letzten dreißig Jahre erheblich zugenommen und ist im internationalen Vergleich ebenfalls besonders hoch.

Auf der anderen Seite hat in den letzten Jahren die Attraktivität Deutschlands als Studienort für ausländische Studierende deutlich zugenommen. Der Anteil ausländischer Studierender im Tertiärbereich ist bis zum Jahr 2003 bis auf 10,8% gestiegen, das ist ein Zuwachs von 66% seit 1992. Von diesen ausländischen Studierenden sind allerdings nur ein Drittel Bildungsinländer, die ihren ersten Wohnsitz in Deutschland haben, zwei Drittel kommen aus dem Ausland (vgl. BMBF 2003, S. 8, BMBF 1991, S. 204 ff.).

Zusammenfassend lässt sich somit bezüglich der Selektivität des deutschen Hochschulsystems festhalten: Im Zuge der Bildungsreform und des Ausbaus der Hochschulen konnte die geschlechtsspezifische Selektivität des Hochschulsystems weitgehend aufgehoben werden: Frauen sind besonders in Fachhochschulen zwar noch unterrepräsentiert, in wissenschaftlichen und Kunst-Hochschulen aber bereits in der Mehrheit. Die soziale Selektivität konnte dagegen nicht abgebaut werden: Insbesondere Arbeiterkinder suchen noch wie vor in erheblich geringerem Umfang als Kinder aus anderen sozialen Schichten die Hochschulen auf. Seit etwa dreißig Jahren hat sich die ethnische Selektivität verstärkt: Jungen Menschen ohne ausreichende Kenntnis der deutschen Sprache gelingt es immer weniger, über die Selektionshürden des deutschen Bildungssystems auch in den tertiären Sektor vorzudringen. Auf der anderen Seite hat das Hochschulsystem Deutschlands im letzten Jahrzehnt erheblich an Attraktivität für ausländische Studierende gewonnen, die über eine Hochschulzugangsberechtigung aus ihrem Herkunftsland verfügen.

2.5.3 Zur historischen Entwicklung der Hochschulen

„Die Universität ist die soziale Institution, die in der abendländischen Geschichte das Streben nach einer geordneten Erkenntnis der Wahrheit, die Idee des gelehrten Wissens, verkörpert." (Schelsky 1963, S. 13). „Als sich die Professoren und Studenten um 1200 in Paris und Bologna zur universitas magistrorum et scolarium oder studentium zusammenschlossen, fassten sie das schon seit Mitte des 12. Jahrhunderts dort betriebene Studium der Wissenschaften zu einer korporativen Gesamtheit, zu einer Genossenschaft oder Gemeinschaft von Lehrern und Schülern zusammen. Sie schufen sich damit jene Form und Institution der korporativen Selbstverwaltung, die dann als Universität bis heute ihre Tradition bewahrt hat. Zur Sicherung ihrer sozialen, rechtlichen und vor allem auch geistigen Selbständigkeit gegen die Übergriffe der lokalen geistlichen und städtischen Mächte suchten sie Rückhalt bei den übergeordneten politischen Kräften, bei Kaiser und Papst, die durch Privilegien oder Gründungsurkunden diese Autonomie der Universität stützten." (Schelsky a.a.O., S. 14).

Die Autonomie war zentrales Prinzip; sie galt nicht nur im Binnenbereich in der Form der Selbstverwaltung mit ihrer personellen Selbstrekrutierung und -verwaltung, ihren Prüfungs- und Promotionsrechten, sondern auch im Außenbereich in Form einer relativen Unabhängigkeit des sozialen Standes der Professoren und Studenten von den herkömmlichen Ständen des Mittelalters. Die Universität bot nicht nur geistigen, sondern auch sozialen Freiraum. Dieser Freiraum kam dabei im Prinzip jungen Leuten jeglicher sozialer und regionaler Herkunft zugute, nicht nur den Kindern des Adels, obwohl diese faktisch dominierten.

Wenngleich Universitätsbildung immer auch die zukünftige Berufstätigkeit begünstigte, war sie nicht auf eine Berufsausbildung hin konzipiert; auch das Ziel der Allgemeinbildung war seinerzeit sekundär. Dominant war das Ziel des Wissen- und Erkennen-Wollens. Das wissenschaftliche Studium war von vornherein wesentlich Selbstzweck, die Suche nach Wahrheit, nicht Mittel zu anderen Zwecken.

Die mittelalterliche, klassische Universität kannte im Großen und Ganzen nur vier Fakultäten: die Artistenfakultät mit den „sieben freien Künsten" Latein, Logik, Rhetorik, Arithmetik, Geometrie, Astronomie und Musiktheorie, sie ging später in die philosophische Fakultät über. Den Abschluss des Besuchs der Artistenfakultät bildete der Baccalaureus. Mit diesem Examen war es möglich, die höheren Fakultäten der Theologen, Juristen und Mediziner zu besuchen und das Examen als Magister abzulegen bzw. darüber hinaus den Doktorgrad zu erwerben.

Die erste Universität im deutschen Reichsgebiet wurde 1348 von Karl IV. in Prag gegründet; seinerzeit gab es bereits 15 ältere Universitäten in Italien, acht in Frankreich, sechs in Spanien und zwei in England. Nach der Prager Gründung entstanden im deutschen Reichs- und Sprachgebiet ständig neue Universitäten, so dass zu Ende des 18. Jahrhunderts dieses Gebiet mit insgesamt 42 Universitäten am dichtesten ausgestattet war.

Im Gegensatz zu den ältesten Universitäten in Italien und Frankreich entstanden die deutschen Universitäten von vornherein als obrigkeitliche Gründungen als Staats-, Landes- oder Stadtuniversitäten: Sie wurden hier u.a. auch mit dem Ziel gefördert, den nötigen beruflichen Nachwuchs für die katholische Kirche und die Reichs- und Landesverwaltungen heranzubilden. Hinzu kam hier die Hoffnung, die jungen Leute über die Wissenschaft zur Persönlichkeitsbildung, über Erkenntnis zur Tugend und zum wohlgefälligen Leben gegenüber Gott und der Obrigkeit zu führen. „Die Verbindung von wissenschaftlicher Vernunfteinsicht und moralischer Besserung des Menschengeschlechts bildet eine der Grundlagen des aufklärerischen Denkens" (Schelsky, a.a.O., S. 19). Insgesamt kann man also sagen, dass in

den deutschen Universitäten nicht nur das Ziel der Erkenntnis der Wahrheit, sondern stärker als in anderen Universitäten immer auch die Ziele einer Berufsausbildung und einer Allgemeinbildung der Persönlichkeit durch Wissenschaft verfolgt
wurden.

Obwohl die Universitäten im Laufe der Jahrhunderte viele Reformen, vor allem
ihrer geistigen Ausrichtung erlebt hatten, kommt der klassisch-idealistischen Uni-
versitätsreform, die mit dem Namen Wilhelm von Humboldt und seinen Kollegen
Fichte und Schleiermacher verbunden ist und sich in der Gründung der Berliner
Universität 1810 sowie der Universitäten Breslau und Bonn niederschlug, eine
besondere Bedeutung zu, da sie die Grundlagen für die Geschichte der deutschen
Universität bis in die 60er Jahre dieses Jahrhunderts legte. Nach der Interpretation
von Schelsky sind drei Ideen konstitutiv für die Theorie der neuhumanistischen
Universität:

1. Die Idee einer gelehrten, eigentlich philosophisch-wissenschaftlichen Bildung
   als einer neuen für alle offenen und den Besten aufgegebenen Lebensform;
   diese Bildung sollte einen neuen Stand begründen, dessen Aufgabe es dann
   sein sollte, das ganze Gemeinwesen zu verwandeln;
2. die Idee des Gelehrten – im philosophischen Verstande, der frei, selbstverant-
   wortlich und interesselos im Kantischen Sinne auf Wahrheit hinaus denken,
   sich also durch Freiheit, damit aber auch durch Einsamkeit auszeichnen sollte;
3. die Idee der Universität selbst – im Wesentlichen mit der neuen, spezifisch
   theoretischen, dabei aber auf die geschichtliche Welt bezogenen und insofern
   im höheren Sinne praktischen Philosophischen Fakultät identisch – als der
   Gemeinschaft der Lehrenden und Lernenden, die aber als freie Gemeinschaft
   gleicherweise Studierender gedeutet wird, denn Wissenschaft wird hier nicht
   mehr als Besitz, sondern als Unterwegssein zur Wahrheit, als Bildung seiner
   selbst und Gestaltung der geschichtlichen Welt verstanden; darum wird hier
   auch entschiedener als je zuvor die Einheit von Forschung und Lehre gefordert
   (Schelsky, 1963).

Mit den sich im 19. und vor allem im 20. Jahrhundert ausdifferenzierenden „positiven" Wissenschaften, vor allem den Natur- und Ingenieurwissenschaften, tritt das
Bildungsideal, das idealiter in der Philosophischen Fakultät zu verwirklichen war,
faktisch nach und nach zugunsten eines Ausbildungsideals zurück. Die wertfreie
Forschung, insbesondere die Grundlagenforschung, gerät aufgrund der Anforderungen aus der außerwissenschaftlichen Praxis unter zunehmenden Verwertungsdruck; angewandte Forschung, interessengebundene Auftragsforschung nimmt
Einzug in die Universitäten. Vor allem aber unter dem bildungspolitisch induzierten
Ansturm der Studenten auf die Universitäten in den 70er und 80er Jahren des
letzten Jahrhunderts wird die universitas, die Gemeinschaft von Lehrenden und
Studierenden aufgehoben. Die Universitätsideen Humboldts brechen auch norma-

tiv zusammen: die Universität wird zu einer Institution der Berufsausbildung, in der bestimmte berufspraktisch verwertbare Inhalte von Studienordnungen und Prüfungsordnungen staatlich vorgeschrieben werden und dementsprechend gelehrt werden müssen; die Einheit von Lehre und Forschung zerbricht: Die Universität kann sich nicht mehr als Elfenbeinturm verstehen, sondern muss sich als eine gesellschaftliche Institution begreifen, die von staatlichen/öffentlichen Mitteln lebt und für die Öffentlichkeit Dienstleistungen zu erbringen hat.

Die Reorganisation der Hochschulen erfolgte zunächst auf der Basis des 1976 in Kraft getretenen Hochschulrahmengesetzes und der ihm folgenden Landeshochschulgesetze. Mit diesen Gesetzen wurden u.a. die folgenden für die Analyse der Hochschulen als Teil des Erziehungssystems wichtigen Bereiche neu geregelt:

- Die Hochschulen wurden verpflichtet, für alle Studiengänge Studien- und Prüfungsordnungen auf der Basis von Empfehlungen von staatlich eingesetzten Studienreformkommissionen zu erstellen, die den Studenten einen berufsqualifizierenden Abschluss ermöglichen sollten. Die Studiengangsreform war ein Ziel, das von allen Bundesländern übereinstimmend verfolgt wurde.
- Allen Studiengängen wurden Studienplätze und Ausbildungsstellen, den Kapazitätsverordnungen der Länder entsprechend, zugeordnet. Überall dort, wo die Nachfrage das Angebot an Studienplätzen landes- oder bundesweit überstieg, wurden die Studienplätze zentral vergeben (n-c-Regelungen). Es kam zur Einführung von Regelstudienzeiten, in denen die Studenten ihr Studium absolvieren sollten; eine wiederholt beabsichtigte Regelung zur Zwangsexmatrikulation konnte allerdings bisher nicht durchgesetzt werden.
- In den Selbstverwaltungsorganen der Hochschulen (Fachbereichsräte, Senate, Konvente sowie in den Dekanaten und Rektoraten) wurden zunächst den Studenten und wissenschaftlichen Mitarbeitern, später auch den nicht-wissenschaftlichen Mitarbeitern je nach Landesrecht in unterschiedlichem Ausmaß Mitbestimmungs- und Mitspracherechte eingeräumt. Die von Studenten und wissenschaftlichen Mitarbeitern anfangs immer wieder erhobene Forderung nach drittelparitätischer Mitbestimmung konnte nicht durchgesetzt werden. In Forschungs-, Habilitations- und Berufungsangelegenheiten behielten die Hochschullehrer die absolute Mehrheit.
- Es kam zu einer umfangreichen Reorganisation der Personalstruktur der Hochschulen, die nur noch die Gruppen der Professoren, sonstigen Lehrkräfte, Hochschulassistenten, wissenschaftlichen Mitarbeiter und nicht-wissenschaftlichen Mitarbeiter vorsah; später kam es zu weitergehenden Differenzierungen.
- Der Einfluss des Staates und seiner Bürokratie auf Studium, Lehre, Forschung und Selbstverwaltung der Hochschulen wurde erheblich verstärkt. Er drückte sich u.a. in der Genehmigungspflicht aller Studien- und Prüfungsordnungen

sowie vor allem in der Finanz- und Personalpolitik aus. Mit ihrer Haushaltspolitik waren der Bund und die Länder in der Lage, direkt bis in die einzelnen Fachbereiche einzugreifen.

Nach jahrelangem mehr oder weniger festem Dornröschenschlaf kommt es seit Mitte der 90er Jahre des letzten Jahrhunderts unter dem Druck der international steigenden Konkurrenz um Humankapital, unter dem Druck von Globalisierung und Internationalisierung der ökonomischen Verhältnisse zu weitergehenden Reformen im Bereich der Hochschulen. Ausgangspunkt ist die Erkenntnis, dass Bildung und Wissen im 21. Jahrhundert die dominierenden Produktionsfaktoren in den entwickelten Volkswirtschaften werden und damit Boden in der feudalistischen Zeit sowie Arbeit und Kapital in der Hochzeit des Kapitalismus abzulösen beginnen.

Vor diesem Hintergrund kommt es 1998 zu einer umfassenden Novellierung des Hochschulrahmengesetzes, dem nach und nach die einschlägigen Landeshochschulgesetze folgen; ein Prozess, der allerdings noch nicht abgeschlossen ist. Offizielles Ziel dieser Novellierung ist, „die Hochschulen auf neue Anforderungen durch Globalisierung, Internationalisierung und Wettbewerb einzustellen, ihre Autonomie zu verstärken und ihnen größere Spielräume für eigene Profilbildung einzuräumen" (BMBF 2004, S. 1). Weitere Novellierungen folgten im Jahr 2002.

Aus soziologischer Perspektive lässt sich der gegenwärtig beobachtbare und noch nicht abgeschlossene Reformprozess als Versuch einer umfassenden Ökonomisierung des Hochschulbereichs kennzeichnen:

- Die Hochschulen sollen ihren Status als Nachgeordnete Verwaltungseinrichtungen der Länder verlieren und zukünftig ähnlich wie privatwirtschaftliche Betriebe arbeiten.

- Von ihrer Programmatik her werden sie von der umfassenden Bereitstellung von Bildung für alle („Bildung ist Bürgerrecht" Dahrendorf) auf die Bereitstellung von Humankapital für die Wirtschaft umgestellt. Bildung und Wissen werden zu Waren, die von den Hochschulen angeboten und von den Studierenden nachgefragt werden. Das verlangt die Spezialisierung und Profilbildung der einzelnen Hochschulen, einschließlich der Schließung „nicht-rentabler" Fachbereiche und Institute, um international konkurrenzfähig zu werden. In diesem Zusammenhang ist auch die Diskussion um die Errichtung von Eliteuniversitäten bzw. Elitefachbereichen zu sehen, die nach nordamerikanischem Vorbild institutionalisiert werden sollen.

- Unter organisatorischem Aspekt werden an den Spitzen der Hochschulen Hochschulräte eingesetzt, die aus Vertretern der Länder, der Wirtschaft und anderer gesellschaftlicher Großgruppen bestehen können und ähnlich wie die Aufsichtsräte großer Unternehmen die Lehr- und Forschungsausrichtung der Hochschulen mitbestimmen und überwachen. Aus den bisherigen Kollegialor-

ganen der Hochschulen wie Rektorate, Dekanate, Senate und Fachbereichskon-
ferenzen werden Einrichtungen einer hierarchischen Linienorganisation: Die
Stellung der Rektoren und Dekane wird gestärkt, ihnen werden Weisungsbe-
fugnisse auch gegenüber den Hochschullehrern übertragen.

■ Die Studiengänge werden nach dem Bologna-Abkommen von 1999 von den
klassischen Diplom- und Magisterstudiengängen sowie den Lehramtsstudien-
gängen auf BA- und MA-Studiengänge umgestellt. Diese Umstellung soll in allen EU-Ländern bis zum Jahr 2010 durchgeführt werden, um die internationale
Vergleichbarkeit der Abschlüsse herzustellen. Die Studiengänge werden modul-
arisiert, die Studienleistungen mit Credit-Points bewertet. Insgesamt sollen die
Studiengänge damit gestrafft und die Studienzeiten erheblich verkürzt werden.
Sämtliche neu einzurichtende Studiengänge werden einem externen Akkredite-
rungsverfahren sowie regelmäßigen Evaluierungen unterzogen.

■ In der Forschung sind von den Fachbereichen Forschungsprofilbildungen vor-
zunehmen und Forschungsschwerpunkte einzurichten. Der Umfang der Ein-
werbung von Drittmitteln wird zugleich zum Kriterium für die Güte der Forschung und für Bereitstellung weiterer Infrastrukturmittel der Fachbereiche.
Dass damit die Grundlagenforschung, die theoretische Forschung und die Erforschung neuer, im Augenblick vielleicht noch peripherer Gebiete zurück ge-
drängt wird, wird unter dem ökonomischen Verwertungsdruck offensichtlich
billigend in Kauf genommen.

■ Mit der 2002 verabschiedeten Dienstrechtsreform, die allerdings zum Teil noch
in Landesrecht überführt werden muss, werden zum einen Juniorprofessuren
eingeführt, die offiziell dem wissenschaftlichen Nachwuchs nach einer Promotion mehr selbstständiges und eigenverantwortliches Arbeiten ermöglichen und
ihn von der Last der Habilitation unter Aufsicht und Betreuung eines Hoch-
schullehrers befreien sollen[14]. Dementsprechend ist auch die Abschaffung der
Habilitation als Voraussetzung für eine Berufung vorgesehen. Zum anderen sollen die Hochschullehrer künftig nach Leistung besoldet werden: Etwa 80% der
Besoldung sollen fest, die restlichen 20% nach Leistungskriterien vergeben
werden. Darüber hinaus ist auch der Beamtenstatus der Hochschullehrer im
Gespräch.

■ Wenn Hochschulen wie Wirtschaftsbetriebe geführt werden sollen, wird ein
umfassendes Controlling erforderlich: Interne und externe Evaluationen sind

---

14   Dass dieses Modell mit der Einführung des Assistenzprofessors in den 80er Jahren
     schon einmal gescheitert war, hat man offensichtlich vergessen. Darüber hinaus wird
     übersehen, dass das Modell eines Junior-Professors nur dann Sinn macht, wenn es, wie
     in den USA, einen tenure-track, also die Chance gibt, auf seiner Stelle auch aufzusteigen,
     z.B. vom assistant- über den associate- zum full-professor. Diese Möglichkeit aber sieht
     das deutsche Hochschuldienstrecht nicht vor.

sowohl für den Lehr- als auch für den Forschungsbereich in regelmäßigen Ab-
schnitten geplant und werden in ersten Versuchen auch schon durchgeführt.
Wer die Hochschulen als Wirtschaftsbetriebe zu Anbietern von Bildung und
Wissen einrichten möchte, muss sich auch Gedanken über eine Neufinanzie-
rung machen. An die Stelle breiter staatlicher Finanzierung müssten im Prinzip
Studiengebühren in dem Umfang treten, wie wir sie aus Ländern mit einer dominant privatwirtschaftlich finanzierten Hochschullandschaft kennen, z.B. USA,
England, Japan und Korea. Das aber verbietet nach wie vor das Hochschulrahmengesetz und die Rechtsprechung des Bundesverfassungsgerichts. Erhöhte
Studiengebühren scheinen allenfalls für Zweitstudien und für eine erhebliche
Überschreitung der Regelstudienzeit rechtmäßig und werden seit Kurzem bereits in zahlreichen Ländern erhoben. Es scheint allerdings nur noch eine Frage
der Zeit zu sein, wann die Studierenden auch in Deutschland wie Konsumenten
für ihre Güter den entsprechenden Preis zu zahlen haben.

3 Gesellschaftstheoretische Analyse des Erziehungssystems

3.1 *Verortung*

In den sozialisationstheoretischen Überlegungen war Erziehung als der Teil der Sozialisation bezeichnet worden, der in bewusst geplanten und formal organisierten sozialen Systemen abläuft. Das Erziehungssystem wurde damit als ein besonderes soziales System im Rahmen der Gesellschaft begriffen, zu der weiterhin die Wirtschaft, die Politik und das System der gesellschaftlichen Gemeinschaft gehören; in diesem Rahmen waren dem Erziehungssystem u.a. die folgenden Aufgaben auferlegt:

1. Die Bildung einer soziokulturellen Persönlichkeit sowohl durch Vermittlung von Normen und Rollenvorgaben zur Stabilisierung der Persönlichkeit als auch durch Erziehung zu Selbständigkeit und Initiative zur Erhöhung der Anpassungsfähigkeit der Persönlichkeit an veränderte Anforderungen sowie zur aktiven Gestaltung ihrer gesellschaftlichen Umwelt.

2. Die berufliche Sozialisation durch Vermittlung von beruflichen Qualifikationen zur Verwertung im Beschäftigungssystem.

3. Die politische Sozialisation durch Vermittlung von Kenntnissen über die politischen Institutionen der Gesellschaft und durch Vermittlung von Einstellungen und Werthaltungen zu diesen Institutionen, die sowohl Loyalitäten begründen als auch eine kritische Auseinandersetzung mit ihnen ermöglichen.

4. Die im engeren Sinne gesellschaftliche Sozialisation als Einführung in die Rollen der gesellschaftlichen Gemeinschaft, wie z.B. der Familie, der Verwandtschaft, der Freundesgruppen usw.

Diese genannten Aufgaben gelten für alle Gesellschaften, unabhängig von ihrer konkreten historischen Form, wobei die Vermittlungsprozesse zwischen Persönlichkeiten und Gesellschaften erheblich komplexer sind, als hier dargestellt werden kann.

Einfache, undifferenzierte Gesellschaften lassen Erziehung in der Regel unbewusst und ungeplant im Rahmen ihrer Produktions- und Reproduktionsbereiche gleichsam automatisch und selbstverständlich ablaufen. Die Erziehungsaufgabe wird nicht aus der alltäglichen Produktion und Reproduktion ausdifferenziert und eigenen Systemen und Personen zur Bearbeitung übertragen.

Mit dem Übergang zur Neuzeit (Nachmittelalter) und vor allem während der Industrialisierung differenzieren alle modernen Gesellschaften Teilsysteme aus, übertragen ihnen nach dem Prinzip der funktionalen Arbeitsteilung bestimmte gesellschaftliche Aufgaben zur spezialisierten Bearbeitung, gewähren ihnen damit einerseits relativ hohe Autonomie, müssen aber andererseits dafür Sorge tragen, dass diese Aufgaben aufeinander bezogen bleiben und die Interdependenzen zwischen den gesellschaftlichen Teilsystemen so gestaltet werden, dass Bestand und Wandel der Gesellschaft gewährleistet bleiben.

In systemtheoretischer Perspektive (aufbauend auf den Arbeiten von Parsons und Luhmann) haben moderne Gesellschaften üblicherweise die folgenden Subsysteme ausdifferenziert (vgl. Abbildung 6).

Im Rahmen der gesellschaftstheoretischen Analyse des Erziehungssystems als eines Teils des kulturellen Systems interessieren uns vor allem die Beziehungen, die das Erziehungssystem

- zum Wirtschaftssystem,
- zum System der gesellschaftlichen Gemeinschaft, dem sozialen System im engeren Sinn
- und dem politischen System unterhält.

3.2   Erziehungssystem und Wirtschaftssystem

Wenn wir im Folgenden von Erziehungssystem sprechen, denken wir in erster Linie an die allgemeinbildenden Schulen und die Hochschulen. Kindergärten, berufsbildende Schulen und Einrichtungen der Weiterbildung werden dann explizit genannt, wenn sie auch gemeint sind. Wenn wir im Folgenden von Wirtschaftssystem sprechen, meinen wir schwerpunktmäßig das Beschäftigungssystem mit den konkreten Einrichtungen der Betriebe, Behörden und sonstigen Einrichtungen, in denen die Menschen einer vertraglich abgesicherten Erwerbsarbeit nachgehen. Ausgeklammert sind in diesem Verständnis die üblicherweise der Wirtschaft ebenfalls zugerechneten Bereiche des Konsums, der schwerpunktmäßig in Haushalten, und der Bereich der Distribution, der in einer Marktwirtschaft schwerpunktmäßig auf Märkten stattfindet. Zum Beschäftigungssystem gehören neben den Wirtschaftsbetrieben im engeren Sinne dann auch die Verwaltungen, sozialen Einrichtungen, nicht auch zuletzt diejenigen Teile des Erziehungssystems, in denen Erwerbsarbeit (von z.B. Lehrern) ausgeübt wird.

Abbildung 6: Subsysteme moderner Gesellschaften und ihre Beziehungen

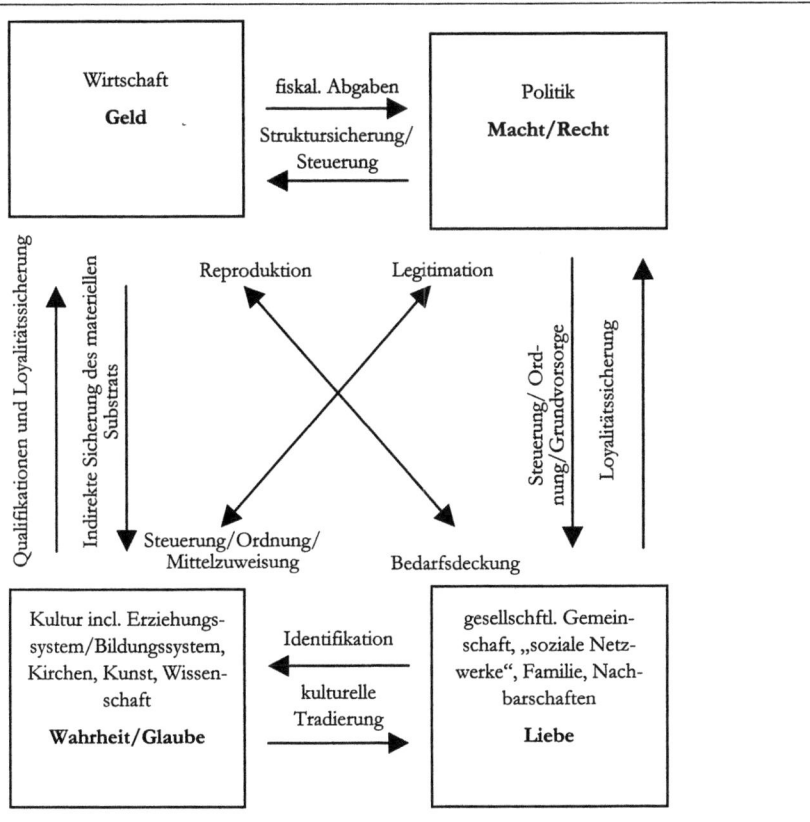

Quelle: Nach Parsons 1972

Präziser sollte man daher von den Beziehungen zwischen dem Erziehungs-/ Bildungssystem und dem Beschäftigungssystem sprechen.

Allgemein lassen sich die Beziehungen beider Systeme zueinander in der Form wechselseitig für einander zu erbringender Aufgaben formulieren, wie im allgemeinen Modell geschehen. Danach wäre zu erwarten, dass jedes System für das jeweils andere eine dominante Aufgabe zu erfüllen hätte. Betrachten wir diese Aufgaben im Einzelnen.

Die Aufgabe, die das Erziehungssystem für das Beschäftigungssystem zu erbringen hat, ist auf den ersten Blick relativ eindeutig: Das Erziehungssystem hat für das Beschäftigungssystem zu jedem Zeitpunkt ein nach der Art und Höhe qualifiziertes Personal in dem Umfang bereitzustellen, wie es vom Beschäftigungssystem zur Durchführung seiner Aufgaben in Produktion und Verwaltung benötigt wird.

Diese Aufgaben des Erziehungssystems lassen sich nun analytisch in drei Teilaufgaben zerlegen, die es im Folgenden zu analysieren gilt:

■ Das Personal muss hinsichtlich der Art seiner Qualifikation so ausgestaltet sein, dass es den verschiedenen Qualifikationsanforderungen entspricht; hieraus ergibt sich die Qualifizierungsaufgabe des Erziehungssystems.

■ Das Personal muss hinsichtlich der Höhe oder der Ausprägung seiner Qualifikationen so zusammengesetzt sein, dass es den Anforderungen unterschiedlich hoher Positionen des Beschäftigungssystems entspricht; hieraus ergibt sich die Selektionsaufgabe des Erziehungssystems.

■ Das Personal muss hinsichtlich seiner zahlenmäßigen Größe und Zusammensetzung zeitlich so angeboten werden, dass es der jeweiligen Nachfrage entspricht; hieraus ergibt sich eine Allokations- bzw. Arbeitsmarktregulationsaufgabe.

Fragt man umgekehrt nach der Aufgabe, die das Beschäftigungs- bzw. Wirtschaftssystem für das Erziehungssystem erbringt, so sind direkte Aufgaben vor allem in der Mitwirkung im Bereich des dualen Systems der beruflichen Bildung und in der Bereitstellung von Praktikumsplätzen für die allgemeinbildenden Schulen zu sehen, die wir hier aber nicht näher behandeln. Indirekt jedoch sorgt das Beschäftigungs- bzw. Wirtschaftssystem durch Steuerzahlungen an das politische System für die materielle Grundlage des nun durch das politische System direkt finanzierten Erziehungssystems.

Angesichts dieser Situation werden wir im Folgenden nur auf die oben genannten drei Aufgabenbereiche abstellen, die das Erziehungssystem für das Beschäftigungssystem erbringt, und fragen, inwieweit diese Aufgaben erfüllt werden, welche Abstimmungsprobleme entstehen und welche Möglichkeiten der Problemlösung gegeben sind. Dabei darf jedoch nicht übersehen werden, dass das Erziehungssystem noch weitere Aufgaben besitzt, die es in Bezug auf die übrigen Teilsysteme zu erfüllen hat. Wir werden die folgende Analyse zwar schwerpunktmäßig auf der Makroebene durchführen, müssen uns dabei aber stets bewusst bleiben, dass die Art und das Ausmaß der Aufgabenerfüllung letztlich das Ergebnis sowohl individueller als auch von Interessengruppen auf der Mikro- und der Mesoebene getroffener Entscheidungen ist.

3.2.1 Zur Qualifikationsaufgabe des Erziehungssystems

Die Tatsache, dass das Erziehungs- und Bildungssystem qualifiziertes Personal für die Wirtschaft bereitzustellen hat, wenn die deutsche Wirtschaft weiterhin als „Vorauswirtschaft" international konkurrenzfähig bleiben will, ist in der politischen und der wissenschaftlichen Diskussion inzwischen eine Selbstverständlichkeit, wie der historische Rückblick ergab. Politisch brisant und dann auch von Seiten der Wirtschafts- und Sozialwissenschaftler in größerem Umfang aufgegriffen wird diese Beziehung zwischen den Systemen immer dann, wenn internationale Vergleiche der Humankapitalausstattung und -entwicklung hier Befürchtungen aufkommen lassen, dass das rohstoffarme Deutschland seinen wichtigsten Produktionsfaktor Bildung bzw. Wissen vernachlässigt.

Derartige Befürchtungen wurden erstmals Ende der 50er, Anfang der 60er Jahre unter dem Stichwort der „Bildungskatastrophe" (Picht 1964) geäußert. Anlass waren die Anfang der 60er Jahre erstellten Prognosen über mögliche zukünftige Rückschritte der wirtschaftlichen Entwicklung in Deutschland im internationalen Vergleich und zwar sowohl gegenüber den westlichen wie den östlichen Wirtschaften. „Die Einsicht, dass die Infrastruktur an Qualifikationen und damit der Ausbildungsstand der Bevölkerung eine wichtige Voraussetzung für die wirtschaftliche Entwicklung eines Landes darstellt, führte im Rahmen internationaler Vergleiche dazu, dass für die Bundesrepublik eine technologische Lücke vorausgesagt wurde. Die Öffentlichkeit wurde damals durch Zahlen wachgerüttelt, die Deutschland im internationalen Vergleich in einem sehr schlechten Licht erscheinen ließen. Während in den USA 70%, in der UdSSR 46%, in Schweden 30% aller 17jährigen noch die Schule besuchten, waren es in der Bundesrepublik noch 16,4%. Bei der Berücksichtigung der Zusammenhänge zwischen Ausbildungsstand und technologischer Entwicklung und bei Berücksichtigung der Bedarfsanforderungen der Wirtschaft an ausgebildeten und hochqualifizierten Arbeitskräften schien sich in Deutschland eine Bildungskatastrophe und damit auch eine nationale wirtschaftliche Katastrophe anzubahnen" (Fend 1981, S. 19 f.).

Angesichts dieser Prognosen forderten Politiker aller Parteien einen Ausbau des Bildungswesens, eine Steigerung der Zahlen der Absolventen weiterführender Bildungsgänge auf der Basis wissenschaftlicher Untersuchungen über den zukünftigen Bedarf der Wirtschaft an qualifiziertem Personal.

Den entsprechend aufgeforderten Sozialwissenschaftlern kamen in dieser Zeit bildungsökonomische Arbeiten und Ansätze aus den USA (z.B. Schultz 1963) zugute, die aufgearbeitet und weiterentwickelt wurden. Diese Entwicklungen wurden vornehmlich in Berlin durch Edding und in Basel durch Bombach, Riese und Widmeier aufgegriffen. Sie standen in engem Zusammenhang mit den Arbeiten der

OECD in Paris (Parnes und Tinbergen-Correa) zur Ermittlung des zukünftigen Bedarfs an qualifizierten Arbeitskräften.

Ausgangspunkt dieses bildungsökonomischen Ansatzes, den man auch als Humankapitalansatz bezeichnete, waren makroökonomische Zielsetzungen eines mittel- und langfristig gewünschten bzw. zu erwartenden Produktionswachstums und einer technologisch und arbeitsorganisatorisch induzierten Arbeitsproduktivität. Aufgrund dieser Ziele wurden bei unterstellten festen Verhältnissen zwischen Kapital und Arbeit Bedarfsprognosen für Arbeitskräfte für einzelne Wirtschaftssektoren, Berufsgruppen und bestimmte Fachrichtungen innerhalb der Berufe erstellt. Das Ergebnis waren umfangreiche Tabellen und Graphiken, in denen der zu erwartende Bedarf des Beschäftigungssystems an Personen bestimmter Fachrichtungen, bestimmter Berufe für bestimmte Wirtschaftssektoren enthalten war.

Der zweite Schritt war die Erstellung von Angebotsprognosen des zukünftig zu erwartenden Personals, ebenfalls nach Bildungsabschlüssen, Fachrichtungen usw. aufgeschlüsselt, die dann im dritten Schritt mit den Bedarfsprognosen bilanziert wurden.

Nach diesem Muster wurden in den 60er und 70er Jahren zahlreiche Bedarfs- und Angebotsprognosen erstellt, vornehmlich für den Bereich der hochqualifizierten Berufe, bzw. Ausbildungen (Alex u.a. 1972, Battelle 1969, Blüm, Frenzel 1975, DIW 1973 usw.). Die bildungspolitischen Konsequenzen, die aus den Ergebnissen gezogen wurden, drückten sich in dem gewaltigen Ausbau der weiterführenden Schulen, dem Ausbau des Hochschulsystems, der Erhöhung der Durchlässigkeit des weiterführenden Schulsystems u.a. aus. Zugleich wurden diejenigen Institutionen geschaffen, die die wissenschaftlichen Grundlagen für die Reformen zu liefern hatten (Bildungsrat, Wissenschaftsrat) und die die Ergebnisse umzusetzen hatten (BLK für Bildungsplanung und Forschungsförderung u.a.).

Dieser Humankapitalansatz, der den Umfang und die Struktur der zukünftig im Erziehungssystem zu produzierenden Qualifikationen nahezu ausschließlich aus dem sog. Bedarf der Wirtschaft abzuleiten versuchte, der damit das Erziehungssystem dem Primat der Wirtschaft unterstellte (Subsumtionsthese), hatte zwangsläufig scharfe methodische und inhaltliche Kritik ausgelöst.

Von der grundlegenden inhaltlichen Ausrichtung her wurde diesem Ansatz der so genannten social-demand-Ansatz, der Ansatz des Bürgerrechts auf Bildung gegenübergestellt, dessen prominentester Vertreter in Deutschland Dahrendorf war. Dieser Ansatz leugnete eine direkte deterministische Beziehung zwischen dem Wachstum des Sozialprodukts und z.B. dem Ausbildungs- und Qualifikationsniveau des Beschäftigungspersonals. Wenngleich hier Zusammenhänge nicht übersehen wurden, erschienen sie jedoch wesentlich vermittelter als vom Humankapitalansatz unterstellt. Darüber hinaus wurde angenommen, dass auch ein bestimmtes Angebot an Qualifikationen bestimmte Arbeitsplätze schaffen würde. Die Ausrichtung dieser Qualifikationen sollte auch nicht primär an den wirtschaftlichen Interessen, sondern an allgemeinen gesellschaftlich für wünschenswert gehaltenen Qualifikationszielen erfolgen; derart geschaffene Qualifikationen sollten sich dann auch im Wirtschaftssystem durchsetzen, um den durchaus erkannten Primat wirtschaftlichen Denkens zu durchbrechen.

In methodischer Hinsicht wurden zahlreiche Kritiken gegenüber dem Humankapitalansatz hervorgebracht, die sich u.a. auf die folgenden Punkte bezogen und sich im Rückblick voll bestätigt haben:

■ Die Wachstumsannahmen bezüglich Produktion und Produktivitätsentwicklung erschienen problematisch, demzufolge auch Trendaussagen über zukünftige Entwicklungen an den Märkten. Vollends übersehen wurden seinerzeit die sich erst in den 80er und 90er Jahren durchsetzende Globalisierung der Wirtschaften und ihr Ausbau zu einer Weltwirtschaft.

■ Das Ausmaß an Substitution und Flexibilität in der Zuordnung von Personen zu Arbeitsplätzen wurde erheblich unterschätzt; hier half auch die Korridorisierung von Prognosen nur begrenzt. (Unterschiedlich qualifizierte Personen können denselben Arbeitsplatz einnehmen; eine Person kann unterschiedliche Arbeitsplätze einnehmen; Arbeitsplätze werden bei vorhandenem Personal neu geschaffen). Absorbtionseffekte der Wirtschaft wurden ebenfalls unterschätzt. Noch völlig unbekannt war die sich ab Mitte der 60er Jahre anbahnende demographische Entwicklung, die mit den geburtenstarken Jahrgängen ein Arbeitskräftepotential bereit stellte, das vom Beschäftigungssystem nicht mehr absorbiert werden konnte. Hier ist von der Angebotsseite erst ab dem Jahr 2010 mit einer Entlastung und damit mit einem nennenswerten Rückgang der Arbeitslosenzahlen zu rechnen.

■ Prognosen und Projektionen werden bekanntermaßen über die Zeit zunehmend ungenauer; Maßnahmen der Bildungspolitik wirken dann häufig statt antizyklisch prozyklisch und verschärfen die Ungleichgewichte (Beispiel: Lehrerbedarf, Sozialwissenschaftlerbedarf).

Das Wichtigste aber wurde vollkommen übersehen: Die Verwirklichung des Humankapitalansatzes hätte am Arbeitsmarkt eine ordnungspolitische Umstellung von der Markt- zur Planwirtschaft verlangt. An die Stelle freier Berufswahl der jungen Menschen, wie sie im Grundgesetz garantiert ist, und freier Personalauswahl durch die Betriebe und Behörden hätte eine Berufs- und Personallenkung treten müssen, wie sie aus den ehemals sozialistischen Ländern bekannt war. Der Zusammenbruch der sozialistischen Planwirtschaften hat inzwischen aber auch erkennen lassen, dass Berufs- und Personalplanungen eine viel zu rigide Form der Abstimmung zwischen dem Erziehungs- und Beschäftigungssystem waren und den veränderten Anforderungen aus dem wirtschaftlichen Umfeld gegenüber einer Marktabstimmung weit unterlegen blieben, bei allen Reibungsverlusten, die sich auch aus Fehlern der individuellen Berufswahlen und betrieblichen Personalwahlen ergaben und weiterhin ergeben.

Erneute Befürchtungen, dass sich die deutsche Wirtschaft mittelfristig wiederum auf dem Weg in die Zweitklassigkeit befindet, werden derzeit in der Öffentlichkeit vor allem unter dem Eindruck des „Pisa-Schocks" (vgl. Deutsches PISA-Konsortium 2001) geäußert.

Seit mehreren Jahren ist allerdings auch bekannt, dass das deutsche Bildungssystem im internationalen Vergleich besonders in der Produktion von Abschlüssen des Tertiärbereichs (Hochschul- und Fachhochschulabschlüsse) zurückbleibt (vgl. die Zahlen im vorhergehenden Kapitel), dass die Studierenden bei ihren Abschlüssen überdurchschnittlich alt sind und häufig Qualifikationen erworben haben, die im Beschäftigungssystem nur noch zu einem geringen Teil verwertbar sind. Das deutsche Hochschulsystem mit seiner Produktion von berufsqualifizierenden Abschlüssen, wie z.B. dem Diplom oder dem Staatsexamen, erscheint im Vergleich vor allem zum angelsächsischen System, das mit dem BA nur eine wissenschaftliche Grundbildung bietet und die eigentliche Berufsausbildung in den Betrieben „on the job" durchführt, zu starr und unflexibel. Was allerdings die Abschlüsse des Sekundarbereichs II angeht, zu dem im internationalen Vergleich auch die betrieblichen Ausbildungen gezählt werden, befindet sich Deutschland weltweit in der Spitzengruppe.

Dass aber auch die Schulleistungen der deutschen Schüler im internationalen Vergleich nicht sonderlich eindrucksvoll sind, war vor PISA bereits in der TIMSS (Baumert u.a. 1997) deutlich geworden, deren Ergebnisse in der Öffentlichkeit allerdings kaum rezipiert worden sind. Bemerkenswert ist auch, dass sich Deutschland an deren Vorläuferstudien, offensichtlich im Glauben, man hätte es nicht nötig, gar nicht erst beteiligt hatte. Die PISA-Ergebnisse allerdings, in denen die 15-jährigen deutschen Schüler im Lesetest (reading literacy) von den 31 untersuchten Ländern nur den 21. Platz weit unter dem Durchschnitt der OECD-Länder erreichten und auch bei der mathematischen und naturwissenschaftlichen Grundbildung nicht viel besser abschnitten, haben sowohl die Öffentlichkeit, wie die Politik und Wissenschaft aufgeschreckt. Defizite wurden vor allem im unteren Kompetenzbereich (Leistungen unterhalb der Kompetenzstufe I) festgestellt. Darüber hinaus war die Leistungsstreuung in Deutschland größer als in allen anderen untersuchten Ländern. Nicht zuletzt ergab sich, dass der Zusammenhang zwischen der schulischen Leistung und der sozialen Herkunft in Deutschland stärker ist als in allen anderen untersuchten Ländern.

Bei allen Relativierungen, die man gegenüber diesen Ergebnissen anbringen kann (vgl. Maxeiner 2002), und bei aller Freude darüber, dass die nachfolgende, in 35 Ländern durchgeführte international vergleichende IGLU-Studie (Internationale Grundschul-Lese-Untersuchung) (vgl. Bos u.a. 2003) den deutschen Grundschülern am Ende der vierten Jahrgangsstufe einen überdurchschnittlich guten elften Platz bei relativ geringer Leistungsstreuung bestätigte, bleiben nach den TIMSS- und PISA-Ergebnissen erhebliche Bedenken, ob die Qualität des vom Bildungssystem der Wirtschaft angebotenen Humankapitals ausreicht, um die internationale Wettbewerbsfähigkeit auf Dauer zu sichern.

Ob diese Bedenken stichhaltig sind, hängt allerdings nicht nur vom Angebot, sondern auch von der Nachfrage der Wirtschaft nach Qualifikationen ab. Von daher gilt es auch, die Ergebnisse vor allem der industrie- und betriebssoziologischen Untersuchungen über den Wandel der Qualifikationsanforderungen im Mikrobereich der einzelnen Arbeitsplätze und der Berufe sowie im Mesobereich der Wirtschaftsbereiche darzustellen, die langfristig zu einer Umorientierung bzw. Reformierung der Erziehungsinhalte an den Schulen und Hochschulen führen muss. Beginnen wir mit den Veränderungen im Bereich der qualifizierten Arbeit.

Im Bereich der qualifizierten Arbeit, der traditionalen Facharbeitertätigkeit in der gewerblichen Wirtschaft, erfolgt mit der zunehmenden Mechanisierung und Automatisierung eine Auslagerung der eigentlichen produktiven Tätigkeiten aus dem Produktionsprozess im engeren Sinne; statt dessen erfolgt der Arbeitseinsatz in verstärktem Maße im Bereich der Produktionsvorbereitung, der Produktionsüberwachung, der Wartung und Kontrolle der Produktionsanlagen sowie der Reinigung. Hinsichtlich der verlangten Qualifikationen zeichnen sich in diesem Bereich Polarisierungstendenzen ab: Einer verlangten Höherqualifizierung der Arbeiter für die Anlagenvorbereitungs-, Kontroll- und Wartungstätigkeiten der meisten Arbeiter steht eine Dequalifizierung all derjenigen gegenüber, die nur noch mit Reinigungsfunktionen oder Transportaufgaben zu tun haben. Die Höherqualifizierung geht dabei in der Regel jedoch nicht über das Facharbeiterniveau hinaus; die Qualifikationen des Angelernten und Ungelernten werden jedoch weitgehend obsolet.

Überall dort, wo damit begonnen wird, die extreme Arbeitsteilung der Fließ- bzw. der Fließbandfertigung aufzuheben und den Arbeitern größere Arbeitsbereiche bzw. einzelnen Gruppen ganze Arbeitsbereiche zur selbständigen Durchführung zu übertragen, wird eine Höherqualifizierung und Weiterbildung der Arbeiter auch für die Ausführung derjenigen Arbeiten verlangt, die sie bisher nicht ausgeübt hatten.

Mit zunehmender Technisierung und Automatisierung geht der rein quantitative Bedarf an produktionsprozessgebundenen Qualifikationen (Fräsen, Drehen, Bohren, Hobeln usw.) und damit an entsprechend ausgebildeten Facharbeitern zurück, während der Bedarf an prozessunabhängigen Qualifikationen (Entwicklung, Montage, Wartung und Kontrolle) und entsprechend ausgebildeten Facharbeitern ansteigt.

In dem Umfang, in dem die Technikbindung der Arbeit fällt und die konkreten Arbeiten nunmehr von Organisationsvorschriften gegliedert und zusammengehalten werden, steigt der Bedarf an sozialen Qualifikationen (Kommunikations- und Teamfähigkeit, aber auch Selbstständigkeit, Genauigkeit, Pünktlichkeit und Zuverlässigkeit). Diese Qualifikationen werden üblicherweise auch als Schlüsselqualifikationen (Mertens), extrafunktionale Qualifikationen oder als fachinspezifische Qualifikationen bezeichnet (vgl. Offe 1970, Dahrendorf 1956). Hurrelmann (1975) hat diese Qualifikationen noch einmal nach den folgenden drei Bereichen unterteilt und unterscheidet:

1. normativ-regulative Elemente, die für das Funktionieren der Arbeits- und Kommunikationsvollzüge mittelbar noch von Bedeutung sind, etwa Standards wie Sparsamkeit, Pünktlichkeit, Zuverlässigkeit, Vorsicht;

2. normativ-motivationale Elemente, die keinen direkten und nur einen schwachen indirekten Bezug zu den Funktionsabläufen des eigentlichen Arbeitsprozesses haben und gewissermaßen „ideologische" Bestandteile der Berufsrolle sind, wie Standards der Loyalität mit der bestehenden Organisations- und Hierarchiestruktur eines Unternehmens, der Internalisierung herrschender Interessen des Gesamtunternehmens usw.

3. normativ-politische Elemente, die keinerlei direkte oder indirekte Beziehung mehr zu den Funktionsabläufen haben, sondern Einstellungen im allgemein-politischen Bereich betreffen, die für Rahmenbedingungen des Arbeitsprozesses von Bedeutung sein können, etwa Standards der Einstellung zu den Ordnungsprinzipien im politischen und ökonomischen Bereich (Hurrelmann 1975, S. 88); hierzu gehören dann z.B. weiterhin die Akzeptanz der wettbewerblichen Ordnung, des Leistungsprinzips, der Tarifregelungen usw.

Insgesamt lässt sich die These aufstellen, dass die genannten extra-funktionalen Qualifikationen auch im Bereich der qualifizierten Arbeit an Bedeutung gegenüber den rein technisch-instrumentellen Qualifikationen gewinnen.

Um diese Qualifikationen im Beschäftigungssystem gewährleistet zu sehen, werden aus dem Bereich der gewerblichen Wirtschaft Forderungen an das Erziehungssystem gestellt, die u.a. erneute Verbesserungen der Rechtschreibkenntnisse, der Grundrechenarten und der Allgemeinbildung fordern (vgl. Schneider 1985, Forderungen des IDW und der Arbeitgeberverbände in der Bundesrepublik). Dass die Unternehmen hier nicht nur an einer Verbesserung der inhaltlich genannten materiellen Qualifikationen interessiert sind, ergibt sich daraus, dass derartige Qualifikationen an den meisten Arbeitsplätzen im Bereich der Industriearbeit gar nicht verlangt werden. Eingeübt werden sollen über derartige Inhalte vielmehr die genannten extra-funktionalen Qualifikationen. In die gleiche Richtung gehen Forderungen der gewerblichen Wirtschaft, kritische und emanzipatorische Inhalte der Ausbildung zurückzustellen zugunsten der Inhalte klassischer Allgemeinbildung: Gefürchtet wird hier darum, dass die zunehmend benötigten allgemeinen Loyalitäten zum herrschenden wirtschaftlichen und politischen System verloren gehen könnten, die als soziale Stabilisierungsfaktoren benötigt werden, wenn das traditionell technikbestimmte Korsett der Arbeitsvollzüge sich auflöst.

Die bereits im Bereich der qualifizierten Arbeit beobachtbaren Qualifikationswandlungen sind noch stärker im Bereich der hochqualifizierten Arbeitsplätze gegeben.

Zunächst einmal sind hochqualifizierte Arbeitskräfte, also Hochschul- und Fachhochschulabsolventen, in erheblich stärkerem Maße als die qualifizierten Arbeitskräfte im Dienstleistungsbereich, in den freien Berufen und im Führungsbereich des sekundären Sektors beschäftigt: Alle Bereiche sind unter rein quantitativen Aspekten stark expandierend.

Hinzu kommt, dass gerade für diesen Bereich der Arbeitskräfte kaum exakte Zuordnungen von Personen bestimmter Ausbildungsfachrichtungen zu bestimmten Berufspositionen existieren: Die Mobilität der Personen zwischen den einzelnen Positionen und die Flexibilität des Einsatzes bestimmter Personen auf verschiedene Positionen ist in diesem Bereich erheblich höher als im Bereich der qualifizierten Arbeit. So werden für bestimmte Positionen etwa im Bereich der Personalplanung gleichermaßen Volks- und Betriebswirte, Juristen, Sozialwissenschaftler und Psychologen eingesetzt; andererseits sind z.B. Wirtschaftswissenschaftler gleichermaßen im Bereich des Einkaufs, des Verkaufs, der Produktionsplanung und des Marketings wie auch des Personalwesens einsetzbar.

Nicht zuletzt besteht eine gewaltige Absorptionsfähigkeit insbesondere des privatwirtschaftlichen Sektors an hochqualifizierten Arbeitskräften. Einschlägige Untersuchungen über den Ersteinsatz von Akademikern im Bereich der Privatwirtschaft zeigen, dass knapp die Hälfte aller Akademiker, die in den letzten Jahren im Bereich der Privatwirtschaft eingestellt wurden, auf Positionen sitzen, die neu geschaffen wurden, für die es also keinen Vorgänger gibt. Auch finden Prozesse der vertikalen Substitution statt in der Weise, dass Akademiker Positionen einnehmen, die vorher von Praktikern besetzt waren.

Insgesamt gesehen sind somit horizontale und vertikale Substitution, Mobilität zwischen den Positionen und Absorptionsphänomene in diesem Bereich wesentlich größer als im Bereich der qualifizierten Facharbeitertätigkeit.

Diese Ergebnisse zeigen, dass das Beschäftigungssystem flexibel auf das jeweilige Angebot des Bildungssystems zu reagieren in der Lage ist, dass also das Angebot die Nachfrage mitbestimmt und nicht, wie im Humankapitalansatz unterstellt, das Anbietersystem, d.h. hier das Erziehungssystem sich am Bedarf der Nachfrager zu orientieren hat. Damit aber verlieren die Qualifikationsprozesse an den Hochschulen einen Teil ihrer ihnen bislang unterstellten Aufgabe, auf begrenzte berufliche Rollen vorzubereiten. „In einigen Bereichen des Produktions- und Verwaltungssektors kann man deshalb vorsichtig von einer Disposition zur Aufnahme polyvalenter und entspezialisierter Bildungsinhalte in hochqualifizierten Sektoren sprechen" (Hurrelmann 1975, S. 93).

Wer jedoch die Entwicklung der Bildungsinhalte der Hochschulen kennt, den wird es nicht verwundern, dass das Wirtschaftssystem nicht allein auf fachspezifische Qualifikationen abstellt, sondern die wissenschaftliche Qualifikation selbst sowohl in früheren Jahrzehnten und Jahrhunderten wie auch heute zu nutzen versucht. Wichtig ist ihm, sofern eine grobe Übereinstimmung zwischen fachlichen Ausbildungsinhalten und Arbeitsbereich gegeben ist, der Nachweis der Fähigkeit zur wissenschaftlichen Arbeit. Dieser Nachweis wird wesentlich durch die Güte des Examens, weniger durch die Fachrichtung, in der dieses Examen abgelegt wurde, erbracht.

In noch stärkerem Maße als im Bereich der qualifizierten Tätigkeiten werden im Bereich der hochqualifizierten Arbeitskräfte über die wissenschaftliche Qualifikation hinaus die extrafunktionalen Qualifikationen verlangt, die bereits angesprochen waren.

Aufgrund der Tatsache, dass in den Führungsbereichen der Privatwirtschaft, nicht so sehr dagegen im öffentlichen Dienst, nicht mehr nur die Technik ihre Determinationskraft zur Arbeitsstrukturierung, sondern auch die organisatorischen Vorgaben durch die Einführung neuer und variabler Modelle ihre Bestimmungskraft verloren haben, werden funktional äquivalente Persönlichkeitsstrukturen verlangt, die die relativen Defizite der Technik und der Organisation auszugleichen vermögen. Handlungskompetenzen und soziale Kompetenzen stellen die dominanten Gruppen extrafunktionaler Qualifikationen dar. Zu diesen Gruppen gehören u.a.

1. Handlungskompetenzen: Fähigkeit zur Informationssammlung und Verarbeitung (Lernfähigkeit), Entscheidungsfähigkeit, Initiative und Selbstständigkeit und Offenheit, Verantwortungsbereitschaft;

2. Soziale Fähigkeiten: Kommunikations- und Teamfähigkeit, Verhandlungsgeschick und Führungs- und Durchsetzungsfähigkeit (nach innen wie nach außen); dazu müssen die bereits genannten Qualifikationen kommen, nämlich

3. normativ-politische Qualifikationen: Loyalität zum Unternehmen, Identifikation mit den herrschenden Ordnungsvorstellungen und Prinzipien der gegenwärtigen Wirtschaft und Gesellschaft.

Grob zusammengefasst könnte man diese Qualifikationen als Fähigkeiten zu Innovation und Wandel auf der Basis der gegebenen Ordnung bezeichnen. Überall dort, wo technische und organisatorische Vorgaben die konkreten Arbeiten nicht mehr zu strukturieren in der Lage sind oder wo Reformen im Bereich von Technik und Organisation erforderlich werden, sind Persönlichkeitsstrukturen als funktionale Äquivalente gefragt.

Was die konkrete am jeweiligen Arbeitsplatz benötigte betriebsspezifische Qualifikation angeht, so wird sie im Bereich der Wirtschaft durch learning on the job, durch trainee-Programme oder ähnliche Formen vermittelt. Vom Akademiker wird erwartet, dass er aufgrund seiner wissenschaftlichen Qualifikation in der Lage ist, sich rasch auch in fremde Materie einzuarbeiten, sofern sie seiner Ausbildung einigermaßen entspricht.

Bezeichnend ist in diesem Zusammenhang ein Ausspruch eines leitenden Mitarbeiters des Instituts der deutschen Wirtschaft: „Es ist völlig gleichgültig, was einer studiert hat; wichtig ist, dass er ein hervorragendes Examen gemacht hat, dass er jung ist und dass er anpassungsbereit ist und das herrschende Wirtschaftssystem akzeptiert. Die nötigen fachlichen Kenntnisse werden dann im Unternehmen vermittelt."

Das alles soll nun nicht dazu führen, jedes beliebige Studium aufnehmen zu können: Grobe Entsprechungen von Ausbildung und Arbeitsbereich müssen auf jeden Fall gegeben sein, wenn eine der Ausbildungshöhe adäquate Beschäftigung erreicht werden soll: so wird man einen Wirtschaftswissenschaftler kaum in ein Ingenieurbüro und einen Juristen nicht in ein chemisches Forschungslabor stecken; innerhalb der einzelnen Bereiche sind die Substitutions- und Mobilitätsmöglichkeiten jedoch hoch.

Die jüngsten Hochrechnungen des Instituts für Arbeitsmarkt- und Berufsforschung in Verbindung mit der Prognos-AG über die langfristige Entwicklung des qualifikationsspezifischen Arbeitskräftebedarfs belegen die bisher für Inhaber unterschiedlicher Qualifikationen formulierten Aussagen auch in quantitativer Hinsicht (vgl. Tabelle 9).

Nach der IAB/Prognos-Projektion werden „hochqualifizierte Tätigkeiten, hierzu zählen Führungsaufgaben, Organisation und Management, qualifizierte Forschung und Entwicklung, Betreuung, Beratung, Lehren und ähnliche Tätigkeiten, im Projektionszeitraum massiv an Bedeutung gewinnen. Der Anteil der Arbeitskräfte, die diese Tätigkeiten mit überwiegend hohen Anforderungen leisten, dürfte in Deutschland bis 2010 auf gut 40 Prozent steigen" (Reinberg, Hummel 2003a, S. 3). Hierbei handelt es sich vor allem um Tätigkeiten, die von Fachhochschul- und von Hochschulabsolventen zu erbringen sind. Aber auch qualifizierte Fachtätigkeiten, die von Facharbeitern, in Deutschland derzeit überwiegend noch im System der dualen Berufsausbildung vermittelt, steigen noch leicht an. Dagegen sinken der Bedarf an einfachen Fachtätigkeiten angelernter Arbeitskräfte und besonders der Bedarf an Hilfstätigkeiten ungelernter Arbeiter deutlich ab. Das gilt auch in Zeiten eines hohen Wirtschaftswachstums, in denen z.B. die Arbeitslosenquoten der geringQualifizierten kaum gesunken sind. Im Jahr 2002 ist im Westen jeder Fünfte und im Osten jeder Zweite ohne einen Berufsabschluss arbeitslos (Reinberg/Hummel 2003b, S. 2). Zu ähnlichen Ergebnissen kommt auch die aktuelle Projektion der Bund-Länder-Kommission für Bildungsplanung und Forschungsförderung (BLK) „Zukunft von Bildung und Arbeit" aus dem Jahr 2002 (vgl. BLK 2002).

Tabelle 9: Erwerbstätige (ohne Auszubildende) in Deutschland nach Tätigkeitsniveau

	1991	1995	2010
Hochqualifizierte Tätigkeiten	19,3	20,2	24,1
Fachtätigkeiten mit Führungsaufgaben	14,4	14,6	16,4
Qualifizierte Fachtätigkeiten	28,4	29,2	30,1
Einfache Fachtätigkeiten	17,9	16,6	13,6
Hilfstätigkeiten	20,1	19,6	15,7

Quelle: IAB/Prognos Projektion 1999, in: Reinberg/Hummel 2003

Aber nicht nur in relativen Zahlen, sondern auch in absoluten Größen kommen die Projektionen zu dem Ergebnis, dass zumindest auf mittlere Sicht von einer weiterhin steigenden Nachfrage nach gut und hochqualifizierten Arbeitskräften ausgegangen und mit einem weiterhin sinkenden Bedarf an gering Qualifizierten gerechnet werden muss (Reinberg, Hummel 2003a, S. 3).

Hier aber ergeben sich mittelfristig Probleme, ob auch ein ausreichend qualifiziertes Angebot in Deutschland vorhanden sein wird; diese Probleme ergeben sich zum Einen aus der demographischen Entwicklung und zum Anderen aus der zu erwartenden Qualifikationszusammensetzung der Erwerbsbevölkerung nach unterschiedlichen Altersgruppen.

Was die demographische Entwicklung angeht, ist zunächst von einer stark alternden und dann stark schrumpfenden Bevölkerung auszugehen, Trends die praktisch irreversibel sind (vgl. Birg 1998). Damit wird auch spätestens nach 2020 mit einem starken Rückgang des Erwerbspersonenpotentials zu rechnen sein, der auch durch Ausweitung der Frauenerwerbsbeteiligungsquote, durch Verlängerung der Erwerbsbeteiligung durch späteren Renteneintritt und durch Erhöhung einer „akzeptablen" Zahl von Zuwanderungen nicht aufgehalten werden kann. „Ferner ist allein aufgrund der demographischen Entwicklung bereits ab Mitte dieses Jahr-

zehnts mit einer drastisch sinkenden Ausbildungsnachfrage zu rechnen, die noch
weit unter den bisherigen Tiefstständen der 90er Jahre liegen wird" (Reinberg,
Hummel 2003a, S. 3). Damit ist aber auch bereits in Kürze mit einem Rückgang des
Angebots an qualifizierten Facharbeitern zu rechnen.

Bis Anfang der 90er Jahre verringerte sich der Anteil der Ungelernten an der
Erwerbsbevölkerung im erwerbsfähigen Alter, während umgekehrt der Anteil der
Qualifizierten deutlich gestiegen ist. Seit Beginn der 90er Jahre ist hier aber eine
Stagnation eingetreten: Seither besitzt etwa ein Drittel der westdeutschen Bevölkerung keinen Berufsabschluss. Und auch im Jahr 2000 bleiben noch 15% der Jüngeren in der Altersgruppe der 15 – 24jährigen ohne Berufsabschluss. Während der
Bildungsexpansion hatte sich vor allem die Qualifikation der heute 35 – 49jährigen
stark verbessert; und selbst die Qualifikation der 50 – 64jährigen steht derjenigen
der jüngeren Generation heute kaum noch nach. „Diese Befunde widersprechen
einem weit verbreiteten Vorurteil: Jüngere seien – was die formalen Abschlüsse
anbelangt – besser qualifiziert als Ältere" (a.a.O. S. 5). Im Jahr 2015 werden die
50 – 64jährigen Erwerbspersonen mit Abstand die beste Qualifikationsstruktur
aller hier genannten Altersgruppen aufweisen. Sie besitzen nicht nur den höchsten
Akademikeranteil mit 22%, sondern auch die niedrigste Ungelerntenquote mit nur
9%. Wenn diese hochqualifizierten Älteren der geburtenstarken Jahrgänge aber
nach 2010/2015 in den Ruhestand gehen, wird es in absoluten Zahlen zu einem
erheblichen Mangel an qualifizierten und hochqualifizierten Personen kommen,
selbst wenn das Qualifikationsniveau insgesamt weiter steigen sollte, wovon auszugehen ist. „Nach einer vorsichtigen Bilanzierung der Angebots-Nachfrage-
Relationen kommt z.B. die BLK-Studie zu dem Schluss, dass bei Erwerbspersonen
mit Hochschulabschluss und in abgeschwächter Form auch bei denen mit abge-
schlossener Berufsausbildung mit einer Mangelsituation zu rechnen ist, während
das Angebot an Arbeitskräften ohne Berufsabschluss den Bedarf auch weiterhin
übersteigen wird" (a.a.O. S. 5).

Aus diesen Erkenntnissen leiten sich sowohl Folgerungen bzw. Forderungen an
die Bildungs- als auch an die Arbeitmarkt- und Beschäftigungspolitik ab; für die
Bildungspolitik gilt:

■ Der Anteil der Jugendlichen, die ohne einen Schulabschluss die Schule verlassen und damit mit einer großen Wahrscheinlichkeit in die Arbeitslosigkeit entlassen werden, muss dringend gesenkt werden. Hier sind insgesamt verstärkte
   Bildungsanstrengungen zu unternehmen, um die seit Anfang der 90er Jahre
   eingetretene Stagnation in der Produktion von Schulabschlüssen zu überwin-
   den. Hier ist eine verstärkte individuelle Förderung, und nicht nur Selektion angesagt; wie das möglich ist, darauf kommen wir später zurück.

■ Personen ohne abgeschlossene Berufsausbildung müssen dringend beruflich
   nachqualifiziert werden. Nur 13% dieser Gruppe verfügen über keinen Schul-

abschluss, aber immerhin zwei Drittel über einen Hauptschulabschluss, 13% über einen Realschulabschluss und sogar 7% über die Hochschulreife. Man kann diese Gruppe nicht als bildungsunfähig begreifen, zumal mehr als die Hälfte jünger als 45 Jahre ist. Diese Gruppe ist als eine große Bildungsreserve zu begreifen, der sich die Bildungs- und Berufsbildungspolitik anzunehmen hat. Insgesamt ist mit Hilfe dieser Berufsbildungsmaßnahen die zukünftige Zahl der qualifizierten Facharbeiter zu erhöhen.

- Die Zahl der Absolventen an Fachschulen, Fachhochschulen und Universitäten ist zu erhöhen, um den zu erwartenden Bedarf an Hochqualifizierten sicher zu stellen. Dazu eignen sich auch die gestuften Studiengänge einer BA- und MA-Ausbildung, auf die sich dann noch Promotionsstudiengänge aufsetzen lassen. In Deutschland beginnt derzeit die Studienreform, die nach dem Bologna-Beschluss der Kultusminister (1999) in der EU bis zum Jahr 2010 umgesetzt sein soll. In den Niederlanden, Frankreich, Italien und Norwegen ist man hier wesentlich weiter fortgeschritten und hofft, bereits bis zum Jahr 2005 die Studienreform erfolgreich durchgeführt zu haben.

Für die Arbeitsmarkt- und Beschäftigungspolitik ergeben sich die folgenden Konsequenzen:

- Die Verbesserung der Beschäftigungsperspektiven älterer Arbeitnehmer ist dringend geboten. Angesichts des hohen Qualifikationsniveaus der älteren Arbeitnehmer ist es völlig unsinnig, sie wie in den früheren Jahren in den Vorruhestand oder in die Arbeitslosigkeit zu entlassen und durch jüngere Arbeitnehmer zu ersetzen. Dieser Weg wird künftig in die Sackgasse führen, weil das Potential an jungen Fachkräften immer kleiner wird. Die Erhaltung und Weiterentwicklung der beruflichen Kompetenz der älteren Arbeitnehmer wird bei möglicherweise reduzierter Arbeitszeit dringend erforderlich.

- Die Erwerbsmöglichkeiten der immer besser qualifizierten Frauen sind zu verbessern. Insbesondere ist eine Vereinbarkeit von Berufstätigkeit und Mutterschaft anzustreben; auch darauf werden wir später näher eingehen.

- Nicht zuletzt ist auch eine gezielte Einwanderungspolitik zu betreiben, um den Facharbeitermangel und den Mangel an akademisch qualifizierten Beschäftigten zumindest zu mildern. Zwingend erforderlich ist in diesem Zusammenhang eine verbesserte Integrationspolitik, die den Zugewanderten gleiche Bildungs- und Ausbildungschancen wie den Einheimischen ermöglicht und den hier bereits qualifiziert Ausgebildeten eine adäquate Berufstätigkeit auf Dauer bereit stellt.

Alle bisherigen Ausführungen stellen nur auf die fachspezifischen und fachinspezifischen Qualifikationen der Erwerbspersonen ab, lassen aber die monetären Aspekte, zu denen sie verwertet werden können, die Löhne und Einkommen, völlig unberücksichtigt. Wo und in welchem Maße welches Personal mit welchen Qualifikationen am Arbeitsmarkt von den Unternehmen nachgefragt wird, hängt unter den gegenwärtigen Bedingungen wesentlich auch von den Arbeitsentgelten ab. Alle bisherigen Angebots-Nachfragemodelle unterstellen nach wie vor einen nationalen Arbeitsmarkt. Sie übersehen völlig, dass wir im Rahmen der EU mit dem Binnenmarkt seit dem 1. Januar 1993 und ihrer Osterweiterung seit dem 1. Mai 2004 einen supranationalen Arbeitsmarkt besitzen, in dem sich sowohl die Arbeitskräfte, von einigen Übergangsregelungen der neuen Mitgliedsländer abgesehen, als auch das Kapital frei bewegen können. Hinzu kommt die unter dem Stichwort Globalisierung laufende verstärkte Internationalisierung der Wirtschaft, ihr Ausbau zu einer Weltwirtschaft. Angesichts dessen, dass die Löhne für qualifizierte und hochqualifizierte Arbeit in osteuropäischen sowie in vielen asiatischen Ländern (Beispiel China) wesentlich niedriger sind als in Deutschland mit seinen gesetzlichen und tarifvertraglichen Mindestlöhnen, ist zu erwarten, dass viele Unternehmen ihre Produktionsstätten in diese Länder verlagern werden, wenn ihnen hier entweder zu wenig qualifiziertes Personal geboten oder aber der Lohnkostendruck bei gleich qualifiziertem Personal unter Konkurrenzbedingungen zu hoch wird. Dass umgekehrt qualifizierte Arbeitskraft in größerem Umfang nach Deutschland zuwandern wird, ist angesichts der doch erheblichen sprachlichen und kulturellen Barrieren kaum zu erwarten.

3.2.2 Zur Selektionsaufgabe des Erziehungssystems

„Führungspositionen sind chronisch knapp" (Luhmann). Das Erziehungssystem bereitet die Jugendlichen u.a. auf ein Wirtschafts- und Gesellschaftssystem vor, das hierarchisch aufgebaut bzw. geschichtet ist. Wirtschaftsunternehmen wie gesellschaftliche Gruppierungen im weitesten Sinne enthalten Positionen von unterschiedlicher sozialer Wertigkeit, aus denen – im Bereich der Wirtschaft – über die Einkommen unterschiedliche Lebenschancen im weitesten Sinne fließen. Unter Anerkennung des Prinzips der Chancengleichheit muss das Erziehungssystem die Personen nach Kriterien selektieren, die ihre Zuordnung auf unterschiedlich hoch bewerteten Positionen des Beschäftigungssystems und damit in der Gesellschaft ermöglicht. Offiziell gilt das Leistungsprinzip als das akzeptierte Selektionskriterium: Je höher die individuelle Leistung, desto höher sollten die erreichbaren Schulabschlüsse und desto höher sollten auch die Berufspositionen und damit letztlich die Lebenschancen sein.

Als Selektionsprinzip muss das Leistungsprinzip allerdings durch das Prinzip der Chancengleichheit ergänzt werden, d.h. alle jungen Menschen müssen unabhängig von ihrer sozialen, ethnischen oder religiösen Herkunft, sowie unabhängig von der Geschlechtszugehörigkeit die gleichen Chancen erhalten. Gegenwärtig gilt: Nur wo Chancengleichheit gewährleistet erscheint, wird das Leistungsprinzip als Selektionskriterium auch akzeptiert. In dieser Hinsicht führt Chancengleichheit nicht zur Gleichmacherei, sondern zur Differenzierung ausschließlich nach dem Leistungsprinzip.

Sofern das Erziehungssystem nicht bereits ein System zur Reproduktion sozialer Ungleichheit darstellt (darauf werden wir im folgenden Abschnitt zu sprechen kommen), wird es somit auch zu einem System zur Produktion sozialer Ungleichheit dadurch, dass es auf Anforderung des Beschäftigungssystems Personen mit Qualifikationen unterschiedlicher Höhe und Wertigkeit produziert und diese Qualifikationshöhen über Zeugnisse dokumentiert. Das Erziehungssystem trägt damit zur Allokation von Personen auf Positionen unterschiedlicher Höhe und Wertigkeit des Beschäftigungssystems bei und verteilt damit indirekt unterschiedlich große Lebenschancen.

Dabei bleibt es dem Erziehungssystem auch nicht überlassen, so zu verfahren oder nicht: Sofern sich, wie im Zuge der Bildungsexpansion geschehen, Nivellierungstendenzen der Leistungszertifizierung ergeben und die Jugendlichen im Beschäftigungssystem nicht mehr hinreichend differenziert erkannt werden können, führt das Beschäftigungssystem Eingangsprüfungen durch. Immer dann, wenn das Erziehungssystem seiner Selektionsfunktion nicht mehr genügend nachkommt und dem Beschäftigungssystem auf vorgegebenen Eingangsebenen zu viele Absolventen „gleicher" Qualifikationshöhe anbietet, übernimmt das Beschäftigungssystem diese Selektionsfunktion und ersetzt die Ausgangsprüfungen durch Eingangsprüfungen.

In dem Maße, in dem das Erziehungssystem dieser Selektionsfunktion nicht mehr nachkommt, baut es bei seinen Jugendlichen Erwartungen an Berufsstatus und Berufspositionen auf, die vom Beschäftigungssystem aufgrund der chronisch knappen Führungspositionen nicht erfüllt werden können; Erwartungsenttäuschungen werden damit vorprogrammiert.

Die Forderung der Wirtschaft an das Erziehungssystem lautet daher, nicht nur horizontal, nach der Art der Ausbildung differenzierte, sondern auch vertikal nach der Höhe der Ausbildung differenzierte Abschlüsse anzubieten und ihre Selektionsfunktion auf den verschiedenen Ausbildungsebenen in dem Umfang zu erfüllen, dass eigene Selektionen, die immer mit Kosten verbunden sind, entfallen können.

Leistung und Chancengleichheit sind die normativen Prinzipien, nach denen das Erziehungssystem selektieren soll. Den Soziologen interessiert nun allerdings die Frage, ob die schulischen und beruflichen Karrieren nun auch faktisch diesen Prinzipien folgen. Hier sind erhebliche Zweifel angesagt; ein erster Zweifel betrifft die Chancengleichheit von Kindern unterschiedlicher sozialer und ethnischer Herkunft im Erziehungssystem.

▪ Bereits bei der Einschulung werden Kinder aus Arbeiterfamilien in doppelt so hohem Umfang wie Kinder aus mittleren und oberen Schichten zurück gestellt (Deutsches PISA-Konsortium 2001, S. 359).

▪ Beim Übergang von der Grundschule in das weiterführende Erziehungssystem erfolgt im vertikal gegliederten Modell die Zuordnung der Schüler zu weiterführenden Schulen in starker Abhängigkeit von der sozialen Herkunft, wie ebenfalls PISA, aber auch alle anderen einschlägigen empirischen Studien (z.B. Shell-Jugendstudie 2002, S. 63 ff.), belegen. Bei gleicher Grundschulleistung ihrer Kinder entscheiden sich Eltern aus mittleren und oberen Schichten in wesentlich größerem Umfang dafür, ihre Kinder auf das Gymnasium zu schicken als Eltern aus unteren sozialen Schichten, namentlich Eltern aus Arbeiterfamilien. Bei gleicher Grundschulleistung empfehlen die Grundschullehrer den Kindern aus mittleren und oberen sozialen Schichten in größerem Umfang den Besuch des Gymnasiums als Kindern aus unteren sozialen Schichten. Das deutsche Erziehungssystem ist damit bereits bei den wichtigsten Weichenstellungen für die Bildungs- und damit Lebenschancen ihrer Kinder sozial hoch selektiv: Die soziale Herkunft bestimmt in Deutschland wie in keinem anderen Land der Welt (OECD-Länder) damit über die zukünftigen Lebenschancen ihrer Kinder.

▪ Diese soziale Selektivität setzt sich auch im Durchgang durch das Erziehungssystem fort: Kinder aus mittleren und oberen sozialen Schichten erhalten auch in denselben Schulformen (Haupt- und Realschule, Gymnasien) auch bei gleichen Leistungen in vielen Fächern (insbesondere sprachbasierten Fächern) höhere Schulnoten als Kinder aus unteren sozialen Schichten. Dementsprechend ist auch die Quote der Sitzenbleiber aus mittleren und oberen Schichten geringer als aus Arbeiterfamilien, und zwar unabhängig von der z.B. über Intelligenztests gemessenen kognitiven Leistungsfähigkeit. Mit zunehmendem Verbleib im Bildungssystem nimmt der Einfluss der sozialen Herkunft allerdings ab.

▪ Weiterhin spielt die ethnische Herkunft bei der schulischen Karriere eine erhebliche Rolle. Differenziert man ganz grob nur nach Kindern von Ausländern und Deutschen sind Ausländerkinder hinsichtlich des Besuchs weiterführender Schulen und hinsichtlich ihrer Schulabschlüsse deutlich benachteiligt: Während im Jahr 2000 nur 8% der deutschen Jugendlichen keinen Hauptschulabschluss aufweisen, liegt der entsprechende Anteil ausländischer Jungendlicher bei 19%. Weiterhin erreichen ausländische Jugendliche zu 41% nur einen Hauptschulabschluss, deutsche Jugendliche hingegen kommen hier auf 25%. Was auf der anderen Seite die Fachhochschulreife oder die Hochschulreife angeht, wird sie von 26% der deutschen, aber nur von knapp 10% der ausländischen Jugendlichen erreicht (Beauftragter der Bundesregierung für Ausländerfragen 2000, S. 40). Differenziertere Betrachtungen, wie sie etwa in PISA vorgenommen werden, in denen nach Migrationsfamilien unterschieden wird, von denen entweder beide Eltern, nur ein

Elternteil oder kein Elternteil in Deutschland geboren ist, kommen zu dem Ergebnis, dass das Schulschicksal der Kinder wesentlich von der Beherrschung der deutschen Sprache abhängt und nicht so sehr von der ethnischen Herkunft selbst (Deutsches PISA-Konsortium 2001, S. 372 ff.).

Bleibt an dieser Stelle zu erwähnen, dass die noch in den 60er und 70er Jahren beobachtete geschlechtsspezifische Benachteiligung der Mädchen und jungen Frauen im deutschen Bildungssystem aufgehoben, ja sogar zugunsten der Frauen verändert worden ist. Ähnliches gilt auch für die Ungleichheiten zwischen den christlichen Konfessionen und den Regionen, die wir heute kaum mehr beobachten.

Fragen wir an dieser Stelle auch, inwieweit sich in Deutschland die schulischen Erfolge auch in berufliche Erfolge umsetzen lassen, glaubte doch Schelsky in den 50er Jahren feststellen zu können, Schule und Hochschule seien die „primäre, entscheidende und nahezu einzige Dirigierungsstelle für Rang, Stellung und Lebenschancen des einzelnen" (Schelsky 1957, S. 18). Antworten auf diese Frage geben üblicherweise Studien über intragenerationale Mobilität, die besonders dann aussagekräftig sind, wenn sie international vergleichend durchgeführt sind. Dabei muss allerdings voraus geschickt werden, dass beruflicher Erfolg selbstverständlich nicht nur vom schulischen Erfolg abhängt, sondern auch von der Struktur des Bildungs- und Ausbildungssystems, von der Wirtschafts- und Gesellschaftsstrukur, d.h. den sog. Wohlfahrts- bzw. Mobilitätsregimen der untersuchten Länder und nicht zuletzt von den konjunkturellen Verhältnissen, unter denen man entweder Karriere machen kann oder nicht (vgl. z.B. Allmendinger/Hinz 1997; Hartmann/Kopp 2001).

Deutschland besitzt im internationalen Vergleich ein konservatives Wohlfahrtsregime mit einem stark vertikal stratifizierten Erziehungssystem, einem mit dem dualen System stark standardisierten Ausbildungssystem sowie berufsständisch segmentierten Arbeitsmärkten mit starken Korporationen (Gewerkschaften, Arbeitgeberverbänden und staatlichen Institutionen), die die Arbeitsbedingungen über Tarifverträge oder Gesetze festlegen. Im Unterschied hierzu finden wir z.B. in den angelsächsischen Ländern ein liberales Wohlfahrtsregime mit einem ebenfalls stratifizierten Erziehungs- aber unstandardisiertem Ausbildungssystem, mit relativ liberalen, jobmäßig organisierten Arbeitsmärkten und schwachen Arbeitsmarktkorporationen. Ein drittes Wohlfahrtsregime findet sich z.B. in den skandinavischen Ländern, das als sozialdemokratisch zu kennzeichnen ist. Es zeichnet sich einerseits durch ein wenig stratifiziertes Gesamtschulsystem und ein unstandardisiertes Ausbildungssystem aus. Andererseits wird der Arbeitsmarkt öffentlich kontrolliert. Vor dem Hintergrund dieser Bedingungen lassen sich die folgenden Aussagen über den Zusammenhang zwischen schulischen und beruflichen Karrieren unter den unterschiedlichen Mobilitätsregimen machen:

- In Deutschland ist die Höhe des im stratifizierten Bildungssystem erzielten Schul- bzw. Hochschulabschlusses entscheidend für die Höhe des beruflichen Einstiegs auf den verschiedenen Ebenen des Beschäftigungssystems; der Zusammenhang ist am stärksten bezüglich der Laufbahngruppen des öffentlichen Dienstes, er gilt aber ebenfalls in weiten Bereichen der Privatwirtschaft, die sich am öffentlichen Dienst orientieren. Aber auch der Aufstieg wird im öffentlichen Dienst durch Laufbahnvorschriften noch weitgehend und in der Privatwirtschaft durch Tarifverträge, in der Bedeutung allerdings abnehmend, geregelt. Damit wird der Berufsstatus in Deutschland unter vertikalem Aspekt primär durch den Schulstatus bestimmt. Insofern hat Schelsky auf den ersten Blick Recht. Sieht man allerdings, wie oben näher dargestellt, in welchem Umfang der Schulstatus in Deutschland durch die soziale Herkunft bestimmt wird, bleiben erhebliche Zweifel daran, in welchem Umfang beruflicher Erfolg letztlich auf Leistung gründet. Wer je nach Schulabschluss auf einer bestimmten Ebene bereits einsteigt, kann auch nicht mehr so hohe Karrieren machen, wie der berühmte Tellerwäscher in den USA. Dementsprechend weisen die Karrieren der Beschäftigten in Deutschland deutlich weniger Positionswechsel (weder nach oben noch nach unten) auf als etwa in den angelsächsischen und in den skandinavischen Ländern.

- In Deutschland ist die Art der standardisierten Berufsausbildung, gleich welcher Höhe, verantwortlich für den Einstieg und den Aufstieg in der beruflichen Hierarchie. Wechsel zwischen „Berufen" sind im internationalen Vergleich in Deutschland ungewöhnlich. Deutschland ist in Anknüpfung an seine aus dem Mittelalter überlieferte Struktur nach wie vor überwiegend berufsständisch organisiert, jedenfalls erheblich stärker als die angelsächsischen Länder, aber auch noch stärker als die sozialdemokratischen Länder.

- Aus dem oben Gesagten folgt auch, dass in Deutschland besonders diejenigen, die weder über eine abgeschlossene Schulausbildung noch über eine Berufsausbildung verfügen, so gut wie keine Chancen haben, über eine berufliche Tätigkeit aufzusteigen und ihre Lebenschancen zu verbessern. Diese Chancen sind auf liberalen und/oder öffentlich regulierten Arbeitsmärkten erheblich besser.

- Wir sehen also, dass die beruflichen Karrieren in Deutschland, wie in anderen Ländern auch, deutlich durch die schulischen Karrieren beeinflusst werden, dass diese hier allerdings in stärkerem Maße als in anderen Ländern von der sozialen Herkunft abhängen. Damit kommen in Deutschland letztendlich weniger Leistungskriterien als askriptive Kriterien bei der Status- und Lebenschancenzuweisung zum Zuge. Nun sollte man meinen, dass zumindest bei der Besetzung von Spitzenpositionen, z.B. Vorstandspositionen in der Privatwirtschaft, nur nach Leistung rekrutiert wird. Einschlägige Untersuchungen belegen allerdings, dass gerade bei der Besetzung von Spitzenpositionen, gleiche Leistung (z.B. Promotion) vorausgesetzt, vor allem die soziale Herkunft aus gleichen „Herkunftskreisen" durchschlägt. Wer hier nicht den richtigen „Stallgeruch" mitbringt, wer hier nicht „parkettsicher" ist, hat auch bei hervorragenden Leistungen weniger als die Hälfte der Chancen eines Mitbewerbers aus der entsprechenden Herkunftsschicht. (vgl. z.B. Hartmann/Kopp 2001). Diese Zusammenhänge finden wir allerdings auch in anderen Ländern (z.B. Frankreich) in gleichem Maße.

3.2.3 Zur Arbeitsmarktregulationsaufgabe des Erziehungssystems

Angesichts dessen, dass bereits seit ca. 150 Jahren das zur Schaffung des Sozialprodukts benötigte Arbeitsvolumen stark rückläufig ist, dass gegenwärtig das Wachstum der Arbeitsproduktivität über dem Wachstum der Produktion liegt und demographische Effekte starker Geburtenjahrgänge hinzukommen, übernimmt das Erziehungssystem faktisch auch eine Aufgabe der Ausbildungs- und Arbeitsmarktregulation bzw. der (prophylaktischen) Beschäftigungspolitik: Immer mehr junge Leute werden immer länger im Erziehungssystem belassen, um nicht die Arbeitslosenzahlen zu vergrößern. Immer mehr berufliche Ausbildungen werden durch rein schulische Ausbildungen ersetzt, ohne dass gesichert wäre, anschließend auch einen Arbeitsplatz zu erhalten. Die Einführung von Weiterbildungsmaßnahmen, die Forderung nach recurrent education haben faktisch auch die Aufgabe, überschüssige Arbeitskraft aus dem Beschäftigungssystem zu nehmen und im Erziehungssystem zu „verwahren", bis sie eventuell wieder gebraucht wird. Dabei dürfte klar sein, dass es sich hier nicht um eine offizielle, manifeste Aufgabenstellung, sondern eher um eine latente Funktion handelt. „Wir haben es hier mit einer Funktionserweiterung des Erziehungssystems zu tun, die sich nur aus dem veränderten Interdependenzverhältnis von politischem, ökonomischem und Erziehungssystem unter den konkreten soziohistorischen Strukturbedingungen westlicher Gesellschaften erklären lässt" (Hurrelmann 1975, S. 107).

Vor dem Hintergrund der aufgrund der demographischen Entwicklungen ab dem Jahr 2010/215 zu erwartenden Verknappungen qualifizierter und hochqualifizierter Erwerbspersonen ist das Erziehungssystem allerdings aufgerufen, sich von dieser latenten Verwahrfunktion so schnell wie möglich zu verabschieden.

3.3   Erziehungssystem und gesellschaftliche Gemeinschaft

3.3.1   Soziale Herkunft und Schulbesuch

Im Folgenden wollen wir die Beziehungen klären, die zwischen dem Erziehungssystem und dem sozialen System im engeren Sinn, d.h. der gesellschaftlichen Gemeinschaft existieren, zu dem vor allem die Familien- und die Verwandtschaftssysteme gehören, aber auch die Nachbarschaften und Netzwerke auf der lokalen Ebene.

Das Erziehungssystem erhält seinen „Input", d.h. die Kinder und Jugendlichen, aus den Familien, also aus dem Teilsystem der gesellschaftlichen Gemeinschaft. Diese aber kommen nicht als tabula rasa, sondern mit einer im Rahmen der familiären Primärsozialisation gebildeten Persönlichkeitsgrundausstattung ins Erziehungssystem. Darüber hinaus findet auch jenseits der Aufnahme der Kinder in das Erziehungssystem und der dort erfolgenden schulischen Sekundärsozialisation weiterhin Sozialisation im familiären Kontext statt. Und dieser familiäre Einfluss ist in Deutschland mit seinen „Halbtagsschulen" durchweg stärker als in den meisten anderen OECD-Ländern, in denen ein Ganztagsangebot existiert[15].

Unter soziologischem Aspekt ist der Zusammenhang zwischen dem Erziehungssystem und dem System der gesellschaftlichen Gemeinschaft, speziell dem Familiensystem vor allem unter dem Aspekt der sozialen Ungleichheit von Bedeutung, den wir bereits im vorhergehenden Abschnitt unter dem Thema der sozialen Selektivität angesprochen haben. Dort wurde bereits angedeutet, dass die schulische Platzierung und die schulischen Karrieren der Kinder und Jugendlichen stark von ihrer sozialen, d.h. familiären Herkunft bestimmt werden. Wir wollen deshalb zunächst einmal diesen Zusammenhang noch präziser bestimmen, um dann zu erklären, warum Kinder aus unterschiedlichen sozialen Herkunftsfamilien unterschiedliche schulische (und später dann auch berufliche) Platzierungen erreichen.

Die folgenden Tabellen geben zunächst einmal Auskunft über den Zusammenhang zwischen der sozialen bzw. familiären Herkunft der Kinder und Jugendlichen einerseits und der von ihnen besuchten Schulform (Tabelle 10) und dem von ihnen erreichten Schulabschluss (Tabelle 11) andererseits. Die hier ausgewählten Daten aus dem Jahr 2002 stammen aus der letzten Shell-Jugendstudie, die mit einem schichtspezifischen Ansatz arbeitet und dürften die derzeit jüngsten Daten sein. Ähnliche Ergebnisse finden sich in der PISA-Studie aus dem Jahr 2000 (vgl. Kap. 8), die u.a. auch einen klassentheoretischen Ansatz zugrunde legt.

---

[15]   Es ist in diesem Zusammenhang bezeichnend, dass im internationalen OECD-Sprachgebrauch der Begriff „Ganztagsschule" fehlt, weil diese Schulen einfach die Regel sind.

Die soziale Schichtzugehörigkeit der Jugendlichen wurde hier über einen Index erhoben, in den der Schulabschluss der Eltern, ihre finanzielle Lage und ihre Wohnungsausstattung eingingen. Betrachten wir in der Tabelle 10 nur die Schulen des dreigliedrigen vertikalen Systems, also Haupt-, Realschule und Gymnasium, dann zeigt sich ganz deutlich: Je höher die soziale Herkunftsschicht, desto höher ist die besuchte Schulform.

Tabelle 10: Besuchte Schulformen und soziale Herkunft

Jugendliche im Alter von 12 bis 25 Jahren, die noch zur Schule gehen (N = 2.500), Prozent-Angaben

	Gesamt	Unter-Schicht	untere Mittel-schicht	Mittel-schicht	obere Mittel-schicht	Ober-schicht
Hauptschule	21	49	33	20	8	8
Realschule	25	22	26	30	23	18
Gymnasium	41	15	25	41	54	65
Gesamtschule	7	8	10	4	7	6
Sonstige Schulform	6	5	5	6	8	3

Quelle: Shell Jugendstudie 2002, S. 63

Während Unterschichtjugendliche zur Hälfte die Hauptschule besuchen, liegt der entsprechende Anteil bei Kindern der oberen Mittelschicht und der Oberschicht bei nur noch 8%. Auf der anderen Seite besuchen 65% der Oberschichtjugendlichen, aber nur 15% der Unterschichtjugendlichen das Gymnasium. Die Gesamtschule, die in dieser Stichprobe nur von 7% aller Jugendlichen besucht wird, wird deutschlandweit mit 10% vor allem von Jugendlichen der unteren Mittelschicht aufgesucht.

Wie nicht anders zu erwarten, ist auch der erreichte Schulabschluss stark von der sozialen Herkunft abhängig. Unterschichtjugendliche verlassen nach diesen Ergebnissen zu 12% die Schule ohne einen Abschluss; und mehr als die Hälfte verfügt nur über einen Hauptschulabschluss. Auf der anderen Seite erreichen mehr als 60% der Jugendlichen aus der Oberschicht das Abitur bzw. eine fachgebundene Hochschulreife.

Tabelle 11: Erreichter Schulabschluss und soziale Herkunft
Jugendliche im Alter von 12 bis 25 Jahren, die noch zur
Schule gehen (N = 2.500), Prozent-Angaben

	Gesamt	Unter-Schicht	untere Mittelschicht	Mittelschicht	obere Mittelschicht	Oberschicht
Abgang ohne Abschluss	3	12	2	1	3	1
Hauptschulabschluss	23	53	32	19	11	6
Realschulabschluss	37	25	44	46	26	23
Fachhochschulreife	6	–	5	7	9	9
Abitur/fachgebundene Hochschulreife	31	10	17	27	51	62

Quelle: Shell Jugendstudie 2002, S. 66

Der Realschulabschluss wird vor allem von Jugendlichen der unteren und mittleren Mittelschicht erreicht. „Die drei für das gegliederte deutsche Schulsystem vorherrschenden Schulformen spiegeln also die Schichtstruktur der Familien deutlich wider" (Hurrelmann 2004, S. 85). Um diese auf der Makroebene festgestellten, in zahlreichen Studien immer wieder bestätigten Zusammenhänge erklären zu können, müssen wir uns zunächst mit der Ungleichheitstruktur der gesellschaftlichen Gemeinschaft beschäftigen.

3.3.2 Soziale Ungleichheit

In jeder Gesellschaft, die in irgend einer Form über Privateigentum verfügt, und es sind keine Gesellschaften bekannt, in denen das nicht der Fall wäre, auch nicht im Urkommunismus, wie Marx meint, stellt sich die Frage: „Wer bekommt was, wie, wann und warum ?" Das ist die Grundfrage nach den Ungleichheitsverhältnissen der Gesellschaft. Stellt man die Frage in normativer Weise: „Wer soll was bekommen, wie und warum?" stellt man die Frage nach der Verteilungsgerechtigkeit.

Ausgangspunkt der Analyse sozialer Ungleichheit ist die Beobachtung, dass sich sowohl Menschen als auch soziale Positionen und soziale Gruppen unterscheiden und dass es sowohl relativ wertfreie Unterscheidungen als auch bewertete Unterscheidungen gibt. So lassen sich Menschen z.b. hinsichtlich ihrer Augenfarbe, ihrer Schuhgröße, aber auch hinsichtlich ihres Bildungsniveaus und ihres Ansehens unterscheiden. Während die ersten beiden Merkmale offensichtlich kaum veränderbar und relativ wenig bewertet sind, erscheinen das Bildungsniveau und das Ansehen durchaus veränderbar und sind in wesentlich stärkerem Maße auch Gegenstand sozialer Wertschätzung. Das gleiche gilt für von einzelnen Menschen unabhängige soziale Positionen und Gruppen: so haben etwa die beruflichen Einstiegspositionen in den höheren Verwaltungsdienst in etwa den gleichen Wert, indem sie formal gleichermaßen nach A 13 bewertet werden, während Beförderungspositionen des höheren Dienstes (z.b. von A 14 bis A 16) ungleich bewertet werden: Mit zunehmender Höhe steigt das aus ihnen resultierende Einkommen, die mit ihnen verbundene Machtfülle und das mit ihnen verbundene Ansehen. Auch bei sozialen Gruppen finden wir ähnliches: Unter dem Aspekt ihrer Wertigkeit werden verschiedene soziale Milieus etwa gleichwertig behandelt, während soziale Stände, soziale Klassen und soziale Schichten durchaus unterschiedliche Bewertungen erfahren. Kurz, wir beobachten sowohl individuelle und positionale wertneutrale Ungleichartigkeiten als auch Ungleichwertigkeiten, die sowohl bei Individuen als auch bei sozialen Positionen und sozialen Gruppen anschließen. Individuelle und positionale bzw. gruppenspezifische Formen von Ungleichwertigkeiten aber bezeichnen die Gesamtheit dessen, was man mit dem Begriff der sozialen Ungleichheit meint. Ähnlich formuliert Hradil: „ ‚Soziale Ungleichheit' liegt dann vor, wenn Menschen aufgrund ihrer Stellung in sozialen Beziehungsgefügen von den ‚wertvollen Gütern' einer Gesellschaft regelmäßig mehr als andere erhalten" (Hradil 1999, S. 26). Werden diese Ungleichheiten von den Menschen als nicht legitim erachtet, erscheinen sie darüber hinaus als soziale Ungerechtigkeiten, die es zu beseitigen gilt (vgl. Abbildung 7).

Abbildung 7: Ungleichartigkeiten und Ungleichwertigkeiten

Einheiten	Merkmale wertneutral	werthaltig
Personen	individuelle Ungleichartigkeit (z.b. Augenfarbe)	individuelle Ungleichwertigkeit (z.b. Bildungsgrade)
Positionen	positionale Ungleichartigkeit (z.b. Teampositionen)	positionale Ungleichwertigkeit (z.b. Herrschaftspositionen)
soz. Systeme	soziale Ungleichartigkeit (z.b. soz. Milieus)	soziale Ungleichwertigkeit (z.b. soz. Schichten)

Ungleich bewertete soziale Positionen bezeichnet die Soziologie üblicherweise als soziale Status. Anders ausgedrückt: Ein sozialer Status ist eine Position, die für ihren Träger mit einem bestimmten Ansehen, mit einer bestimmten, mehr oder weniger hohen sozialen Anerkennung verbunden ist. Ein grundlegendes Theorem der Soziologie behauptet nun, dass alle Menschen nach sozialer Anerkennung, nach sozialem Ansehen, d.h. auch nach einem möglichst hohen sozialen Status streben. Wenn wir nun aber beobachten, dass hohe soziale Status chronisch knapp sind, dass die meisten Menschen sich mit einem durchschnittlichen sozialen Status begnügen müssen und weiterhin zahlreiche Menschen Status innehaben, die sozial als verachtet gelten, dann stellen sich drei Fragen, die wir hier allerdings nur kurz beantworten können.

1. Warum streben die Menschen nach sozialer Anerkennung bzw. nach einem hohen sozialen Status?
2. Nach welchen Kriterien werden in einer Gesellschaft unterschiedliche soziale Status vergeben?
3. Warum erreichen nicht alle Menschen einen gleich hohen Status?

Ad 1. Eine „einfache" Antwort auf die erste Frage ist, dass mit zunehmender Höhe des sozialen Status die Lebenschancen steigen, die Handlungsmöglichkeiten zunehmen und die Handlungsrestriktionen abnehmen. Je höher der soziale Status desto höher in der Regel das Einkommen und Vermögen, kurz: das ökonomische Kapital, desto höher ist das Bildungskapital, desto reichhaltiger sind die sozialen

Beziehungen und damit das soziale Kapital und desto höher sind die Einfluss- und Machtmöglichkeiten, d.h. das politische Kapital. Ökonomisches, kulturelles, soziales und politisches Kapital aber stellen Ressourcen dar, um das Leben nach eigenen Interessen, Wünschen und Zielen gestalten zu können, sie bieten also Lebenschancen, gleichgültig, ob sie nun individuell auch realisiert werden. Unter diesem Aspekt kann man das Streben nach sozialer Anerkennung auch als ein bewusstes und rationales Verhalten begreifen.

Ad 2. Wenn wir eine Antwort auf die zweite Frage suchen, lassen sich in allen Gesellschaften und zu allen Zeiten offensichtlich zwei Arten von Kriterien unterscheiden, nach denen soziale Anerkennung bzw. sozialer Status erreicht bzw. verteilt werden. Zum einen geht es um Kriterien, die sich an der individuellen Leistung und deren Folgen festmachen lassen. So wird individuelle Leistung bei der Durchführung von Aufgaben in der Familie, der Schule, im Beruf, in der Politik und in der Freizeit schon immer hoch bewertet, Bewertungen, die sich in entsprechendem persönlichen Lob oder Tadel, in Schulzeugnissen, Berufspositionen und damit verbundenem Einkommen und Einflussmöglichkeiten niederschlagen und damit die Lebenschancen erhöhen. Zum anderen geht es um so genannte (qua Geburt) „zugeschriebene" Kriterien. Hierzu zählen klassischerweise das Alter, das Geschlecht, die Ethnizität und die soziale Herkunft. So gilt besonders für einfache Gesellschaften, dass Ältere (von den Senilen abgesehen), Männer und Mitglieder der eigenen Ethnie ein höheres Ansehen besitzen als Jüngere, Frauen und Angehörige fremder Ethnien. Darüber hinaus werden, auch in modernen Gesellschaften, über die soziale Herkunft sowohl Bildungschancen als auch Vermögen, z.B. Betriebsvermögen, vererbt. Inwieweit dieser zweite Kriteriensatz zum Zuge kommt, hängt aber wesentlich von der Sozialordnung – allgemeiner: von den Strukturen einer Gesellschaft ab, d.h. davon, inwieweit sie diese Kriterien über Gelegenheitsstrukturen, über Sitte und Moral oder über das Recht verbindlich werden (vgl. Abbildung 8).

Für moderne Gesellschaften wird nun behauptet, dass in ihnen vornehmlich der erste Kriteriensatz, also auf Leistungen beruhende Aspekte, zur Anwendung gelangt, der zweite hingegen gegenüber traditionellen Gesellschaften an Bedeutung verloren habe. Darüber hinaus wird reklamiert, dass in ihnen besonders der erste Kriteriensatz als legitim, der zweite hingegen als wenigstens begründungsnotwendig betrachtet wird. Je stärker der erste Kriteriensatz zur Geltung kommt, desto offener erscheint eine Gesellschaft. Dominiert hingegen der zweite Kriteriensatz, bezeichnet man eine Gesellschaft als geschlossen.

Abbildung 8: Determinanten sozialer Anerkennung bzw. sozialen Status

auf der Basis von Leistung erworben	auf der Basis von Geburt zugeschrieben
erworbene Bildungsposition	Alter (Junge, Ältere)
erworbene Berufsposition	Geschlecht (männlich, weiblich)
erworbenes Einkommen u. Vermögen	Ethnizität (Einheimische, Fremde)
erworbene Einfluss- u. Machtmöglichkeiten	soziale Herkunft (ererbte Intelligenz, Vermögen)
erworbene soziale Beziehungen	„ererbte" Beziehungen

Individuelles Ansehen
Sozialer Status
Lebenschancen

In historischer Perspektive haben sich im deutschen Raum unterschiedliche Ungleichheitssysteme etabliert. In der mittelalterlich-feudalen Gesellschaft, ganz grob zwischen 800 und 1800 gerechnet, dominierte die ständische Gesellschaft, die zunächst einmal aus den Reichsständen bestand, also dem Adel, dem Klerus und den Bauern. Adel und Klerus waren die herrschenden Stände, die Bauern der beherrschte Stand. Zentrales Kriterium der Differenzierung war der Besitz bzw. Nicht-Besitz von Grund und Boden (Grundherrschaft), als dem seinerzeit zentralen Produktionsmittel zur Erzeugung von Nahrungsmitteln. Adel und Klerus waren Eigentümer von Grund und Boden und verliehen ihn an die Bauern, die ihn ihrerseits (in einigen Gebieten Deutschlands) wiederum an Kötter weitervermieten konnten. Die Bauern hatten die Lebensmittel für sich selbst und für die herrschenden Stände des Adels und des Klerus zu produzieren. Von den Einnahmen musste üblicherweise der Zehnte in Geld- und/oder Sachleistungen jährlich zu Martini abgeliefert werden; darüber hinaus waren Hand- und Spanndienste dort für den Adel und Klerus zu leisten, wo er noch selbst landwirtschaftlich produzierte. Umgekehrt hatte der Adel für die innere und äußere Sicherheit sowie für die Verwaltung zu sorgen. In den Städten war die Sozialordnung differenzierter: Hier traten neben den herrschenden Ständen des Adels und Klerus und ihren Ministerialen (Verwaltungsbeamte) auch die Großgrundbesitzer (Rentenadel) sowie die Fernhandelskaufleute (sie bildeten die Gruppe der Patrizier). Darunter stand das Bürgertum, intern differenziert nach berufsständisch organisierten Zünften (für das Handwerk) und den Gilden (für die Gruppen der Kaufleute). Individuelle Aufstiege wurden in den Berufsständen nur über die Stationen Lehrling, Geselle und Meister möglich. Darunter standen die so genannten unterbürgerlichen Gruppen und die „sozial Verachteten". Die Zuordnung zu den Ständen erfolgte über die Männer; Frauen erhielten ihren Status über den Status ihrer Männer (patriarchalische Gesellschaft).

Sowohl für die Reichsstände wie für die Berufsstände galt: Ihren Status und damit ihre Lebenschancen erhielten ihre Mitglieder ausschließlich durch ihre Geburt. Die soziale Herkunft wurde damit zu dem zentralen Allokationskriterium für ihren Status und ihre Lebenschancen. Aufstiege über die Standesgrenzen waren so gut wie unmöglich. Bei allen Veränderungen, die sich in politischen und militärischen Hinsichten über die Jahrhunderte im Einzelnen zeigten, blieb diese Form der sozialen Ungleichheit dominant und führte zu einer hohen Stabilität der gesellschaftlichen Ordnung.

Ende des 18. Jahrhunderts brach diese Ungleichheitsordnung weitgehend zusammen. Auslöser waren vor allem die wissenschaftlich-technischen Revolutionen, die zu neuen Antriebs- und Arbeitsmaschinen und zu einer gewaltigen Steigerung der Produktivität sowohl im Bereich der Landwirtschaft als auch im Bereich der gewerblichen Wirtschaft führten, die wirtschaftlichen Revolutionen der Umstellung von merkantilistischen Wirtschaftsordnungen (als Vorläufer der Planwirtschaft) zu marktwirtschaftlichen Ordnungen, der politischen Revolutionen (z.B. der französischen Revolution), die nach vielen Rückschlägen mittelfristig zu mehr oder weniger demokratischen Ordnungen führten und die kulturellen Revolutionen, die mit der Reformation und der Aufklärung verbunden waren.

In sozialer Hinsicht entstand im 19. Jahrhundert eine neue Form der Ungleichheit: die Klassengesellschaft, besser: es entstanden Ansätze einer Klassengesellschaft. Zur neuen herrschenden Klasse entwickelten sich die Bourgeoise bzw. die Kapitalisten. Zur beherrschten Klasse wurde das Proletariat bzw. die Arbeiterschaft. Zentrales Kriterium zur Differenzierung wurde der Besitz bzw. Nicht-Besitz von gewerblichen Produktionsmitteln zur Produktion von Investitions- und Konsumgütern. Die Arbeiterschaft besaß letztlich nur ihre Arbeitskraft, die sie, da sie von der Person nicht zu trennen war, zusammen mit sich selbst zu verkaufen hatte. Der Besitz von Kapital bzw. Arbeitskraft bestimmte nun den sozialen Status und damit die Einkommens- und Bildungsmöglichkeiten sowie letztlich die Lebenschancen der Klassenmitglieder. Dabei darf jedoch nicht übersehen werden, dass die übrigen Gruppen der Feudalordnung, wie der Adel, der Klerus, die durch die Bauernbefreiung selbständiger werdenden Bauern sowie die Handwerker und Kaufleute als Gruppen weiterhin bestehen blieben und nicht, wie Marx voraussagte, ins

Proletariat abrutschten und verelendeten. Die Zuordnung zu den Klassen erfolgte allerdings weiterhin vor allem durch die soziale Herkunft, wenngleich Auf- und Abstiege insgesamt zunahmen. Auch blieb die Gesellschaft nach der „Institutionalisierung des Klassenkampfes" (Geiger) durch Gewerkschaften und Arbeitgeberverbände und den Sozialgesetzgebungen der Ära Bismarck weiterhin stark berufsständisch organisiert. -

Gegen Ende des 19. Jahrhunderts, besonders aber nach dem Ende des Ersten Weltkriegs veränderte sich die herrschende Form sozialer Ungleichheit erneut. Es entstand die geschichtete Gesellschaft, wie sie von Geiger erstmals 1932 so genannt wurde. Vor dem Hintergrund, dass die bereits genannten Gruppen der Feudalzeit wie Adel, Klerus, Bauern und Bürger weiterhin erhalten geblieben waren, dass es zu Differenzierungen innerhalb der Arbeiterschaft zwischen Un- und Angelernten sowie Facharbeitern kam, dass es zur Ausdifferenzierung der Kaufmannschaft in Großhandels- und Einzelhandelskaufleute kam, dass die Beamtenschaft auf allen Ebenen an Bedeutung gewann und dass eine völlig neue Berufsgruppe, nämlich die der Angestellten, entstand und zahlenmäßig an Bedeutung gewann, wurde das zweiwertige Klassenmodell immer unbrauchbarer zur Beschreibung der Ungleichheitsstruktur der Gesellschaft. Zu neuen Differenzierungskriterien wurden nun die Höhe der Bildung, die Höhe der Berufsposition sowie die Höhe des Einkommens, die so genannte meritokratische Triade. Sie bestimmten zunehmend über den sozialen Status und damit über die Lebenschancen des Einzelnen. Bildung und Berufsposition sowie die damit verbundenen Einkommen aber waren jetzt nicht mehr nur durch soziale Herkunft, sondern verstärkt auch über die individuelle Leistung zu erreichen. Die Gesellschaft wurde offener und mobiler, sowohl was die Aufstiege als auch die Abstiege betraf. In den 50er und 60er Jahren des 20. Jahrhunderts schien sich in Deutschland die offene, oder wie Schelsky (1953/1965) formulierte, die nivellierte Mittelstandsgesellschaft durchgesetzt zu haben. Empirische Untersuchungen Anfang der 60er Jahre aber belegten, dass sich in Deutschland eine durchaus differenzierte geschichtete Gesellschaft entwickelt hatte, in der Oberschichten von Mittelschichten (obere, mittlere, untere) und Unterschichten (obere, untere) unterscheidbar blieben, wenngleich im Bereich der Mittelschichten keine konkreten Positionen, sondern allenfalls soziale Lagen erkennbar blieben. Das seinerzeit dominante Modell der Ungleichheit war das so genannte „Zwiebelmodell", nach seinem Namensgeber auch als „Bolte-Zwiebel" bezeichnet. (vgl. Scheuch 1961, Moore, Kleining 1960; zusammenfassend: Bolte, Kappe, Neidhardt 1974). Dieses Modell der geschichteten Gesellschaft wurde in den Folgejahrzehnten aufgrund empirischer Untersuchungen weiter ausdifferenziert und ausgebaut zum so genannten „Reihenhausmodell" von Dahrendorf (1965) und zum „Residenzmodell" von Geißler (1996, S. 86) (vgl. hierzu auch die ironisierenden Beschreibungen von Esser 2000, S. 148 ff.).

Wenngleich diese Schichtungsmodelle für die Beschreibung der Ungleichheitsstrukturen vor allem bei empirischen Sozialforschern bis heute beliebt blieben, war doch der Status über den sozio-ökonomischen Index (SES = socio-economic-status) mit seinen Bildungs-, Berufsprestige- und Einkommensvariablen stets leicht ermittelbar, regte sich doch bei den eher theoretisch orientierten Sozialforschern Unmut. Vor allem auch für die international vergleichende Ungleichheitsforschung wurden daher erneut auf der Klassentheorie aufbauende neue Klassenmodelle entwickelt (Wright 1976 und Erikson, Goldthorpe 1993), um die Verhaltensweisen der Menschen und ihre Lebenschancen aus ihren ökonomischen Lagen heraus zu verstehen und zu erklären. Besonders das Modell von Goldthorpe hat sich inzwischen in der international vergleichenden Forschung durchgesetzt und wurde nicht zuletzt auch neben dem ISEI (international socio-economic index) in der PISA-Studie eingesetzt. „Der Ausgangspunkt des Goldthorpe-Schemas ist die Bestimmung der gesellschaftlichen Lage über typische Positionen der Akteure auf Arbeitsmärkten und in Produktionseinheiten und der dadurch konstituierten typischen Arbeitsbeziehungen („employment relations"). Von Marx und Weber ausgehend ergeben sich daraus zunächst drei grundlegende Differenzierungen: Arbeitgeber, kleine Selbstständige ohne abhängig Beschäftigte und Arbeitnehmer" (Esser 2000, S. 159). Differenziert man die typischen Positionen der Arbeitnehmer weiterhin nach der Größe der Organisationen, in denen sie beschäftigt sind, nach Industrie und Landwirtschaft sowie nach ihren Arbeitsverträgen in Arbeiter und Angestellte/Beamte, dann ergibt sich ein Klassenschema, das insgesamt bis zu 13 unterschiedliche Klassenpositionen enthält, die ihrerseits zu Gruppen zusammengefasst werden können. Das bei international vergleichenden Untersuchungen wohl gebräuchlichste Schema ist ein auf sieben Klassen reduziertes Modell, das wie folgt aussieht (vgl. Abbildung 9).

Die Analyse von Ungleichheitsstrukturen mit Bezug auf die Arbeitspositionen und die Arbeitsbeziehungen ist für unsere Analyse des Verhältnisses des Systems gesellschaftlicher Gemeinschaft zum Erziehungssystem deshalb von Bedeutung, weil sich die Erziehungsmuster der Eltern wesentlich aus den Erfahrungen aus ihren Arbeitspositionen und Arbeitsverhältnissen speisen, wie die im folgenden näher zu behandelnden Ergebnisse schichtspezifischer, besser: klassenspezifischer Sozialisation belegen.

Abbildung 9: Das auf sieben Klassen reduzierte Klassenschema

Klassen aus dem „vollen" Schema	Bezeichnungen der Positionen und Tätigkeiten
I + II	Service class: professionals, administrators and managers; higher-grade technicians; supervisors of non-manual workers
III a + b	Routine non-manual workers: routine non-manual employees in administration and commerce; sales personnel; other rank-and-file service workers
Iva + b	Petty bourgeoisie: small proprietors and artisans, etc., with and without employees
IVc	Farmers: farmers and smallholders and other self-employed workers in primary production
V + VI	Skilled workers: low-grade technicians; supervisors of manual workers; skilled manual workers
VIIa	Non-skilled workers: semi- and unskilled manual workers (not in agriculture, etc.)
VIIb	Agricultural labourers: agricultural and other workers in primary production

Quelle: Erikson, Goldthorpe 1993, S. 37 f.

Letztendlich bleibt darauf hinzuweisen, dass wir, wie die kultursoziologische For-schung der letzten Jahrzehnte deutlich gemacht hat, nicht nur die vertikalen For-men der Ungleichheit untersuchen sollten, wie sie das Schichtungs- und das Klas-senparadigma nahe legen, sondern auch die subjektiven Vorstellungen der Men-schen über ihre Lage, einschließlich ihrer dominanten Wertorientierungen; auf diesen Punkt hatte auch Geiger (1932) bereits hingewiesen. Diese kultursoziologi-sche Wende in der Ungleichheitsforschung, die mit der Lebensstilforschung in den USA in den 70er und in Deutschland in den 80er Jahren einsetzte (zur Rezeption und Kritik vgl. Hölscher 1998), hat sich inzwischen die Erforschung sozialer Milie-us zum Ziel gesetzt. Als soziale Milieus werden hier (aus Individuen aggregierte) Großgruppen bezeichnet, die sich sowohl vertikal hinsichtlich ihrer sozioökonomi-schen Lage (Bildung, Berufsposition, Einkommen) als auch hinsichtlich ihrer do-minanten Wertorientierungen (von materialistisch bis postmaterialistisch bzw. von Pflicht- und Akzeptanzwerten bis hin zu Selbstverwirklichungswerten) unterschei-den. Hintergrund dieser erneuten Differenzierung des Systems gesellschaftlicher

Gemeinschaft war die Erkenntnis, dass sich z.b. Konsummuster, aber auch politische Wahlen allein aus der Kenntnis des sozio-ökonomischen Status der Menschen nicht mehr präzise voraussagen ließen. Zu den derzeit dominierenden Milieuparadigmen zählen die SINUS-Milieu-Modelle (SINUS 1991, 1995) und die Milieus von Schulze (Schulze 1993, Vester 1995).

Bei den ihrerseits auf den Klassenanalysen von Bourdieu aufruhenden Milieumodellen von Schulze und den Modellen von Vester stellt die Bildung die unter vertikalem Aspekt dominante Dimension dar. Dem jeweiligen Bildungsniveau entsprechend wird hier zwischen Personen bzw. Haushalten mit Oberklassenhabitus, Mittelklassenhabitus und Arbeiterhabitus unterschieden. Unter horizontalem Aspekt werden bei den grundlegenden Wertorientierungen „moderne" zur „modernen Mitte" gehörende und traditionelle Werte unterschieden. So kommt z.b. Vester (1995) dazu, für die 90er Jahre die folgenden sozialen Milieus in den alten Bundesländern festzustellen (vgl. Abbildung 10).

Abbildung 10: Lebensweltliche Sozialmilieus in Deutschland (West) im Jahr 1991

Habitus	Modern	moderne Mitte	traditional
	20%	45%	35%
Oberklassen-	Alternatives	Technokratisches	Konservativ
habitus	Milieu	Milieu	gehob. Milieu
19%	2%	9%	8%
Mittelklassen-	Hedonistisches	Aufstiegsorientiertes	Kleinbürger-
habitus	Milieu	Milieu	liches Milieu
59%	13%	24%	22%
Arbeiter	Neues	Traditionsloses	Traditio-
habitus	Arbeitnehmer	Arbeitermilieu	nelles
	Milieu		Arbeitermilieu
22%	5%	12%	5%

Quelle: Vester 1995, S. 18

Nimmt man die hier vorgestellten Milieu-Modelle ernst, dann zeigen sie zunächst einmal neben den unterschiedlichen sozio-ökonomischen Lagen bzw. den Habitus auch die unterschiedlichen Wertorientierungen der Menschen, zumindest grob. In Verbindung mit dem klassenanalytischen Ansatz von Goldthorpe, der die Lebenschancen aus den Arbeitspositionen und den Arbeitsverhältnissen heraus bestimmt, ermöglicht der kultursoziologische Ansatz darüber hinaus, die Status und Lebenschancen der Menschen aus ihren jeweiligen Milieus heraus zu begreifen. Damit verfügen wir jetzt über das nötige analytische Instrumentarium, um die dritte, eingangs gestellte Frage zu beantworten, warum gegenwärtig Kinder aus unterschiedlichen sozialen Herkunftsfamilien unterschiedlicher Klassen- bzw. Milieulage auch über unterschiedliche Chancen verfügen, im Erziehungssystem Karriere zu machen.

3.3.3 Schicht- bzw. klassenspezifische Sozialisation

Die Analyse des Systems der sozialen Ungleichheit einer Gesellschaft ist hier deswegen von Bedeutung, da Sozialisationsprozesse allgemein und Erziehungsprozesse insbesondere klassen- bzw. milieuspezifisch ablaufen. Das heißt, dass es typische Unterschiede in den Sozialisations- und Erziehungsprozessen der verschiedenen sozialen Klassen bzw. Milieus gibt. Aus diesem Grund sind hier zunächst einmal die familialen Sozialisationsprozesse in den unterschiedlichen Klassen und Milieus zu untersuchen, um sie anschließend zu den schulischen Sozialisationsprozessen in Beziehung setzen zu können.

Es existiert inzwischen eine Fülle von Untersuchungen zur schichtspezifischen Sozialisation (zusammenfassend: Steinkamp 1991), von denen die Studie von Kohn: Class and Conformity. A Study in Values, (Homewood 1969) zu den Klassikern gehört.

Grundlegend für die Erziehung in der Familie sind nach diesen Untersuchungen die Arbeitsbedingungen der Eltern, speziell der Väter, und deren Erfahrungen, die im Wesentlichen durch ihre Arbeitsbeziehungen und die Höhe ihrer Berufspositionen in den Betrieben und Behörden bestimmt werden. Diese im ökonomischen Bereich erfahrenen Arbeitsbedingungen bestimmen die Lebenslage und die Lebensbedingungen der Familie, d.h. Einkommen und Lebenschancen, Freundes- und Bekanntengruppen, familiäre Themen und Probleme, Einstellungen und Werthaltungen, Wissen und Fähigkeiten sowie das konkrete Sprach- und Erziehungsverhalten gegenüber den Kindern. Die Klassen- bzw. schichtspezifische Lebenslage der Eltern prägen dann ihrerseits die Fähigkeiten und Fertigkeiten, die Einstellungen und Werthaltungen der Kinder und ihre schulischen Leistungen und Aufstiegschancen. Der erreichte Schul- und Ausbildungsstatus wird dann zur Grundlage für den erreichbaren Berufsstatus und die beruflichen Karrieremöglichkeiten. Werden diese Kinder dann zu Eltern, geben sie ihrerseits ihre Erfahrungen aus ihrer Arbeitswelt erneut an ihre eigenen Kinder weiter. Damit ist der Zirkel geschlossen, wie es Rolff bereits 1980 aufgezeigt hat (vgl. Abbildung 11).

Der zirkelförmige Verlauf des Sozialisationsprozesses verläuft nun in den einzelnen Klassen oder Schichten höchst unterschiedlich. In den Worten von Rolff gilt damit: „Die Sozialisation durch den Beruf prägt in der Regel bei den Mitglie-

dern der sozialen Unterschicht andere Züge des Sozialcharakters als bei den Mitgliedern der Mittel- und Oberschicht; während der Sozialisation durch die Familie
werden normalerweise die jeweils typischen Charakterzüge der Eltern an die Kinder weitervermittelt; die Sozialisation durch die Freundschaftsgruppen der heran-
wachsenden vermag die schichtspezifischen Unterschiede nicht aufzuheben.

*Abbildung 11: Der zirkuläre Verlauf des Sozialisationsprozesses. Stellenwert der schulischen
Sozialisation und Erziehung als Vehikel der Reproduktion der Sozialstruktur*

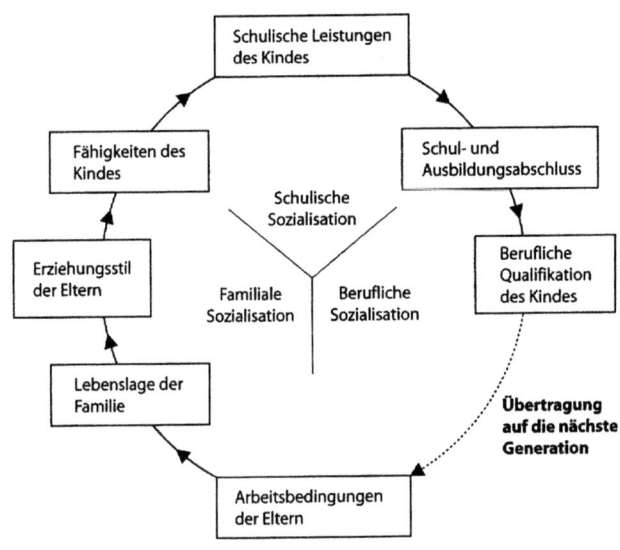

Quelle: Rolff 1980, S. 43

Da die Sozialisation durch die Schule auf die „Ausprägung des Sozialcharakters der
Mittel- und Oberschicht besser eingestellt ist als auf die der Unterschicht, haben es
die Kinder der Unterschicht besonders schwer, einen guten Schulerfolg zu erreichen. Sie erlangen häufig nur Qualifikationen für die gleichen niedrigen Berufspositionen, die ihre Eltern bereits ausübten. Wenn sie in diese Berufspositionen eintreten, dann ist der Zirkel geschlossen" (Rolff 1980, S. 43).
    Die schichtspezifische Sozialisationsforschung der 60er und 70er Jahre ging noch
von einer mehr oder weniger direkten Übertragung der elterlichen Wertorientierungen, Einstellungen und Verhaltensmuster auf die Kinder aus. Sie orientierte sich
dabei am klassischen Schichtungsmodell, ohne die Differenzierungen hinsichtlich

der dominanten Wertorientierungen zu berücksichtigen, wie wir sie in den neueren Klassen- oder milieutheoretischen Modellen sehen. Sie übersah darüber hinaus, dass die Familien sich auch innerhalb der einzelnen Schichten grundlegend hinsichtlich ihres Kommunikations- und Interaktionsstils unterscheiden und damit den Kindern und Jugendlichen unterschiedliche Mitbestimmungs- und Freiräume ermöglichen.

Bernstein hatte bereits 1972 ein Modell entwickelt, das zwischen den Lebens- und Arbeitsbedingungen der Eltern, den familialen Rollenstrukturen und den Persönlichkeitsmerkmalen der Kinder unterschied (Bernstein 1972).

Die Rollenstrukturen der Familien wurden ihrerseits wiederum danach unterschieden, „ob die Verhaltensspielräume der Familienmitglieder durch deren sozialen Status (Mutter, Vater, Sohn, Tochter) fixiert sind („geschlossene Struktur"), oder ob sie durch jeweils persönliche Merkmale flexibel ausgehandelt werden („offene Struktur"). Eine geschlossene Struktur stellt sich nach seinen Studien eher bei Familien ein, in denen die Eltern restriktiven Arbeitserfahrungen ausgesetzt sind, eine offene Struktur wird durch selbstständige Arbeitserfahrungen ermöglicht" (Bernstein 1972, S. 213, zitiert nach Hurrelmann 2002, S. 176 f.).

Bernsteins Interesse richtete sich auch auf die Analyse von Symbolsystemen in den Familien, von denen die Sprache eine besondere Bedeutung besitzt. Die unterschiedlichen Bedingungen in den Familien erzeugen unterschiedliche Sprachmuster oder Sprachcodes. So konnte er in Arbeiterfamilien mit einer eher geschlossenen Interaktionsstruktur einen eher „restringierten Sprachcode" ausmachen, der nur aus wenigen Wörtern, einer einfachen Grammatik, einem geringen Abstraktionsgrad und nur schwach ausgeprägten Reflexionsmöglichkeiten bestand. Auf der anderen Seite finden sich in den Familien der Mittel- und Oberschicht mit einer eher offenen Interaktionsstruktur ein elaborierter Sprachcode mit einem differenzierten Wortschatz, eine komplexe Grammatik und ein Reflexionsvermögen, das ihren Mitgliedern auch einen Zugang zur Reflexion der gesellschaftlichen Verhältnisse und ihrer eigenen Interaktionsbedingungen ermöglicht.

Die familialen Interaktions- und Kommunikationsstrukturen beeinflussen auch den Erziehungsstil der Eltern, ohne dass der wiederum direkt auf die Persönlichkeitsstruktur der Kinder durchschlägt. Gleichwohl sind repressive oder autoritäre Erziehungsstile in Arbeiterfamilien weiter verbreitet als partizipative Erziehungsstile, die ein Aushandeln der Erziehungsinhalte durch die beteiligten Eltern und Kinder ermöglichen. Letztere finden sich ebenfalls verstärkt in familialen Milieus, die der Mittel- und Oberschicht angehören, bei denen das Aushandeln auch Bestandteil der elterlichen Arbeitserfahrungen ist. Parallel zu den Erziehungsstilen unterscheiden sich auch die Erziehungsziele der Eltern unterschiedlicher Herkunftsmilieus. Alle einschlägigen Untersuchungen verweisen darauf, dass die Ziele Unterordnung und Gehorsam in Familien mit einer geschlossenen Interaktions- und

Kommunikationsstruktur und damit ebenfalls wiederum in Unterschichtfamilien
stärker betont werden als die Ziele Selbstständigkeit und freier Wille, die ihrerseits
in Mittel- und Oberschichtfamilien dominieren.

Wenngleich, wie bereits wiederholt erwähnt wurde, aus diesen unterschiedlichen
milieuspezifischen Sozialisationsbedingungen und -prozessen nicht direkt auf bestimmte Persönlichkeitsstrukturen der Kinder geschlossen werden kann, da die
Kinder diese Strukturen und Prozesse immer auch mitbestimmen, bleiben doch
zumindest auf der deskriptiven Ebene Zusammenhänge zu einigen psychischen
Motivationen und Dispositionen der Kinder zu beobachten:

Wenn Mittel- und Oberschichteltern ihren Kindern häufiger nur Aufgaben zu
bearbeiten geben, die einen mittleren Schwierigkeitsgrad besitzen, an denen sie
mehr Erfolgs- als Misserfolgserlebnisse erfahren, dann bauen sie damit langfristig eine Leistungsmotivation auf, die die Kinder dazu führt, zukünftig freiwillig
und selbstständig Aufgaben zu suchen und erfolgreich zu bearbeiten. Wer umgekehrt, besonders häufig in Familien der Unterschicht, an zu schwierigen Aufgaben scheitert oder an zu leichten Aufgaben keinen Erfolg für sich persönlich
zurechnen kann, der baut eher eine negative leistungsorientierte Tendenz auf;
erbringt damit Leistung überwiegend nur unter äußerem Druck.

Eng verbunden mit der elterlichen Aufgabenstellung ist die Entwicklung von
bestimmten Mustern kausaler Attribuierung. Hier geht es um die Frage, wie
Kinder sich selbst Erfolg oder Misserfolg zurechnen: eher sich selbst oder aber
der Umwelt; sehen sie sich selbst oder eher andere für Erfolg oder Misserfolg
verantwortlich. Die Selbstzurechnung von Erfolg bzw. Misserfolg (internale
Attribuierung) finden wir stärker bei Kindern aus den Mittel- und Oberschichten, während die Fremdzurechnung (externale Attribuierung) eher bei Kindern
aus unteren sozialen Schichten zu finden ist.

Kinder aus unteren sozialen Schichten zeigen im Vergleich zu Kindern aus
mittleren und oberen Schichten eine auffallend erhöhte Selbstwertschwäche
und damit einhergehend eine geringere Selbstständigkeit. Selbstwertschwäche
resultiert aus einer Störung der Entwicklung der persönlichen Autonomie in
den folgenden drei Bereichen: a) Im Bereich der Gefühle beobachten wir eine
Unfähigkeit, Gefühle zu zeigen und auszuleben. Selbstwertschwäche drückt
sich hier in einem gestörten Verhältnis der Betroffenen zu ihren eigenen Ge-
fühlen aus. Die Ursachen liegen besonders im Bereich der primären familiären
Sozialisation, in der die Kinder gehindert werden, Gefühle zu zeigen, Gefühle
auszuleben und sie als etwas Wertvolles zu betrachten, das ein wesentlicher Bestandteil ihrer Selbst und Quelle eines gesunden Selbstwertgefühls sein kann.
Ist diese Fähigkeit gestört, so wird der Selbstwert abhängig von äußeren Befrie-
digungen, von der Einverleibung äußerer Symbole für das Fehlende, weil im eigenen Inneren zuviel Unsicherheit, Unvollständigkeit, Unselbstständigkeit ist,

was den Menschen daran hindert, den Augenblick zu genießen, sich als richtig und vollständig zu empfinden und für sich selbst einzustehen (Scherhorn u.a. 1992a, S. 61). Hinzu kommt bei vielen Kindern die das Selbstwertgefühl zerstörende Erfahrung, als Mensch unwichtiger zu sein als die Sachen in ihrer Umgebung, wenn sie z.b. ständig Rücksicht darauf nehmen müssen, dass die Möbel und ihre Kleider sauber sind, dass das Fernsehen, der Urlaub oder das Auto wichtiger sind als sie. b) Im Bereich der Fähigkeiten beobachten wir bei den Kindern und Jugendlichen Inkompetenzerlebnisse und Minderwertigkeitsgefühle. Sie sind das Resultat autoritärer, restriktiver, aber auch überbehüteter Erziehung. Sie äußern sich in der Angst, Aufgaben zu übernehmen, weil man ja versagen könnte, in der Angst, engere Beziehungen zu anderen Menschen einzugehen, man könnte ja enttäuscht werden. c) Im Bereich der Entscheidungen wird die Unfähigkeit deutlich, selbständig zu entscheiden. Auch diese Unfähigkeit ist vor allem auf familiäre Erziehungsmuster zurückzuführen: auf die Abnahme von Entscheidungen durch Dritte, besonders in Form einer Bevormundung durch die Eltern, sei es in autoritärer Form, sei es in überbehütender Form. Damit wird den Kindern die individuelle Autonomie und Selbstständigkeit verweigert. Selbstwertschwäche korreliert, wie nicht anders zu erwarten, stark mit einer externalen Attribuierung: Man sieht den eigenen Erfolg bzw. Misserfolg entweder von den Verhältnissen (external stabil) oder vom Schicksal und vom Zufall (external variabel) abhängig. Damit aber wird ein Lernen aus Erfolgen oder Misserfolgen weitgehend verhindert. Mit diesen Grundeinstellungen werden auch weder die Leistungsmotivation gefördert noch Leistung als Grundlage für soziale Anerkennung erkannt (vgl. Lange 2004).

Die folgende Übersicht versucht, diese Unterschiede aus didaktischen Gründen in dichotomisierter Weise darzustellen; in der Realität sind die Übergänge als graduell zu betrachten (vgl. Abbildung 12).

Die überwiegend aus den eigenen Arbeitserfahrungen der Eltern stammenden Werthaltungen, Einstellungen zu allen Lebensbereichen, Kenntnisse und Fähigkeiten sowie daraus resultierenden Erziehungsverhaltensweisen führen somit indirekt auch zum Aufbau höchst unterschiedlicher Werthaltungen, Einstellungen, Orientierungen, Sprachen und Verhaltensweisen der Kinder der unterschiedlichen Schichten.

Dabei bleibt zu betonen, dass es hier um reine Bestandsaufnahmen und nicht um Wertungen dieser unterschiedlichen Kulturen geht; dabei bleibt weiterhin zu betonen, dass die je unterschiedlichen Orientierungen und Verhaltensweisen den jeweiligen Kulturen durchaus angemessen sind und den Kindern ein adäquates Leben in diesen Kulturen ermöglichen; die Sozialisationsmuster erscheinen damit im Hinblick auf die jeweiligen Kulturen funktional.

Abbildung 12: Ausgewählte Ergebnisse schichtspezifischer Sozialisationsforschung

Aspekte	Unterschichtfamilien	Mittel- und Oberschichtfamilien
Erziehungsziele	Konformität, Unterordnung, Anpassung, Sauberkeit, kollektivistische/familialistische Orientierung	Selbstbestimmung, Führungsfähigkeit, Kreativität, Risikobereitschaft, Aufstiegsorientierung, individualistische Orientierung
Erziehungsstile	repressiv, autoritär, körperliche Sanktionen	partizipativ, verhandelnd, psychische Sanktionen
Kommunikationsstruktur	geschlossen	offen
Sprachverhalten	restringierter kognitiver Verarbeitungs- u. Kommunikationsstil, Kontextgebundenheit, geringer Abstraktionsgrad	elaborierter Sprachstil, hohe Reflexivität im Denken und Sprechen, hoher Abstraktionsgrad
Leistungsmotivation	niedrig; unmittelbare Bedürfnisbefriedigung angestrebt	hoch; Bereitschaft zu zeitlich aufgeschobener Bedürfnisbefried. (deferred gratification-pattern)
Kausale Attribuierung	externale stabile oder variable Attribuierung	internale stabile oder variable Attribuierung
Selbstwertschwäche	hoch	niedrig

Das große Problem tritt jedoch dann auf, wenn derart sozialisierte Kinder in die Schule kommen, denn die Schulen sind eine typische Mittelschichtinstitution, insbesondere die weiterführenden Schulen: In diesen Schulen lehren Lehrer, die zur Mittelschicht gehören, sie verwenden Sprachstile, die als elaboriert zu kennzeichnen sind, sie vermitteln Werthaltungen und Einstellungen, die mittelschichttypisch sind, sie verlangen Wissen und Fähigkeiten, die nicht unmittelbar handlungs- und verwertungsrelevant, sondern auf eine viel später liegende Berufstätigkeit bezogen sind. „Die motivationalen, kognitiven und sprachlichen Persönlichkeitsprofile dieser Kinder (der Unterschichtkinder E. L.) weichen im statistischen Durchschnitt stark von denen ab, die in der sich überwiegend an Mittelschichtennormen orientierenden Schulkultur dominieren" (Hurrelmann 1975, S. 118).

Die Folge ist damit eine strukturelle Benachteiligung der Kinder aus Unterschicht-/Arbeiterfamilien, die auch durch kompensatorische Maßnahmen zum Beispiel durch die Vorschulerziehung nur begrenzt verringert werden kann; ähnliches gilt für kompensatorische Maßnahmen in der Schule. Alle kompensatorischen Maßnahmen stehen nämlich vor dem folgenden Dilemma: „Das Unterschichtenkind kann und soll seiner familialen Bezugsgruppe mit ihrer spezifischen Familienkultur nicht vollständig entzogen werden. Der kompensatorische Erziehungsprozess in der Schule, sofern er Erfolg hat, besorgt aber eine partielle Anpassung an die mittelschichtenspezifisch geprägte Schulkultur. Daneben bleibt die unterschichtenspezifische Familienkultur bestehen, die sich durch sehr unterschiedliche Verhaltensanforderungen mit spezifischen Wert- und Symbolstrukturen auszeichnet. Das Kind aus unterprivilegierten Familien muss sich mit der vorherrschenden schulischen Kultur identifizieren, kann und soll aber seinem sozialen Milieu jedenfalls für wichtige Zeitabschnitte nicht entrinnen. An diesem Dilemma scheitern die meisten der bisherigen Programme kompensatorischer Erziehung. Die Einflüsse des schulischen Erziehungssystems können ja die Bedingungsfaktoren für die kognitiven und sprachlichen Verhaltensweisen der Schüler aus den sozialen Unterschichten nicht verändern, sondern allenfalls deren Folgen, nämlich die Verhaltensweisen selbst. Damit wird von den Kindern eine außerordentlich belastende soziale Anpassungsleistung erfordert: Sie sollen in der Schule diejenigen Verhaltensweisen ablegen, die in der familialen und nachbarschaftlichen Umgebung durchaus angemessen und anerkannt sind, und sie sollen im Bereich der familialen und nachbarschaftlichen Kontakte diejenigen Verhaltensweisen ausblenden, die im schulischen Verhaltensbereich als ausschließlich angemessen angesehen werden. Dieser Verhaltensvirtuosität sind gerade die Kinder aus den Unterschichten nicht gewachsen." (Hurrelmann 1975, S. 123) Notwendig wäre statt des Versuchs, individuelle Aufstiege durch Kompensationsprogramme zu ermöglichen, eine kollektive Aktion, die bei allen Arbeitern zunächst deren Arbeits- und Lebensbedingungen verbessert, um damit auch die Distanz zwischen den verschiedenen Erziehungswelten und Kulturen zu verringern.

Die Folge dieser strukturellen Benachteiligung von Unterschichtenkindern beim Eintritt in das Schulsystem ist die systematische Benachteiligung auch beim Durchgang durch das Erziehungssystem, die sich im Wesentlichen an den Übergangsstellen von der allgemeinen Grundschule zu den weiterführenden Schulen zeigt; damit wären wir bei den Übergangsentscheidungen der Eltern und Kinder.

3.3.4 Elternentscheidungen beim Übergang von der Grundschule zu weiterführenden Schulen

Die zentralen Entscheidungen über den Besuch weiterführender Schulen werden nicht von den Kindern und Jugendlichen selbst, sondern vorwiegend von den Eltern getroffen. Für Eltern aus oberen sozialen Schichten ist eine qualifizierte schulische und berufliche Qualifikation ihrer Kinder ein hoher Wert, und zwar sowohl an sich als auch für die spätere berufliche Karriere. Von daher entscheiden sie sich auch bei mäßigen Schulleistungen ihrer Kinder oder auch bei Lehrerempfehlungen, die ihren Wünschen widersprechen, für den Besuch weiterführender Schulen für ihre Kinder. Auf der anderen Seite schrecken Eltern aus unteren sozialen Schichten bei mäßigen Schulleistungen und bei entsprechenden Lehrerempfehlungen davor zurück, ihre Kinder auf weiterführende Schulen zu schicken. „Bei guten Schulnoten (Durchschnitt bis 2,3) ist für 94% der Oberschichtkinder (Drei-Schichten-Modell), für 69% der Mittelschichtkinder, aber nur für 38% der Unterschichtkinder der Besuch des Gymnasiums vorgesehen" (Geißler 1996, S. 268, mit Bezug auf eine Studie von Ditton 1992 für Bayern). „Entsprechend unterschiedlich fallen auch die Reaktionen auf die Empfehlungen der Lehrer am Ende der Grundschulzeit aus: Fast alle Beamtenkinder (92%) folgen der Grundschulempfehlung für das Gymnasium, aber nur 63% der Facharbeiterkinder und weniger als die Hälfte (48%) der Kinder von Un- und Angelernten" (Geißler 1996, S. 268 mit Bezug auf eine Studie von Fauser/Schreiber 1987 für Baden-Württemberg und Westberlin sowie Hansen/Rolff 1990 für Dortmund). „Der leistungsunabhängige Filter ist auch beim Übergang in die Universitäten erneut wirksam. OberstufenschülerInnen der mittleren Leistungsstufe aus Familien von Beamten (50%), Angestellten (44%) und Selbstständigen (55%) wollen häufiger studieren als Arbeiterkinder (43%) aus der oberen Leistungsstufe" (Geißler 1996, S. 269 mit Bezug auf eine Studie von Böttcher u.a. 1988 für Dortmund). Allerdings zeigt sich hier bereits, dass der Einfluss der Eltern mit zunehmender Höhe der Bildungspassage und mit zunehmendem Alter der Kinder abnimmt.

Hinzu kommt, dass Eltern aus oberen sozialen Schichten ihren Kindern während der gesamten Schulzeit einen höheren kulturellen Anregungsgehalt zu bieten haben, über größere finanzielle Möglichkeiten der Nachhilfeförderung verfügen und diese auch einsetzen und über intensivere soziale Beziehungen auch zu den Lehrern verfügen als Eltern aus unteren sozialen Schichten. Sie sind damit in erheblich besserem Maße in der Lage, ihre Kinder mithilfe ihres kulturellen, ökonomischen und sozialen Kapitals zu unterstützen, als dies den Eltern aus unteren sozialen Schichten möglich ist. Hinzu kommt offensichtlich noch eine grundlegend unterschiedliche Einstellung der Eltern unterschiedlicher sozialer Schichten, die Geißler so formuliert hat: „Der Widerstand der oberen Schichten gegen den sozialen Abstieg ihrer Kinder ist stärker ausgeprägt als der Wille der unteren Schichten zum sozialen Aufstieg" (Geißler 1996, S.269). Damit erfährt die Reproduktionstheorie sozialer Ungleichheit eine deutliche Bestätigung (vgl. Blossfeld/Shavit 1993).

3.3.5 Schichtspezifische Selektion durch die Lehrer und die schulische Organisationsstruktur

Wenngleich sich die Lehrkräfte sicherlich bemühen, die Leistungen ihrer Schüler unabhängig von deren sozialer Herkunft zu bewerten, zeigen zahlreiche Untersuchungen jedoch deutliche schichtspezifische Bewertungs- und Selektionsmuster:

- In einem experimentellen Täuschungsmanöver wurde ein Aufsatz mit dem Hinweis versehen, er sei vom sprachbegabten Sohn eines Redakteurs verfasst worden: er erhielt von 16% der Lehrer die Note „sehr gut" und von 40% die Note „gut". Wies man darauf hin, dieser Aufsatz sei von einem durchschnittlichen Jungen, der gerne Schundhefte liest und dessen Eltern beide berufstätig sind, wurde derselbe Aufsatz nicht ein einziges Mal mit „sehr gut" und nur in 7% der Fälle mit „gut" bewertet (Weiss 1965). Lehrer bilden also aufgrund ihrer Erfahrung, dass Mittel- und Oberschichtkinder „in der Regel" bessere Leistungen erbringen, bestimmte schichtspezifische Leistungserwartungen auf, an denen sie dann auch ihr Bewertungsverhalten ausrichten.
- Kindern aus mittleren und oberen Schichten wird „in der Regel" eine höhere Begabung unterstellt als Kindern aus unteren sozialen Schichten; kommt es bei ersteren zu Versagen, wird dieses Versagen eher auf „Faulheit" als auf „Dummheit" zurückgeführt. Kausale Attribuierung von „Faulheit" aber bietet Möglichkeiten zur Korrektur, die Attribuierung von „Dummheit" dagegen nicht.
- Was die Lehrerempfehlungen für weiterführende Schulen angeht, geben Lehrer auch bei gleichen Schulleistungen der Schüler an der Herkunft orientierte Empfehlungen ab: „Auch in den 80er Jahren erhielten noch 40% der Oberschichtkinder mit mittlerer Schulleistung (Notendurchschnitt zwischen 2,2 und 2,9) eine Grundschulempfehlung für das Gymnasium, aber nur 11% dieser Kinder aus der Unterschicht (Ditton 1992, S. 132). Lehrer rechnen also offensichtlich damit, dass Kinder aus oberen sozialen Schichten auch bei mittelmäßigen Leistungen die weiterführenden Schulen bewältigen werden, weil ihnen ihr sozialer Hintergrund dabei behilflich sein wird. Von daher liegen sie mit ihren Empfehlungen – realistischerweise – auch gar nicht so falsch.

Bleibt zum Schluss noch darauf hinzuweisen, dass auch die organisatorische Struktur des dreigliedrigen Schulsystems in der Bundesrepublik die Chancen von Kindern aus unteren sozialen Schichten systematisch benachteiligt, wie Vergleichsuntersuchungen mit der kooperativen und integrierten Gesamtschule gezeigt haben (vgl. Fend 1982). Letztere vermeiden es aufgrund ihrer internen Struktur, die individuellen Bildungswege frühzeitig festzulegen, fördern die besonderen Fähigkeiten und Fertigkeiten der Schüler und ermöglichen Revisionen der Bildungsentscheidungen. Gesamtschulen, insbesondere integrierte Gesamtschulen, kommen damit der besonderen Situation von Kindern aus unteren sozialen Schichten entgegen und besitzen eine deutlich niedrigere soziale Selektivität als das klassische dreigliederige Schulsystem, auch führen sie mehr Kinder aus unteren sozialen Schichten zu weiterführenden Bildungsabschlüssen. Zu bedenken bleibt allerdings, dass Mittel- und Oberschichteltern dazu tendieren, ihre Kinder eher auf das Gymnasium als auf eine Gesamtschule zu schicken, so dass ein „Creaming-Effekt" entsteht, der die soziale Selektivität der Gesamtschulen ebenfalls drückt.

3.3.6 Fazit

Im Ergebnis aller Untersuchungen zeigt sich, dass Kinder aus Unterschichtfamilien in geringerem Maße weiterführende Schulen besuchen als Mittel- und Oberschichtkinder, dass sie auf gleichem Schulniveau durchweg niedrigere Noten erreichen und nach der Schulentlassung somit durchweg auf niedrigeren Berufspositionen landen als Kinder aus Mittel- und Oberschichtfamilien.

Auch die Aussagen über die Ursachenkomplexe der stabilen sozialen Ungleichheiten der Bildungschancen gelten im Prinzip in allen industrialisierten Ländern und für das gesamte letzte Jahrhundert, wie die vergleichenden Studien in 13 Ländern von Blossfeld und Schavit (1993) nachgewiesen haben, allerdings in unterschiedlichen Ausprägungen. So zeigt sich in der Untersuchung von Blossfeld und Shavit, dass in den Ländern, in denen die Arbeitsbedingungen und Arbeitserfahrungen der Erwerbstätigen in den letzten Jahrzehnten angeglichen worden waren, namentlich Schweden und die Niederlande, sich die Zusammenhänge zwischen der Herkunftsschicht und der schulischen Platzierung der Kinder abgeschwächt haben. Damit bestätigt sich die zentrale Aussage der Klassentheoretiker sowie der Bildungsforscher wie Rolff, dass die erfahrenen Arbeitsbedingungen der Eltern im ökonomischen Bereich erhebliche Einflüsse auf das in den Familien verfügbare ökonomische, kulturelle und soziale Kapital besitzen, das seinerseits die familiären Kommunikations- und Interaktionsstrukturen und den daraus wiederum resultierenden Konsequenzen für den familialen Sozialisationsprozess mitbestimmt. Die internationalen Vergleiche bestätigen darüber hinaus, dass der Zusammenhang zwischen der sozialen Herkunft und der schulischen Statusallokation der Kinder in den Schulsystemen schwächer ist, in denen über eine verlängerte Gesamtschulzeit (meistens bis zum Ende der Sekundarstufe I) die Entscheidung über den Besuch weiterführender Schulen länger hinausgezögert wird als z.B. in Deutschland. Damit werden alle Kritiker bestätigt, die in der vertikal gegliederten Schulstruktur des deutschen Bildungssystems mit seinen frühen Übergangsentscheidungen eine wesentliche Ursache für die sehr starke schichtspezifische Reproduktion sozialer Ungleichheit in Deutschland sehen. Nicht zuletzt verweisen die internationalen Vergleiche darauf, dass die herkunftsspezifischen Benachteiligungen der Unterschichtkinder in Schulsystemen abgeschwächt erscheinen, in denen Ganztagsunterricht angeboten wird, in denen also in größerem Umfang als in Deutschland die (kompensatorische) Erziehung in den Schulen die familiäre Erziehung zu überlagern vermag.

Wenngleich die Bildungspolitik in den letzten 30 Jahren aufgrund der Ergebnisse der schichtspezifischen Sozialisationsforschung erhebliche Anstrengungen unternommen hat, das Bildungssystem so zu modifizieren, dass die Chancengleichheit der Unterschichtenkinder verbessert wird (z.B. Einführung der Orientierungsstufe, der Gesamtschule, der Gesamthochschule usw.), sind die Erfolge z.B. in der Steigerung der Anteile von Arbeiterkindern in weiterführenden Schulen und in Hochschulen nur mäßig. Zu beobachten ist zwar eine Erhöhung des Anteils von Arbeiterkindern in den weiterführenden Schulen und Hochschulen, gleichzeitig zeigt sich jedoch ein kollektiver Aufstieg aller Schüler, auch derjenigen aus Mittel- und Oberschichten, die ihre Anteile ebenfalls steigern konnten. An der Reproduktion der Sozialstruktur hat sich nicht zuletzt aufgrund der prinzipiellen Beibehaltung des vertikal gegliederten Schulsystems und des Halbtagsunterrichts insgesamt wenig geändert.

Die zentrale Ursache für die hohe Reproduktionsquote sozialer Ungleichheit in Deutschland aber wird man, wie die bisherigen Ausführungen deutlich gemacht haben sollten, nicht im Bildungssystem selbst, sondern im Beschäftigungssystem suchen müssen, das in Deutschland wie in kaum einem anderen Land nach wie vor berufsständisch und in den Betrieben und Behörden hierarchisch organisiert ist. Die in diesem Beschäftigungssystem arbeitenden Eltern, insbesondere diejenigen in mittleren und höheren Positionen, also die Angehörigen der Mittel- und Oberschichten, erwarten dann auch mehr oder weniger bewusst vom Bildungssystem, dass es ihren Kindern ebenfalls zu exklusiven sozialen Positionen verhilft. Wie sagte Geißler sinngemäß so treffend: Die Angst der Mittel- und Oberschichteltern, den eigenen Status durch einen niedrigen Schulstatus ihrer Kinder zu verlieren, ist größer als die Hoffnung der Unterschichteltern, ihren eigenen Status durch einen hohen Schulstatus ihrer Kinder zu erhöhen.

3.4   Erziehungssystem und politisches System

Das Verhältnis des Erziehungssystems zum politischen System bzw. dem Staat war
in der anfänglichen Verortung wie folgt bestimmt worden:

1. Die Leistungen des politischen Systems gegenüber dem Erziehungssystem
   liegen zunächst einmal in der Vorgabe rechtlicher, inhaltlicher und methodisch-
   didaktischer Normen (Gesetze, Verordnungen, Richtlinien); die Politik hat damit auch die Aufgabe, Bildungspolitik zu betreiben.
2. Die Politik hat zum weiteren die personelle und materielle Grundausstattung
   des Erziehungssystems sicherzustellen; sie hat damit die Aufgabe der Bildungs-
   finanzierung.
3. Die Leistungen des Erziehungssystems gegenüber dem politischen System
   liegen vor allem in der politischen Sozialisation junger Menschen, d.h. in der
   Erziehung junger Menschen zu Staatsbürgern, die das herrschende politische
   System zu tragen und weiterzuentwickeln bereit sind (Aufgabe der politischen
   Sozialisation und Legitimierung). Dass der Staat darüber hinaus ein Interesse
   daran hat, dass das Erziehungssystem auch seine Sozialisationsaufgaben in
   fachspezifischer und fachinspezifischer Hinsicht erfüllt, bleibt hier zu erwähnen; diese Beiträge wurden jedoch bereits im Zusammenhang mit den betreffenden gesellschaftlichen Teilsystemen behandelt.

Vorab einer Einzelbetrachtung dieser Leistungen sei noch kurz wiederholt, dass die
besonderen Formen der Beziehung zwischen Staat und Erziehungssystem, die wir
gegenwärtig in nahezu allen industrialisierten Ländern beobachten können, das
Ergebnis historischer Ausdifferenzierungsprozesse sind, die in Europa zwar in den
absolutistischen Staaten bereits eingesetzt haben, die sich aber erst mit der Industrialisierung und dem Verlangen der Wirtschaft beschleunigten, qualifiziertes Personal für die Produktion zu bekommen.

Wenn die Erziehungseinrichtungen in den meisten industrialisierten Ländern unter staatlicher Hoheit stehen, dann bleibt daran zu erinnern, dass der Staat diese
Erziehungsaufsicht den Kirchen, den Familien und den Ständen abgenommen und
sich selbst einverleibt hat. Diese Aufgabenübernahme ist nicht ohne Kampf vor
sich gegangen: Die Kirchen haben sich lange Zeit gewehrt, dem Staat ihre Erzie-
hungsrechte abzutreten. Mit zunehmender Säkularisierung und der Erstarkung der
Nationalstaaten sowie mit den Richtungskämpfen innerhalb der christlichen Kirchen konnten sich z.B. in Deutschland zunächst die Landesfürsten und später das
Reich durchsetzen. Aber nach wie vor sind die Kirchen daran interessiert, die Inhalte der Unterrichte, nicht nur im Bereich der religiösen Erziehung, mitzubestim-
men, wenngleich der Primat der Staatsgewalt inzwischen auch offiziell anerkannt
und durch entsprechende Abkommen, für Deutschland z.B. durch das Konkordat

zwischen der katholischen Kirche und dem Deutschen Reich und seinen Rechts-
nachfolgern, geregelt ist.

Mit der Einführung der allgemeinen Schulpflicht sind auch die traditionellen
Rechte der Familien auf Erziehung ihrer Kinder beschnitten worden; mit dem
sechsten Lebensjahr werden die meisten Kinder der Schule und damit außerfamiliä-
ren Lehrkräften überantwortet, deren Erziehung teils in Ergänzung, teils in Konkurrenz und teils im Widerspruch zur familiären Erziehung läuft.

Auch den traditionell für die berufliche Ausbildung zuständigen Ständen, also
den vorindustriellen Berufsgruppen, wurden im Laufe der Entwicklung Erzie-
hungsrechte abgenommen. Das duale System der Berufsausbildung, wie es gegenwärtig in Deutschland praktiziert wird, sieht zwar noch die Mitsprache der Selbstverwaltungsorgane der Wirtschaft vor, die grundlegenden Gesetze und Rahmen-
richtlinien aber stammen nach wie vor aus dem politischen Raum (vgl. Berufsaus-
bildungsgesetz).

Neuerdings macht allerdings die Privatwirtschaft dem Staat die alleinige Steuerung der Bildungseinrichtungen streitig. Mit der steigenden Bedeutung von Bildung
als Produktionsfaktor gerät das Bildungssystem verstärkt unter ökonomische Verwertungsinteressen, insbesondere die Teile, die hochproduktives wissenschaftliches
Wissen generieren, wie die (Fach-) Hochschulen und ansatzweise auch die Gymnasien (vgl. Lohmann, Rilling 2002). Die Vermarktung des wissenschaftlichen Wissens durch private Universitäten und Schulen in Deutschland folgt dabei ebenfalls
einem im internationalen Vergleich beobachtbaren Trend, insbesondere in den
angelsächsischen, aber auch in vielen ostasiatischen Ländern (z.B. Südkorea). Zu
den geistigen Vorreitern dieser Entwicklung zählt in Deutschland u.a die Bertelsmann-Stiftung.

3.4.1 Zur Bildungspolitik

In der Bildungspolitik muss der Staat gewährleisten, dass das Erziehungssystem
seine Aufgaben für die jungen Menschen sowie für alle gesellschaftlichen Teilsysteme erfüllen kann; d.h. im Einzelnen:
1. eine allgemeine Persönlichkeitsbildung
2. eine berufliche Sozialisation und Qualifizierung junger Menschen für ihren
   Einsatz in der Wirtschaft
3. eine politische Sozialisation und Qualifizierung junger Menschen als Staatsbür-
   ger
4. eine gemeinschaftsbezogene Sozialisation und Qualifizierung junger Menschen
   als Mitglieder in einer Familie, Nachbarschaft, lokalen Gemeinschaft.
Ähnlich wie bezüglich des magischen Vierecks im Bereich der Wirtschaftspolitik
hat die Bildungspolitik des Staates die Erfüllung aller vier Aufgaben sicherzustellen.

Dabei ist zu berücksichtigen, dass die vier Aufgaben einander nicht nur ergänzen, sondern teilweise in Konflikt zueinander stehen: Eine Überbetonung der beruflichen Qualifizierung zu Lasten der Allgemeinbildung führt zu wirtschaftlich angepassten Technokraten; eine Überbetonung der persönlichen Allgemeinbildung zu Lasten der politischen Sozialisation führt zu Individualisierungstendenzen und zu politischer Apathie mit Gefahren für das politische System.

Darüber hinaus ist bezüglich aller Sozialisationsaufgaben darauf zu achten, dass ein dynamisches Gleichgewicht zwischen Rollen- und Normkonformität und kreativer Selbstbestimmung gehalten wird. Eine verstärkte Erziehung zur Unterordnung, ob im Bereich der Wirtschaft oder im Bereich der Politik, führt zur Erstarrung und im Extremfall zum „Kadavergehorsam"; eine zu starke Erziehung zu Kritik und Selbständigkeit führt zu anomischen Verhältnissen und Auflösungserscheinungen der wirtschaftlichen, politischen und sozialen Strukturen.

Das Erziehungssystem hat mit diesen Teilaufgaben zentrale Bedeutung für die Integration des gesamten Gesellschaftssystems; von daher nimmt es nicht Wunder, dass der Staat in der Vergangenheit seinen Einfluss auf das Erziehungssystem immer stärker auszudehnen versuchte und über eine Verlängerung der Einbindung junger Menschen in Einrichtungen des Erziehungssystems seinen Einfluss auf die Menschen selbst. In jüngster Zeit sind jedoch Versuche des Staates zu erkennen, sich wieder stärker zurück zu nehmen, überwiegend aus ökonomischen Gründen. Wir kommen darauf zurück.

Bezüglich aller Teilaufgaben bzw. Teilziele steht der Staat in dem Dilemma, keine konkreten Anforderungen der übrigen Teilsysteme an die Erziehungsleistungen des Erziehungssystems zu besitzen: Welche Qualifikationen in welchem Umfang für die gesellschaftlichen Teilsysteme zu vermitteln sind, lässt sich nämlich nicht direkt durch entsprechende Bedarfsanalysen ermitteln, wie das Scheitern der Bedarfsforschung im Bereich der Wirtschaft angesichts der zu ermittelnden berufsbezogenen Qualifikationen gezeigt hat. Die Folge waren in den 70er und 80er Jahren „offene Planungsprogramme,,, die so konzipiert wurden, dass die Bildungsplanung und - politik die Möglichkeit erhielt, „dass den jeweiligen aktuellen Entwicklungen der Anforderungen an das Erziehungssystem flexibel begegnet werden kann, indem zwar Bildungsmöglichkeiten vielerlei und möglichst alternativer Art vorweg gesichert, aber nur wenige Inhalte und Strukturen auf längere Sicht unkorrigierbar determiniert werden. Solch eine Konzeption von Bildungsplanung, die sich nicht mehr fest an in sich geschlossene Argumentationsmodelle wissenschaftlicher Theorien (z.B. Bildungsökonomie E. L.) anschließt, ist den strukturellen Handlungsbedingungen des politisch-administrativen Systems in unseren westlichen Gesellschaften insofern angemessener, als dem Staat im Grunde lediglich die Funktion einer Anpassung seiner planerischen Aktivitäten an die durch die marktgesteuerte Produktion und die bildungspolitische Motivation meinungsführender Bevölkerungsschichten und Interessengruppen bestimmte Entwicklung politischer Situationsanforderungen abverlangt wird" (Hurrelmann 1975, S. 55).

Das aber bedeutete, dass die staatlichen Aktivitäten in Bezug auf das Erziehungssystem sich als Reaktionen auf Anforderungen aus den übrigen gesellschaftlichen Teilsystemen verstanden, die der Staat flexibel in Leistungen des Erziehungssystems umsetzen musste, ohne den Anspruch, eine vorausschauende und gesellschaftlich umfassende Planung und Steuerung vornehmen zu können. Die staatliche Strukturierung und Planung des Bildungssystems war damit nach Hirsch und Leibfried (1971, S. 10) als kompensatorische Planung zu bezeichnen; staatliches Handeln blieb unter den Verwertungsbedingungen kapitalistischer Gesellschaftsordnung „Krisenmanagement" (Habermas, Offe).

Vor dem Hintergrund der Ergebnisse international vergleichender Forschungen (PISA, TIMSS) und der bildungspolitischen Vorgaben der OECD, der WTO sowie der diesen Organisationen nahe stehenden Denkfabriken wie das Cato Institute und in Deutschland die Bertelsmann-Stiftung lässt sich die gegenwärtige bildungspolitische Leitlinie der deutschen Bundesregierung sowie der Landesregierungen als eine neoliberalistische Umstrukturierung des öffentlichen Bildungswesens charakterisieren. „Zielgröße ist der Abbau öffentlicher Bildung durch verschiedene Formen der Privatisierung und Kommerzialisierung, mit welchen Bildungsprozesse in Eigentumsoperationen mit Wissen als Ware umgewandelt werden. Mittlerweile ist absehbar, dass am Ende dieser neoliberalistischen Transformation öffentliche Bildungs- und Wissenschaftseinrichtungen nicht mehr existieren werden; dass die Zugänge zum Wissen – sei es zu Schulen und Hochschulen, sei es zu elektronischen Bibliotheken, Datenbanken, Internetportalen – ökonomisch, technologisch und inhaltlich von transnationalen Konzernen und ihren Stiftungen kontrolliert werden; dass diese Zugänge – selbstredend – kostenpflichtig sind und so teuer, wie es „der Markt" zulässt. Gefolgt wird hier einer Agenda, die wesentlich von der Organisation for Economic Cooperation and Development sowie der World Trade Organisation ausgeht; diese Agenda zielt auf den gesamten öffentlichen Sektor, weltweit. Hierbei nimmt für den Bildungs- und Wissenschaftsbereich in Deutschland die Bertelsmann Stiftung eine Schlüsselrolle ein" (Lohmann, 2002, S. 89 f.). Weitere international in diesem Sinne operierende Einrichtungen sind u.a. die Mont Pelèrin Society und das World Economy Forum, in denen Ökonomen wie Friedrich von Hayek und Milton Friedman ihre Ideen vertreten.

Wenn Wissen zu einer Ware wird, dann haben die Bildungseinrichtungen im Wettbewerb untereinander Wissen anzubieten, das von Schülern und Studierenden gegen Geld nachgefragt wird. Die Bildungseinrichtungen sind dann wie Wirtschaftsbetriebe zu führen, die möglichst billig produzieren, Profite erwirtschaften und Monopolstellungen anstreben müssen. Verbunden damit ist die freie Schulwahl durch die Schüler bzw. deren Eltern. Verbunden damit ist dann auch eine selbstständige Personal- und Schülerauswahl durch die Bildungseinrichtungen sowie eine selbstständige Finanzplanung. Dabei wird argumentiert, dass die bürokratischen Steuerungsinstrumente Gesetze und Verordnungen viel zu grob und zu starr sind, dass sie vor allem keine Anreize zu Leistungsverbesserungen bieten und keine Sanktionen bei unzureichenden Leistungen bereithalten würden. Bildungseinrichtungen hingegen, die sich dem Wettbewerb stellen, unterlägen den Marktmechanismen, wie Belohnung für Erfolg und Bestrafung für Misserfolg. Bildungseinrichtungen, die sich dem Wettbewerb am Markt stellen, sollten sich verantwortungsbereiter, effektiver und zugleich beliebter zeigen als Bildungseinrichtungen mit dem Status nachgeordneter staatlicher Verwaltungseinrichtungen.

Erste internationale Erfahrungen mit privatisierten Bildungseinrichtungen, z.B. Chile, Neuseeland, Kanada, Südafrika, Hongkong, Argentinien und Mexiko zeigen erwartungsgemäß durchgehend die folgenden drei Effekte der neoliberalistischen Umstrukturierung: „Überall da, wo sie stattfindet, sinken, erstens, die Staatsausgaben für den Bildungssektor, verschärft sich, zweitens, die soziale Ungleichheit im Zugang zum Wissen noch einmal drastisch, stellen drittens, Mittelschicht-Eltern fest, dass es ihnen gefällt, wenn ihre Söhne und Töchter nicht mehr zusammen mit Krethi und Plethi die Schulbank drücken müssen" (Lohmann 2002, S. 103).

Vor dem Hintergrund dieser Erfahrungen dürfte allerdings die Durchsetzung dieses neoliberalen Programms in seiner Reinform in Deutschland mit seiner föderalen und korporatistischen Verfassung schwierig werden: Denn hier sind, wie es das Forum Bildung zeigt, Bund, Länder und Kommunen sowie die Arbeitgeberverbände, Gewerkschaften, Kirchen und weitere Organisationen bei der Gestaltung der Bildungspolitik aktiv. Im übrigen sollte man nicht vergessen, dass die Frage, ob Bildung wie eine Ware oder aber wie ein Bürgerrecht behandelt werden soll, bereits in den 70er Jahren intensiv diskutiert worden ist, damals allerdings mit einem deutlichen Bekenntnis zum Bürgerrecht auf Bildung (Dahrendorf).

Unter Berücksichtigung der föderalen und korporatistischen Verfassung Deutschlands haben der Bund und die Länder 1999 so auch das Forum Bildung eingesetzt, um die Qualität und die Zukunftsfähigkeit des deutschen Bildungssystems sicherzustellen. Unter dem gemeinsamen Vorsitz von Bundesbildungsministerin Edelgard Bulmahn und Bayerns Wissenschaftsminister Hans Zehetmair haben im Forum Bildung Bildungs- und Wissenschaftsministerinnen und -minister sowie Vertreterinnen und Vertreter der Sozialpartner, Wissenschaft, Kirchen, Auszubildenden und Studierenden Empfehlungen zur Bildungsreform erarbeitet und mit zahlreichen Expertengutachten untermauert (vgl. Forum Bildung 2001). Die Empfehlungen beziehen sich auf die folgenden zwölf Bereiche:

- Frühe Förderung. Die Förderung der Kinder in den vorschulischen Kindertageseinrichtungen und in den Grundschulen ist erheblich zu verbessern. Hierzu

sind für die Kindertageseinrichtungen Bildungsziele und ihre curriculare Umsetzung zu definieren und die Aus- und Weiterbildung der Erzieherinnen und
▪ Erzieher zu reformieren.
Individuelle Förderung. Sie dient dem Erkennen und dem Abbau von relativen Benachteiligungen, z.B. der motivationalen und kognitiven Lernvoraussetzungen, aber auch der Förderung der überdurchschnittlich Begabten. Wichtige Schritte zur Umsetzung werden im Ausbau von Ganztagsschulen, in der Verbesserung der Bedingungen für das Finden und Fördern von Begabungen sowie in der inhaltlichen, organisatorischen und personellen Reorganisation der Kindertageseinrichtungen und Schulen mit hohen Anteilen aus sozial benachteiligten Familien und Familien mit Migrationshintergrund gesehen.
▪ Lebenslanges Lernen. Unter diesem Begriff geht es um die Integration von formellem schulischen, beruflichem und informellem Lernen, um die Modularisierung von Studium und Weiterbildung sowie um die Zertifizierung erworbenen Wissens, um Anschlussmöglichkeiten für Weiterbildungsangebote zu erhalten.
▪ Lernen, Verantwortung zu übernehmen. „Kinder und Jugendliche müssen früh Gelegenheit erhalten, Verantwortung für andere zu übernehmen und Demokratie zu erleben; sie sollten dabei auch lernen, die Konsequenzen für ihr eigenes Handeln zu tragen. In allen Bildungseinrichtungen sind Aufgaben zur Übernahme von Verantwortung und altersentsprechende Formen der Mitwirkung und der ‚Selbstorganisation zu entwickeln, die auch den Lernprozess selbst mit umfassen" (Forum Bildung 2001, S. 18).
▪ Verbesserung der Aus- und Weiterbildung der Lehrenden. Hier gilt es, die neuen Aufgaben, Inhalte und Methoden, die für die Verwirklichung der Bildungsreform erforderlich sind, in die Aus- und Weiterbildung der Lehrenden aufzunehmen, damit z.B. frühe und individuelle Förderung der Kinder und Jugendlichen möglich werden.
▪ Förderung gleicher Teilhabe von Frauen und Männern in allen Bildungs- und Berufsbereichen. Damit ist die Aufhebung traditioneller Geschlechtsstereotype etwa bei der Bildungs- und Berufswahl, aber auch in den beruflichen Karrieremustern zu erreichen.
▪ Förderung sowohl des soliden Fachwissens als auch fachübergreifender Kompetenzen. Erst beide Kompetenzbereiche zusammen führen zu Handlungskompetenzen. Zu den zu fördernden fachübergreifenden Kompetenzen werden hier z.B. Methodenkompetenzen, Motivation und Befähigung zu kontinuierlichem Lernen, Sprach- und Medienbeherrschung, mathematisch-naturwissenschaftliche Grundkompetenzen und soziale Kompetenzen gezählt (Forum Bildung 201, S. 24 f.).

- Verbesserung der Nutzung der neuen Medien. Hier gilt es, die neuen Medien als neue Kulturtechnik in allen Bildungsbereichen zu implementieren und mit den alten Medien im sozialen Kontext zu kombinieren.
- Ausgrenzung vermeiden und abbauen. Unter diesem Stichwort soll die Zahl der jungen Leute ohne Schul- und/oder Berufsabschluss gesenkt und denjenigen, die in dieser Hinsicht bereits benachteiligt sind, über Weiterbildungsangebote eine zweite Chance gegeben werden, doch noch ins Beschäftigungssystem integriert zu werden.
- Bildung und Qualifizierung von Migrantinnen und Migranten.
- Lernorte öffnen und verknüpfen. Bildungseinrichtungen sollen zu „Häusern des Lernens" werden, in denen nicht nur Schüler und Lehrer miteinander interagieren, sondern auch die Familien sowie das gesamte soziale, wirtschaftliche und kulturelle Umfeld einbezogen werden, um ein Lernen in Zusammenhängen und den Erwerb fachübergreifender Kompetenzen zu fördern.
- Mehr Eigenverantwortung für Bildungseinrichtungen, Lernen aus Evaluationen. In diesem Zusammenhang soll einerseits die Autonomie der Bildungseinrichtungen gestärkt werden, andererseits sollen sie zu verstärkter Rechenschaftspflicht über Evaluationen herangezogen werden. Hierzu zählt auch eine erhöhte Autonomie bei der Entwicklung eines eigenen pädagogischen Profils und bei der personellen, räumlichen und sachlichen Ausstattung, einschließlich der Einstellung der Lehrkräfte.

Inwieweit diese Empfehlungen auch umgesetzt werden, ist angesichts der föderalen Struktur des deutschen Bildungswesens mit seiner Aufgabenverteilung zwischen Bund, Ländern und Kommen und der erforderlichen Kooperation mit Sozialpartnern, Familien, Betrieben, Vereinen und Verbänden auf der lokalen Ebene mehr als fraglich. Gleichwohl beobachten wir hier einen bildungspolitischen Ansatz, der den Bildungsprozess als einen dynamischen lebenslangen biographischen Prozess betrachtet, der in einem komplexen, von vielen Akteuren getragenen sozialen Umfeld abläuft, den Bildungseinrichtungen eine hohe Autonomie erlaubt und von staatlichen und kommunalen Akteuren letztlich nur noch über Rahmenvorgaben und internen wie externen Evaluationen gesteuert werden soll. Gleichzeitig werden wichtige Defizite des gegenwärtigen deutschen Bildungssystems benannt, die es zukünftig zu beseitigen gilt.

Zu den konkret in Deutschland derzeit durchgeführten bildungspolitischen Maßnahmen zählen nach dem jüngsten OECD-Vergleichsbericht (vgl. OECD 2003, S. 140 ff.):

- die Erarbeitung von international vergleichbaren Bildungsstandards für die Schulen,
- die Förderung von Schülern mit Lernschwierigkeiten,
- die Förderung der Hochbegabten,

■ der Auf- bzw. Ausbau von Ganztagsschulen, der vom Bund mit seinem Investitionsprogramm „Zukunft Bildung und Betreuung" unterstützt wird,
■ die Erarbeitung einer nationalen Bildungsberichtserstattung, über deren mögliche Konzeption Bund und Länder derzeit im Gespräch sind.
■ die Reduzierung der Jugendlichen ohne Berufsausbildung und die Unterstützung der Jugendlichen beim Nachholen eines Hauptschulabschlusses,
■ die Umstellung der Hochschulausbildung auf Bachelor- und Masterstudiengänge gemäß dem Bologna-Abkommen.

Darüber hinaus finden in allen Bundesländern zahlreiche Modellversuche und erste Ansätze von Reformen statt, wobei hierzu bisher kaum vergleichbare und generalisierbare Ergebnisse präsentiert werden können.

3.4.2 Zur Bildungsfinanzierung

In diesem Abschnitt geht es um die Fragen, wie viel Geld der Staat und private Institutionen in Deutschland in welche Bereiche des Bildungssystems fließen lassen, woher dieses Geld im einzelnen stammt und welche Verteilungswirkungen damit ausgelöst werden. Abschließend werden in einem internationalen Vergleich die Besonderheiten in Deutschland dargelegt. Grundlage der folgenden Ausführungen sind die Daten des Bundesministeriums für Bildung und Forschung aus dem Jahr 2001/2002, die OECD-Veröffentlichung „Bildung auf einen Blick" von 2003 sowie zusätzliche Berechnungen von Klemm (vgl. Klemm 2003).

Im Jahr 2000 wurden rund 17,2 Mill. Kinder, Jugendliche und Erwachsene durch Einrichtungen des Bildungswesens betreut, davon rund 12,7 Mill. Schülerinnen und Schüler, 2,7 Mill. Kinder in Kindergärten und Horten, sowie rund 1,8 Mill. Studierende an den Hochschulen. Zugleich waren in diesen Einrichtungen rund 470.000 Betreuer in Einrichtungen der Kinder- und Jugendhilfe, 786.000 Lehrer und 156.000 Wissenschaftler tätig. Ohne die Teilnehmer und Lehrenden in Angeboten der Weiterbildung sind damit in Deutschland rund 18,6 Mill. Menschen oder fast ein Viertel der Gesamtbevölkerung täglich mit institutionalisierter Bildung beschäftigt; das kostet Geld.

Einschließlich der Ausgaben für Forschung und Entwicklung wurden so im Jahr 1999 von öffentlichen Haushalten rund 110 Mrd. Euro ausgegeben; ohne Forschung und Entwicklung rund 91 Mrd. Darin noch nicht enthalten sind die Ausgaben, die von Unternehmen, von nichtöffentlichen Institutionen sowie von den Teilnehmern und deren Familien für Bildung erbracht wurden. Nimmt man sie hinzu, belaufen sich die öffentlichen und privaten Bildungsausgaben im Jahr 1999 auf rund 174 Mrd. Euro. Das entspricht 8,9% des Bruttoinlandsprodukts dieses Jahres.

Wenn wir hier von Bildungsausgaben sprechen, müssen vorab einer Detaildar-
stellung noch einige begriffliche Klärungen angebracht werden. Nach einer neueren Systematik setzt sich das *Bildungsbudget im engeren Sinne* aus den Ausgaben für
öffentliche und private Kindergärten, Schulen und Hochschulen (ohne For-
schungsausgaben), für die betriebliche Ausbildung im Rahmen des dualen Systems,
für betriebliche Weiterbildung, für Unterrichtsverwaltung und für sonstige Bildungseinrichtungen (wie z.b. Einrichtungen der Jugendarbeit) sowie für die Förderung von Bildungsteilnehmern (wie z.b. im Rahmen des Bafög) zusammen. Wird
dieses Budget um die Ausgaben für Forschung und Entwicklung im öffentlichen
und privaten Bereich sowie um die Ausgaben für die sonstige Bildungs- und Wissenschaftsinfrastruktur ergänzt, erhält man das *Budget für Bildung, Forschung und Wissenschaft*. Diese Ausgaben werden in Deutschland traditionell nach dem in der Verwaltung üblichen kameralistischen Prinzip ermittelt, nicht etwa nach dem in der
Privatwirtschaft verwendeten kaufmännischen Prinzip; z.B. werden Investitionsausgaben somit insgesamt in dem Jahr verbucht, in dem sie anfallen, nicht aber auf
mehrere Jahre abgeschrieben. Langfristig führen aber beide Ermittlungsformen zu
ähnlichen Ergebnissen. Darüber hinaus ist zwischen Brutto- und Nettoausgaben zu
unterscheiden. Als *Bruttoausgaben* werden alle Ausgaben bezeichnet, die von allen
(öffentlichen) Haushalten getätigt werden. Da viele Ausgaben aber z.B. vom Bund
an die Länder fließen oder von den Ländern an die Kommunen, und alle Einrichtungen ihre Ausgaben aufaddieren, macht es Sinn, nur die Ausgaben zu berücksichtigen, die letztendlich im Bildungssystem landen, also die so genannten *Nettoausgaben*. Zieht man darüber hinaus von den Nettoausgaben die Mittel ab, die den Bildungseinrichtungen z.B. in Form von Kursmitteln oder Studiengebühren wieder
zufließen, enthält man die so genannten *Grundmittel*, die dem Bildungssystem letztlich zur Verfügung stehen. Für den internationalen Vergleich z.B. der Ausgaben für
das Lehrpersonal müssen darüber hinaus z.B. für die in Deutschland häufig anzu-
treffenden Beamten fiktive Ausgaben für deren Sozialversicherung mit eingerech-
net werden, um die Ausgaben mit den Ländern vergleichbar zu halten, die nur
Angestellte beschäftigen; ansonsten lägen die Ausgaben in Deutschland im Vergleich zu diesen Ländern schon aus formalen Gründen deutlich niedriger. Die
Bildungsfinanzberichterstattung der BLK ist daher seit kurzer Zeit in Anlehnung
an internationale Gepflogenheiten dazu übergegangen, die Personalausgaben für
Beamte im Bildungsbereich durch so genannte „Zusetzungen" rechnerisch zu
erhöhen.

Fragen wir nun zunächst einmal, für welche Bildungseinrichtungen in Deutschland gegenwärtig wie viel ausgegeben wird (vgl. Tabelle 12)[16].

Betrachten wir zunächst einmal die Ausgaben für das Bildungsbudgets im engeren Sinne, d.h. die Ausgaben unter A und B. Dieses Budget belief sich im Jahr 1999 auf insgesamt DM 243,6 Mrd. Davon entfielen allein 61, 8% auf öffentliche und private Vorschulen, Schulen und Hochschulen; 14% auf die betriebliche Ausbildung im Rahmen des dualen Systems, jeweils etwa 7,5% auf die betriebliche Weiterbildung von Unternehmen und Behörden sowie weitere 9% auf die Förderung von Bildungsteilnehmern. Der Anteil des so gemessenen Bildungsbudgets im engeren Sinne beläuft sich damit auf 6,3% des Bruttoinlandsprodukts.

Betrachtet man allein die Ausgaben für die Vorschulen, Schulen und Hochschulen, dann entfallen von den Ausgaben in Höhe von 150,5 Mrd. DM allein 88,3 Mrd. auf die Schulen, 21,9 Mrd. auf die Einrichtungen der vorschulischen Erziehung, 17,6 Mrd. auf die beruflichen Schulen und 22,7 Mrd. DM auf die Hochschulen. Diese Ausgaben stellen allein bereits einen Anteil von 3,8% des Bruttoinlandsprodukts dar.

Nimmt man zu dem Bildungsbudget im engeren Sinne die Ausgaben für Forschung und Entwicklung und für sonstige Bildungs- und Wissenschaftsinfrastruktur hinzu, dann beläuft sich das Budget für Bildung, Forschung und Wissenschaft insgesamt auf 346,2 Mrd. DM, was einem Anteil von 8,9% am Bruttoinlandsprodukt entspricht. Darin sind private und öffentliche Ausgaben enthalten, soweit sie gemessen und ausgewiesen sind. Nicht enthalten sind allerdings nur schwer messbare Ausgaben, wie z.B. Ausgaben für private Lehr- und Lernmittel, für privaten Nachhilfeunterricht, für den Lebensunterhalt während der Teilnahme an Bildungsprozessen und schon gar nicht irgendwelche Opportunitätskosten.

Fragen wir jetzt danach, woher das Geld stammt. Die öffentlichen Bildungsausgaben werden vom Bund, den Ländern sowie den Gemeinden (einschl. der Gemeindeverbände) getragen. Die privaten Ausgaben werden im Wesentlichen von den privaten Haushalten, den Unternehmen, den Kirchen und Gewerkschaften sowie den Wohlfahrtsverbänden aufgebracht. Bezogen auf das gesamte Budget für Bildung, Forschung und Wissenschaft beträgt der öffentliche Anteil im Jahr 1999 63,5%, bezogen allein auf das Bildungsbudget im engeren Sinne sogar 74,4%, also drei Viertel dieses Budgets. Im Gesamtbudget tragen die Länder die mit Abstand größte Last: Ihr Anteil liegt bei 63%, gefolgt vom Bund mit 20,1% und von den Kommunen mit 16,8%. Bezogen auf das Bildungsbudget im engeren Sinne liegen

---

[16] Im Unterschied zu den früheren Ausführungen sind hier und in den folgenden Tabellen die Ausgaben für das Jahr 1999 noch in DM und nicht in Euro dargestellt, d.h. so wie in der Quelle angegeben (vgl. Klemm 2003, S. 219 ff.).

Tabelle 12: Budget für Bildung, Forschung und Wissenschaft 1999 (Durchführungskonzept)

Bereich	In Mrd. DM	In Prozent		
		von Insge-samt (A–D)	des Bil-dungs-bud-gets (A–B)	des Brut-toin-lands-pro-dukts
A Ausgaben für den Bildungsprozess[1]				
10 Öffentliche Vorschulen, Schulen, Hochschulen	*129,5*	37,4	53,2	3,3
11 Vorschulische Erziehung[2]	8,4			
12 Allgemein bildende Schulen	83,2			
13 Berufliche Schulen[3]	15,6			
14 Hochschulen[4]	22,3			
20 Private Vorschulen, Schulen, Hochschulen	*21,0*	6,1	8,6	0,5
21 Vorschulische Erziehung[2]	13,5			
22 Allgemein bildende Schulen	5,1			
23 Berufliche Schulen[3]	2,0			
24 Hochschulen[4]	0,4			
Öffentliche und private Vorschulen, Schulen, Hochschulen	*150,5*	43,5	61,8	3,8
Vorschulische Erziehung[2]	21,9			
Allgemein bildende Schulen	88,3			
Berufliche Schulen[3]	17,6			
Hochschulen[4]	22,7			
30 Betriebliche Ausbildung im Rahmen der dualen Bildung	*34,6*	10,0	14,2	0,9
31 des öffentlichen Bereichs	2,5			
32 des nichtöffentlichen Bereichs	32,2			
40 Betriebliche Weiterbildung der Unternehmen, privaten Organisationen ohne Erwerbszweck, Gebietskörperschaften[5]	*18,5*	5,3	7,6	0,5
50 Unterrichtsverwaltung und sonstige Bildungsein-richtungen	*18,0*	5,2	7,4	0,5
51 Unterrichtsverwaltung	2,2			
52 Einrichtungen der Jugendarbeit	2,6			
53 Sonstige öffentliche Bildungseinrichtungen	2,4			
54 Sonstige private Bildungseinrichtungen[6, 7]	10,7			
60 Ausgaben für den Bildungsprozess insgesamt[8]	*221,6*	64,0	91,0	5,7

Tabelle 12: Budget für Bildung, Forschung und Wissenschaft 1999 Durchführungskonzept)
       (Forts.)

Bereich	In Mrd. DM	In Prozent		
		von Insgesamt (A–D)	des Bildungsbudgets (A–B)	des Bruttoinlandsprodukts
B Förderung von Bildungsteilnehmern[9]				
10 Bildungsförderung durch Gebietskörperschaften	6,7	1,9	2,8	0,2
11 Schülerförderung	4,0			
12 Förderung der Studierenden	2,6			
13 Zuschüsse an Teilnehmer von Weiterbildungsmaßnahmen	0,1			
20 Förderung von Bildungsteilnehmern durch die Bundesanstalt für Arbeit[6,7]	10,1	2,9	4,1	0,3
30 Kindergeld für Bildungsteilnehmer zwischen 19 und 25 Jahren	5,2	1,6	2,1	0,1
40 Förderung von Bildungsteilnehmern insgesamt	22,0	6,4	9,0	0,6
A–B Bildungsbudget	*243,6*	70,4	100,0	6,3
C 10 Ausgaben für Forschung und Entwicklung[1,10]	*94,3*	27,2		2,4
11 Wirtschaft	65,8			
12 Staatliche Forschungseinrichtungen[11]	1,9			
13 Private Forschungseinrichtungen ohne Erwerbszweck	11,1			
14 Hochschulen	15,5			
D 20 Sonstige Bildungs- und Wissenschaftsinfrastruktur[1]	*8,3*	2,4		0,2
21 Wissenschaftliche Museen und Bibliotheken, Fachinformationszentren (ohne FuE-Ausgaben)	1,0			
22 Nichtwissenschaftliche Museen und Bibliotheken	4,1			
23 Ausgaben der außeruniversitären Einrichtungen für Wissenschaft und Forschung (ohne FuE-Ausgaben)	3,2			
A–D Ausgaben für Bildung, Forschung und Wissenschaft zusammen	*346,2*	100,0		8,9

Tabelle 12:Budget für Bildung, Forschung und Wissenschaft 1999 Durchführungskonzept)
(Forts.: Anmerkungen)

---

[1] Ausgaben nach dem Durchführungskonzept (Personalausgaben – einschl. Zusetzungen für Beamtenversorgung und Beihilfe, laufender Sachaufwand, Investitionsausgaben, zum Teil geschätzt auf der Basis von Kostenbetrachtungen oder der öffentlichen Zuschüsse bzw. fortgeschrieben unter Berücksichtigung von Änderungen der Preis- und Mengenkomponenten).

[2] Kindergärten (ohne Kinderhorte), Vorklassen, Schulkindergärten.

[3] Einschließlich Fachschulen, Berufsakademien, Schulen des Gesundheitswesens; ohne Verwaltungsfachschulen.

[4] Ohne Ausgaben für die Krankenbehandlung, Forschung und Entwicklung.

[5] Schätzung der Kosten für interne und externe Weiterbildung (ohne Personalkosten der Teilnehmer) auf der Basis der Ergebnisse der zweiten Erhebung zur beruflichen Weiterbildung (CVTS 2). Dabei wird die Anzahl der Erwerbstätigen ohne Auszubildende mit den durchschnittlichen Weiterbildungskosten je Beschäftigten auf Wirtschaftszweigehene je Beschäftigtengrößenklasse multipliziert. Preisveränderungen werden näherungsweise mit Hilfe des BIP-Deflators bereinigt.

[6] Zuschüsse der staatlichen und kommunalen Haushalte sowie der Bundesanstalt für Arbeit an private überbetriebliche Aus- und Weiterbildungsstätten; eventuelle Doppelzählungen (duale Ausbildung, Weiterbildung) konnten nicht bereinigt werden.

[7] Aufteilung der Bildungsausgaben der Bundesanstalt für Arbeit auf Ausgaben für den Bildungsprozess und Bildungsförderung aufgrund von vorläufigen Ergebnissen einer Studie des StBA über die Bildungsausgaben der Bundesanstalt für Arbeit.

[8] Nicht enthalten sind die Ausgaben für die Ausbildung von Beamtenanwärtern, für Nachhilfeunterricht, für Käufe von Lernmitteln und dergleichen durch private Haushalte. Die Ausgaben hierfür dürften sich 1999 auf 6,8 bis 9,8 Mrd. DM belaufen haben.

[9] Zahlungen der öffentlichen Haushalte an Bildungsteilnehmer, Studentenwerke und dergleichen zur Finanzierung der Lebenshaltung auf Zuschuss- oder Darlehensbasis (brutto).

[10] Berechnet nach den Methoden der FuE-Statistik (Frascati-Handbuch/OECD-Meldung).

[11] Einschließlich FuE-Ausgaben der wissenschaftlichen Bibliotheken und Museen.

Quelle: Berechnungen und Schätzungen auf der Basis diverser amtlicher und nichtamtlicher Statistiken.

Quelle: Klemm 2003, S. 219 ff.

die entsprechenden Anteile bei 66,4% für die Länder, 18,7% für die Kommunen und nur noch 14,8% für den Bund (Klemm 2003, S. 227 f.). Diese Ausgabenstruktur spiegelt die Kompetenzverteilung im föderativen System der Bundesrepublik wider: Die „inneren Angelegenheiten" des Bildungssystems sind nämlich von den

Ländern wahrzunehmen; in diesem Bereich schlagen vor allem die Ausgaben für das Lehrpersonal durch. Die Kommunen sind für die „äußeren Angelegenheiten" wie z.b. den Schulbau zuständig, der sehr viel Geld kostet. Demgegenüber bleiben die Ausgaben des Bundes für die Förderung der Bildungsteilnehmer (z.B. nach dem Bafög) relativ gesehen zurück. Die relativ starke Stellung des Bundes im Rahmen des Gesamtbudgets ist vor allem auf die Forschungsförderung (z.b. in den Hochschulen oder bei der DFG) zurückzuführen.

Die privaten Ausgaben gehen mit 37,7% vor allem in den Bereich der vorschulischen Bildung (Kirchen, Wohlfahrtsverbände, Vereine) und in den Bereich der Weiterbildung (Unternehmen), in denen ihr Anteil rund 85% beträgt.

Betrachtet man die öffentlichen und privaten Bildungsausgaben mit Bezug auf das Bruttoinlandsprodukt, dann liegt der öffentliche Anteil bezogen auf das Gesamtbudget bei 5,7% und der private Anteil bei 3,2%, und bezogen auf das Bildungsbudget im engeren Sinne bei 4,7% und der private Anteil bei 1,6% des Bruttoinlandsprodukts.

An dieser Stelle interessiert nun, wie sich der Anteil der öffentlichen Bildungsausgaben im Laufe der letzten Jahrzehnte in Deutschland verändert hat. Angesichts der Umstellungen in den Berechnungsweisen des Bildungsbudgets kann hier zu Vergleichszwecken allerdings nur auf die ältere Definition des Bildungsbudgets zurückgegriffen werden, in der nur die Grundmittel ohne Zusetzungen für die Versorgung und Beihilfen der Beamten und anderer Mittel enthalten sind, aber z.B. mit Ausgaben für hochschulinterne Forschung. Die Entwicklung seit 1975 zeigt Tabelle 13.

Betrachtet man die Entwicklung der Bildungsausgaben seit 1975, dann zeigt sich sowohl in den alten Ländern bis 1990 als auch in der vereinigten Bundesrepublik seit 1992 ein deutlicher Rückgang der Bildungsausgaben am Bruttoinlandsprodukt von 5,1% in 1975 (nur alte Länder) bis auf nur noch 3,95% im Jahr 1999 (alte und neue Länder). Nach Berechnungen von Klemm macht aber die Differenz von nur einem Prozent, berechnet auf das Jahr 1999, in absoluten Zahlen allein 38 Mrd. DM aus.

Die Reduktion der Bildungsausgaben traf dabei die einzelnen Bereiche in unterschiedlichem Maße: Während die Ausgaben je Schüler im Untersuchungszeitraum aufgrund der verringerten Schülerzahlen bei nahezu gleich bleibenden Lehrerzahlen real um gut ein Drittel gestiegen sind, sind die Ausgaben je Studierenden in den alten Ländern real um ein Drittel gefallen. Und das, obwohl sich in diesen Ländern zwischen 1975 und 1990 die Studierendenzahlen von 0,84 Mil.. auf 1,58 Mill. nahezu verdoppelt hat (Klemm 2003, S. 232). Nimmt man allerdings die seit 1990 getätigten Ausgaben für den Hochschulausbau in den neuen Ländern hinzu, dann sind die Ausgaben je Studierenden in Deutschland insgesamt bis heute in etwa gleich geblieben.

Tabelle 13: Öffentliche Bildungsausgaben 1975 bis 1999 (in Prozent des
Bruttoinlandsprodukts)

Jahr	Ausgaben (%BIP)	Jahr	Ausgaben (%BIP)
1975	5,09	1994	4,18
1980	4,81	1995	4,19
1985	4,21	1996	4,19
1990	3,68	1997	4,11
1992	4,13	1998	3,99
1993	4,31	1999	3,95

Ausgaben berechnet nach der älteren Definition des Bildungsbudgets: Grundmittel ohne Zusetzung für Versorgung und Beihilfe der Beamten, ohne Förderung durch die Bundesanstalt für Arbeit und ohne Kindergeldleistungen für 18 – 25jährige Bildungsteilnehmer, aber mit öffentlichen Ausgaben für hochschulinterne Forschung. Angaben bis 1990 für das frühere Bundesgebiet, ab 1992 für Deutschland.

Quelle: Klemm 2003, S. 231

Bleibt zum Schluss dieses Abschnitts der Blick ins Ausland. In diesem Zusammenhang interessiert hier zunächst einmal das Gewicht, das öffentlichen Bildungsausgaben in Deutschland im internationalen Vergleich gegeben wird, gemessen über den Anteil am Bruttoinlandsprodukt; Grundlage sind hier die Definitionen der OECD und deren Daten aus dem Jahr 2000 (OECD 2003, S. 10 ff.). Im Ländermittel der OECD-Mitgliedsstaaten wurden im Jahr 2000 5,5% des BIP an öffentlichen und privaten Mitteln für die Bildungssysteme aufgewendet. Deutschland liegt mit 5,3% leicht unter diesem Durchschnitt. Damit ist sein Anteil nach 5,5% in 1995 und 5,6% in 1999 erneut leicht gesunken. Höhere Anteile finden sich z.B. in Kanada (6,4%), Frankreich (6,7%), Korea (6,3%) und den Vereinigten Staaten (7%). Zu bedenken ist in diesem Zusammenhang allerdings, dass Deutschland seine Bildungsausgaben nur auf einen vergleichsweise geringen Teil seiner Bevölkerung verteilt: Geht man davon aus, dass sich die jungen Leute in der Regel zwischen dem 5. und dem 30. Lebensjahr im Bildungssystem befinden, dann macht dieser Anteil in Deutschland angesichts der geburtenschwachen Jahrgänge nur 30% der Gesamtbevölkerung aus, während er im OECD-Durchschnitt bei 35% liegt.

Im internationalen Vergleich fällt Deutschland aber auch in anderer Hinsicht auf: So liegt hier der Anteil an den Personalausgaben an den laufenden Ausgaben bei 88%; nur 12% der Ausgaben gehen als Sachausgaben z.B. in die Lehr- und Lernmittel. Im OECD-Ländermittel macht der Personalkostenanteil dagegen nur 80%

aus. Fragt man, woher die hohen Personalkosten kommen, muss man auf die relativ hohen Gehälter in Deutschland hinweisen, die nur noch von Japan und der Schweiz übertroffen werden: So beträgt etwa das durchschnittliche Lehrergehalt im Sekundarbereich I nach 15 Jahren Berufserfahrung kaufkraftbereinigt 38.640 US-Dollar, während es im OECD-Durchschnitt nur bei 28.519 US-Dollar liegt (OECD 2000, zitiert nach Klemm 2003, S. 248).

Bekanntermaßen steigen die Ausgaben je Schulplatz mit dem Alter der Schüler und der Schulstufe. Im OECD-Durchschnitt betragen die Ausgaben für einen Schulplatz im Sekundarbereich I 124% und im Sekundarbereich II 150% der Ausgaben im Primarbereich. In Deutschland liegen die entsprechenden Werte bei 131% (Sek. I) bzw. 270% (Sek. II). Diese Ausgabensteigerung setzt sich auch im Bereich der Hochschulen fort: So liegt Deutschland mit jährlichen Ausgaben von gut 10.000 US-Dollar pro Studienplatz deutlich vor den meisten europäischen Ländern und wird nur noch von der Schweiz übertroffen. Kumuliert man die Ausgaben über die gesamte durchschnittliche Studiendauer im Tertiärbereich, dann liegt Deutschland mit seinen langen Studienzeiten ebenfalls hinter der Schweiz auf einem Spitzenplatz der Ausgaben im europäischen Vergleich (vgl. Tabelle 14).

Tabelle 14: Ausgaben je Studienplatz und je Studierenden über die gesamte Studiendauer im Tertiärbereich in ausgewählten Ländern 1998 – Typ A (Anm. 1) in US-Dollar (Anm. 2)

Land	je Studienplatz	je Studierenden
Frankreich	7.113	37.741
Deutschland	10.139	60.938
Griechenland	4.521	33.046
Italien	6.295	35.063
Spanien	5.056	23.795
Schweiz	17.310	94.388

1 Mindestens dreijährige Studiengänge

2 kaufkraftbereinigt

Quelle: Klemm 2003, S. 250

Fassen wir die Ergebnisse des Blicks ins Ausland mit den Worten von Klemm zusammen: „Deutschland widmet einen eher geringen Teil seines nationalen Wohlstands dem Aufgabenfeld Bildung; Deutschland konzentriert seine Bildungsausgaben stärker als andere Länder auf Personalausgaben – und dies weniger zugunsten eines großen Personalvolumens und mehr zugunsten vergleichbar höherer

Gehälter; Deutschland verfolgt beim Einsatz seiner ökonomischen Ressourcen eine Ausgabenstrategie, die ältere Bildungsteilnehmer – erheblich mehr, als dies in anderen Ländern geschieht – bevorzugt; und schließlich: Deutschland streckt seine Bildungsausgaben über – international gesehen – eher lange Phasen der Biographie seiner Bildungsteilnehmer" (Klemm 2003, S. 251).

Bleibt an dieser Stelle die Frage, ob ein höheres Ausgabenniveau auf der Makroebene allein das Leistungsniveau der Schüler und Studierenden auf der Mikroebene verbessern würde. Wenngleich man mit den zu dieser Frage bisher vorliegenden Untersuchungsergebnissen vorsichtig umgehen muss, zeigen multivariate Sekundäranalysen der PISA- und TIMSS-Daten, „dass ein höheres Ausgabenniveau im internationalen Vergleich nicht mit besseren Schülerleistungen einhergeht. Auch kleinere Klassengrößen weisen keine positiven Leistungseffekte auf – im Gegensatz zu einer guten Ausstattung mit Lehrmaterialien, einer höheren Berufserfahrung und einem besseren Ausbildungsniveau der Lehrer,, (Wößmann 2003, S. 37). Im Gegensatz dazu spielen offensichtlich institutionelle Merkmale der Schulorganisation, wie z.B. eine größere Schulautonomie, und der Interaktionssituation, wie das Ausbildungsniveau der Lehrer, eine erheblich größere Rolle, wie jüngst auch eine Hamburger Studie belegt; wir kommen in den nächsten beiden Kapiteln darauf zurück.

4 Organisationssoziologische Analyse des Erziehungssystems

4.1 Umweltanforderungen an das Erziehungssystem

4. Die gesellschaftstheoretische Analyse versuchte, das Erziehungssystem als ein gesellschaftliches Subsystem in den Beziehungen zu den anderen gesellschaftlichen Subsystemen, nämlich der Wirtschaft, der Politik und dem System der gesellschaftlichen Gemeinschaft zu klären. Dabei wurde deutlich, dass aus den übrigen gesellschaftlichen Subsystemen Anforderungen an das Erziehungssystem gestellt werden, die es erfüllen soll; im Einzelnen:

- Die Wirtschaft verlangt die Qualifizierung junger Menschen in allgemeiner, fachlicher und niveauspezifischer Hinsicht sowie in quantitativ ausreichendem Maße; die Wirtschaft verlangt somit eine berufsbezogene Sozialisation junger Menschen. Unter ökonomischem Aspekt kann man hier auch von der Bereitstellung von Humankapital sprechen.

- Das politische System verlangt die Qualifizierung junger Menschen in der Weise, dass sie die herrschenden politischen Einstellungen und Werthaltungen tragen, Kenntnisse des politischen, speziell des demokratischen Systems besitzen und zu demokratischen Verhaltensweisen befähigt werden; der Staat verlangt somit eine politische Sozialisation junger Menschen. Anders formuliert: der Staat verlangt die Bereitstellung von Loyalität.

- Das System der gesellschaftlichen Gemeinschaft verlangt eine Qualifizierung der jungen Menschen für die Ausübung ihrer sozialen Rollen in Familie, Freundesgruppen, Nachbarschaften, Vereinen und Verbänden. Einstellungen, Werthaltungen sowie die Kompetenzen zu sozialem Handeln in diesen Systemen sind zu vermitteln. Indirekt erwartet dieses System die Schaffung der Voraussetzungen für den Statuserhalt ihrer Mitglieder.

All diese Anforderungen hat das Erziehungssystem zu erfüllen, wenn die Gesellschaft in ihren derzeit beobachtbaren Formen der Ausdifferenzierung Bestand haben und gleichzeitig zu Wandel seiner institutionalisierten Formen befähigt werden soll. All diese Anforderungen sind Anforderungen der Gesellschaft.

Neben diesen Anforderungen der Gesellschaft treten nun die Anforderungen, die das Individuum, also der junge Mensch selbst an das Erziehungssystem richtet bzw. richten muss.

▪ Das Individuum verlangt vom Erziehungssystem, dass es ihm beim Aufbau seiner soziokulturellen Persönlichkeit behilflich ist, d.h., dass es ihm einerseits bei der Übernahme vorgegebener Rollen hilft und ihm andererseits bei der Erfüllung seiner individuellen Wünsche und Bedürfnisse, bei der Entwicklung seiner Fähigkeit zur Selbstbestimmung und Selbstverantwortung zur Seite steht. Das Erziehungssystem steht damit als Institution zwischen den Ansprüchen der Gesellschaft und ihren Teilsystemen und den Ansprüchen der Individuen, speziell der jungen Menschen. Damit wird ein erstes Spannungsverhältnis sichtbar. Für das Erziehungssystem stellt sich somit stets die Frage, wessen Interessen es vornehmlich dienen soll: den ökonomischen, politischen und sozialen Verwertungsinteressen der gesellschaftlichen Teilsysteme oder den individuellen Entfaltungsinteressen der jungen Menschen.

Wie bereits im theoretischen Modell angesprochen, beinhaltet Sozialisation zum einen die Vorgabe und Internalisierung allgemeiner und positionsspezifischer Normen, also die Einübung junger Menschen in Konformität mittels positiver und negativer Sanktionen. Sie beinhaltet zum anderen die Entfaltung und Ausbildung der individuellen Persönlichkeit, d.h. die Erziehung zur Selbstständigkeit, zur Befriedigung der individuellen Bedürfnisse und damit eine Erziehung, die auch Nonkonformität, Kritikfähigkeit und Kreativität einschließt. Damit wird ein zweites Spannungsverhältnis sichtbar, in dem das Erziehungssystem steht: Soll es primär zur Konformität und Unterordnung oder soll es primär zur Selbstständigkeit und Eigeninitiative ausbilden? Dieses Spannungsfeld lässt sich wie folgt darstellen (vgl. Abbildung 13).

Abbildung 13: Spannungsfelder des Erziehungssystems

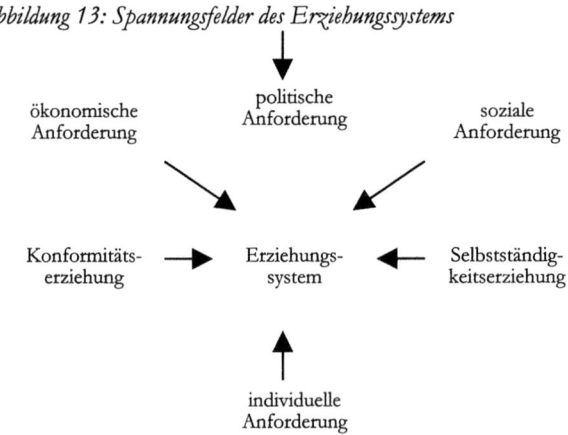

4.2 Das Erziehungssystem als formal organisiertes System

Betreffen die Anforderungen der verschiedenen Systeme (einschließlich des Persönlichkeitssystems) überwiegend die Inhalte, die im Erziehungssystem vermittelt werden sollen und deren Verhältnis zueinander, so betreffen die Anforderungen an die Ausrichtung der Persönlichkeit überwiegend die didaktischen Formen, in denen die Interaktion zwischen den Schülern und Lehrern abläuft.

Betrachten wir jetzt das Erziehungssystem als ein soziales System, das die o.g. Umweltanforderungen aufzunehmen, in konkrete Erziehungsziele, Curricula und Didaktiken umzusetzen und im Unterricht abzuarbeiten hat. Die Frage ist dabei, wie dieses Erziehungssystem in der Bundesrepublik organisiert ist, und in welcher Weise es die von außen übernommenen Aufgaben und die selbst gestellten Ziele zu erfüllen vermag. Dabei bleibt daran zu erinnern, dass die vorfindbaren Strukturen historisch gewachsen sind und somit auch anders hätten ausfallen können.

Das Erziehungssystem der Bundesrepublik kann beschrieben werden als ein soziales System vom Typus der formalen Organisation. Kennzeichen formaler Organisationen im Unterschied etwa zu einfachen Sozialsystemen oder auch zu Gesellschaften sind dabei:

1. Formale Organisationen sind geplante, auf bestimmte Zwecke oder Ziele hin ausgerichtete soziale Systeme; sie führen damit spezifische Aufgaben aus (Qualifikation, Selektion, Legitimation und Arbeitsmarktregulation), die in bestimmten Programmen in der Regel schriftlich festgelegt sind.

2. Formale Organisationen basieren auf normativ verbindlichen Regeln, die insbesondere die Arbeitsteilung und die Herrschaftsdifferenzierung betreffen. Sie legen genau fest, wer was zu tun bzw. zu lassen hat, und wer wem zu befehlen bzw. zu gehorchen hat. Formale Organisationen besitzen dementsprechend eine formale Struktur, die sich in konkreten Stellen und Positionen manifestiert, die unabhängig von den jeweiligen Personen oder Stelleninhabern existieren.

3. Formale Organisationen definieren Mitgliedschaftsrollen als Bündel von Anforderungen, die an alle Organisationsmitglieder gestellt werden; Konformität zu diesen Anforderungen ist Bedingung der Mitgliedschaft, Abweichung von diesen Normen hat den Ausschluss zur Folge.

4. Die Personalrekrutierung erfolgt nach formaler zertifizierter Qualifikation; der Aufstieg innerhalb der Organisation erfolgt nach Leistung bzw. Bewährung.

5. Da die Arbeit innerhalb formaler Organisationen zweckgebunden läuft, ist sie stets an den Organisationszwecken messbar; da sie regelgebunden abläuft, ist sie an den konkreten Normen als konform oder nicht konform identifizierbar.

4.2.1 Das Erziehungssystem als bürokratische Organisation

Das Erziehungssystem ist in der Bundesrepublik aber nicht nur formal organisiert; es entspricht darüber hinaus dem speziellen Typus der formalen Organisation, den man als bürokratische Organisation bezeichnet. Im Unterschied etwa zu Dienstleistungsorganisationen oder auch zu industriellen Produktionsorganisationen ist die bürokratische Organisation zusätzlich durch die folgenden Merkmale charakterisierbar:

1. Als bürokratische Organisation steht das Erziehungssystem unter der direkten Kontrolle des politischen Systems: Seine Aufgaben werden unter Berücksichtigung der Anforderungen der übrigen Teilsysteme durch die Parlamente und die Regierungen der einzelnen Länder festgelegt. Die grundlegenden Regeln zur Organisation des Bildungssystems bestehen aus Gesetzen, die von den Parlamenten verabschiedet werden.

2. Die Binnenstruktur des Erziehungssystems (speziell der Schulen und Hochschulen) wird durch ministerielle Erlasse und Verfügungen hergestellt, die über die mittleren Schulaufsichtsbehörden (beim Regierungspräsidenten) und die unteren Schulaufsichtsbehörden (bei den Kommunen) bis in die Schulen durchgesetzt wird.

3. Als bürokratische Organisation besteht das Erziehungssystem (speziell die Schulen) somit aus den folgenden hierarchisch aufeinander aufbauenden Einheiten: der Kultusverwaltung, den Schulabteilungen der Regierungspräsidenten, den Schuldezernaten der Kommunen und Gemeindeverbände und den eigentlichen Schulen. Dieses Modell mit seinen vier Ebenen gilt für die Grund-, Haupt- und Realschulen. Für Gymnasien ist die untere und mittlere Schulaufsicht i.d.R. bei den Bezirksregierungen zusammengefasst. Für die Hochschulen sind nur zwei Ebenen, nämlich Ministerium (i.d.R. Wissenschafts-, hin und wieder auch Kultusministerium) und Hochschulen gegeben.

4. Innerhalb dieser einzelnen Ebenen und zwischen diesen Ebenen existieren klare Über- bzw. Unterordnungsverhältnisse (Diensthierarchie), die vom Minister über seinen Staatssekretär, den zuständigen Abteilungsleiter im Ministerium, über den Regierungspräsidenten, den zuständigen Abteilungsleiter, den Schulräten bis hin zu den Schulleitern und den einzelnen Lehrern laufen. Die Lehrer stehen somit auf der untersten Ebene der Amtshierarchie der bürokratischen Organisation Schule. Neben den rein dienstlichen Unterstellungen existieren die fachlichen Unterstellungen, die eine zweite bürokratische Hierarchie begründen.

5. Die Personalrekrutierung erfolgt getrennt für den allgemeinen Schulbetrieb und den im engeren Sinne Schulverwaltungsdienst: Zukünftige Lehrkräfte haben ein Lehramtsstudium zu absolvieren, sich einer ersten, und nach einem

staatlich organisierten und kontrollierten Referendariat einer zweiten Staats-
prüfung zu unterziehen, bevor sie in den Schuldienst eingestellt werden können. Bei der Einstellung zählt nicht nur ihre pädagogische Eignung und die im
Vorbereitungsdienst gezeigte Bewährung, sondern gleichzeitig ihre Bereitschaft
zur Verfassungskonformität und zur Loyalität und Treue gegenüber dem
Dienstherrn als den grundlegenden Anforderungen der Mitgliedschaftsrolle.
Diese Bereitschaft wird beim Eintritt durch einen Eid bekundet. Mit dem Eintritt werden zugleich die dienstrechtliche Stellung des Beamten verliehen, die
grundlegenden Bürgerrechte (z.B. auf freie Meinungsäußerung, auf Streik
usw.) eingeschränkt und der Amtsinhaber der zusätzlichen Disziplinargerichts-
barkeit unterstellt.

6. Im Erziehungssystem als einer bürokratischen Organisation hat somit die
    Arbeit der Lehrer in den Schulen den inhaltlichen Vorschriften der Lehrpläne
    und Curricula sowie den formalen Vorschriften des Unterrichtsgeschehens
    entsprechend zu erfolgen. Der Unterricht hat somit tendenziell auf Gleichbe-
    handlung aller Schüler und auf sachliche Korrektheit abzustellen; Affektneut-
    ralität ist ein bürokratisches Gebot.

4.2.2 Das Erziehungssystem als Dienstleistungsorganisation

Betrachtet man das Erziehungssystem jedoch von seinen auf seine Umwelt gerichteten Aufgaben, zu denen zentral die verschiedenen Sozialisationsaufgaben bezogen auf die Schüler gehören, dann hat das Erziehungssystem jedoch auch typische
Dienstleistungsaufgaben zu erfüllen.

Typische Merkmale einer Dienstleistungsorganisation aber sind im Unterschied
zur bürokratischen Organisation:

1. Dienstleistungsorganisationen haben sich flexibel und offen nach den Ansprü-
    chen und Bedürfnissen ihrer Klienten bzw. Kunden, d.h. hier vor allem nach
    denen der Schüler zu richten. Dienstleistungsorganisationen haben somit pri-
    mär umweltorientiert zu reagieren und sich auf sie, weniger auf ihre eigene
    Struktur hin auszurichten.

2. Dienstleistungsorganisationen können nur flexibel auf Umweltanforderungen
    reagieren, wenn sie hierarchisch flach strukturiert sind und ihrem Dienstleis-
    tungspersonal, hier den Lehrern, umfassende Kompetenzen zuerkennen.

3. Dienstleistungsorganisationen erreichen ihre Erfolge nicht so sehr an Sa-
    chen/Akten oder Informationen, sondern an Menschen. Die Arbeit in Dienst-
    leistungsorganisationen kann daher nicht personenneutral, gleichbehandelnd
    laufen, sondern muss individuell zugeschnitten werden und die affektiv-
    emotionalen Grundlagen der Interaktionsprozesse, d.h. hier der Lehr- und
    Lernprozesse, berücksichtigen. Individuelle Motivation und persönliche An-

sprache sind die Grundlagen für den Erfolg von Dienstleistung, nicht unpersönliche affektiv-neutrale Gleichbehandlung.

4. Dienstleistungsorganisationen und ihre Mitglieder können sich nicht wie Bürokratien nur nach wenn-dann-Regeln verhalten, sondern haben ihre Arbeit nach um-zu-Gesichtspunkten zu strukturieren; d.h., sie müssen relativ frei sein sowohl in der Wahl ihrer Ziele und Zwecke als insbesondere auch in der Wahl ihrer Mittel, die diese Ziele zu erreichen versprechen.

Versucht man diese „Doppelstruktur" des Erziehungssystems als bürokratische Organisation und als Dienstleistungsorganisation graphisch abzubilden, dann dürfte sich das folgende Schaubild ergeben (vgl. Abbildung 14).

Abbildung 14: Die formale Organisation des Erziehungssystems als bürokratische Organisation und als Dienstleistungsorganisation

Politisches		Parlament	
System		Regierung	
		Minister	Ministerium
			„obere Schulaufsicht"
bürokratische		Schuldezernent	Bezirksregierung
Organisation			„mittlere Schulaufsicht"
Erziehungs-		Schulrat	Kommunalverwaltung
system			„untere Schulaufsicht"
		Schulleiter	
Dienstleistungs-		Lehrer	Schule
organisation		Schüler	

4.2.3 Spannungen zwischen der bürokratischen Organisation und der
Dienstleistungsorganisation

Es dürfte inzwischen deutlich geworden sein, dass zwischen der bürokratischen
Organisation und der Dienstleistungsorganisation erhebliche Spannungen bestehen. Deutlich werden die Spannungen in den in den Teilbereichen des Erziehungssystems geltenden dominanten Denk- und Verfahrensprinzipien: Während im
bürokratischen Teil das juristische Denken dominiert, zumal auch die Leitungsposi-
tionen überwiegend von Juristen besetzt sind, beansprucht im Dienstleistungsbereich das pädagogische Denken Priorität. „Realsoziologische Analysen zeigen deshalb ein unkoordiniertes Nebeneinander legalistisch-administrativer und pädago-
gisch-sachlicher Dimensionen und Aspekte der Organisationsstruktur (Bidwell
1965, Fend 1971, Boocock 1974). Dominant sind dabei unzweifelhaft die ersteren,
die ja faktisch eine Transposition der Außenanforderungen in die binnenorganisa-
torischen Strukturen von Schulen und Hochschulen darstellen und die formalen
Rahmenbedingungen für Massenlernprozesse sichern, indem der Einsatz finanziel-
ler und personeller Ressourcen geregelt, Arbeitseinteilung und Arbeitskontrolle
festgelegt und standardisierte Leistungs- und Qualifikationsmaßstäbe für Schüler,
Studenten und Lehrer entwickelt werden. Die professionelle und sachliche Dimension der Organisation der eigentlichen pädagogischen Sozialisations- und Erziehungsprozesse gerät gegenüber den Vorgaben legalistisch-administrativer Organi-
sierung regelmäßig in die Defensive, sie kann ihre Eigenansprüche nur in dem
Maße durchsetzen, wie mehr oder wenig zufällig Freiräume der durch die Außenanforderungen gesetzten Strukturen entstehen, und wird im Übrigen durch die sachfremden sekundären Standards überformt und umfunktioniert" (Hurrelmann 1975,
S. 149 f.).

Fend hat in seiner „Theorie der Schule" (1981) versucht, die Implikationen der
bürokratischen Organisation systematisch zusammenzustellen und ihnen die wünschenswerten Bedingungen von Erziehungsprozessen, d.h. die Implikationen einer
Dienstleistungsorganisation gegenüberzustellen (vgl. Abbildung 15).

4.2.4 Organisationsstrukturelle Spannungen am Beispiel der Lehrerrolle

Am deutlichsten werden die Spannungen zwischen den unterschiedlichen Organisationsstrukturen dort, wo sie einander überschneiden, nämlich in der Rolle der Lehrer.
Lehrer sind aufgrund ihrer Dienststellung zum einen Mitglieder des bürokratischen
Teils des Erziehungssystems, wobei sie dort auf dessen unterster Stufe stehen. Lehrer
sind zum anderen Mitglieder des Dienstleistungsteils des Erziehungssystems, indem
sie im Unterricht einen pädagogischen Auftrag erfüllen; dort nehmen sie umgekehrt
eine eindeutige formal rechtlich, aufgrund ihres Sachverstandes funktional und auf-

grund ihres relativ höheren Alters bzw. ihrer Generationsstellung sozial abgesicherte Herrschaftsposition gegenüber den minderjährigen Schülern ein.

Abbildung 14: Folgen bürokratischer und Dienstleistungsorganisation

Folgen aus der bürokratischen Organisation	Folgen aus der Dienstleistungsorganisation
Formale Beziehungen zwischen Schülern und Lehrern mit klarer sozialer Distanz	Emotional getragene Identifikationen als Vorraussetzung der Internalisierung und Vorbildwirkung
Gleichbehandlung aller Schüler ohne Rücksicht auf amtsirrelevante individuelle Besonderheiten	Berücksichtigung der Individuallage und verständnisorientierte Interpretation als Grundlage für Individualhilfe
Vorhersehbarkeit von Ereignissen, Risikominimierung	Offenheit des Ausgangs von Prozessen als Bedingung echter Gewährung von Autonomie
Routinisierung von Ereignissen, insbesondere auch von Lernstrategien	Enthusiastische Darstellung von Inhalten und Schaffen von „Entdeckungserlebnissen" als Vorraussetzung für selbstständige Denkprozesse und intrinsische Motivationen
Kompetenzverteilungen mit Amtsautoritäten, die von Begründungspflichten entheben	Ermöglichung einsichtigen Verhaltens und „freiwilligen Gehorsams" durch die dauernde Bereitschaft, Begründungspflichten einzulösen
Komplexitätsreduzierende Funktion von formalen Organisationen	Komplexitätssteigernde Wirkung auf Kreativität ausgerichteter Lernprozesse (Stoffpensum und „ausufernde Fantasie" von Schülern)
Präferenz der Einheitlichkeit und Kontrollierbarkeit von Vorgängen	Langzeitwirkungen und latente Effekte schwer erfassbarer und regelbarer Erziehungsmaßnahmen
Tendenz zur perfekten Reglementierung aller Vorgänge	Notwendigkeit von Entscheidungsspielräumen für autonomes Handeln und den Aufbau mündiger Orientierungen
Schaffung einer Lehrer-Schüler-Hierarchie	Erfordernisse der Entstehung persönlicher Identifikation und innengeleiteter Motivation

Quelle: in Anlehnung an Fend 1981, S. 235

„Der Lehrer hat einerseits einen „pädagogischen Auftrag" gegenüber jedem einzelnen Schüler: Er soll diesen in seinen psychisch und sozial determinierten Lern- und Entwicklungsprozessen unterstützen und muss zu diesem Zweck weitgehend elementare, stark affektiv getönte Interaktionserwartungen befriedigen. Andererseits hat jeder Lehrer einen dienstlichen und öffentlichen Auftrag: Er ist der Gesellschaft für festgelegte und grundsätzlich kontrollierbare Aufgabenbereiche verantwortlich und hat zu diesem Zweck den Anforderungen an einen Staatsbeamten zu genügen und sich in das administrative System der Verwaltung und Kontrolle seines Aufgabenbereichs zu fügen." (Hurrelmann 1975, S. 150).

Versucht man die unterschiedlichen Rollenanforderungen, die sich aus der gleichzeitigen Zugehörigkeit des Lehrers zu beiden Systemen ergeben, idealtypisch zu klassifizieren, dann ergibt sich, etwas überspitzt formuliert, das folgende Bild (vgl. Abbildung 16).

Abbildung 16: Anforderungen an die Lehrerrolle

Anforderungen aus der bürokratischen Struktur	Anforderungen aus der Dienstleistungsstruktur
sachliche Vermittlung der Rollenanforderungen an den Schüler aus Wirtschaft, Politik u. Gesellschaft	Persönlichkeitsbildung des Schülers durch Stärkung seiner individuellen Fähigkeiten und Fertigkeiten
Gleichbehandlung aller Schüler	Berücksichtigung der individuellen Unterschiede; individuelle Förderung
Affektiv neutraler Umgang mit den Schülern	Affektive Zuwendung zu den Schülern zur Schaffung der pädagogisch notwendigen Lern- und Identifikationsvoraussetzungen
Vermittlung von Wissen und Fähigkeiten, Primat des kognitiven Bereichs	Vermittlung von Werthaltungen und Einstellungen sowie Verhaltensdispositionen, Primat des affektiven Bereichs
Vermittlung des individuellen Leistungsprinzips über ständige Kontrolle von Wissen und Fähigkeiten in Arbeiten und Prüfungen in standardisierter Weise	Vermittlung von Handlungs- und Sozialkompetenzen und ihrer Überprüfung in faktischen, variierenden Handlungssituationen
Einsatz von Didaktiken, die den kognitiven Bereich fördern	Einsatz von handlungsbezogenen, projektbezogenen Didaktiken
Orientierung an Recht und Norm sowie Wenn-Dann-Verfahren	Orientierung an Eigenständigkeit, Kreativität und Um-Zu-Verfahren

Bereits die wenigen, aus den unterschiedlichen strukturellen Bedingungen genannten Anforderungen zeigen, dass die Lehrerrolle aus stark konfligierenden Rollenerwartungen besteht, die sich im vorliegenden Fall nur auf die Schülerrollen beziehen. Die Folge ist, dass der Lehrer die konfligierenden Erwartungen in seiner Person aushalten und ihnen in den konkreten Interaktionssituationen entsprechen muss. Jedes Verhalten, ob eher an den bürokratischen Erwartungen oder eher an den pädagogischen Erwartungen ausgerichtet, enttäuscht jedoch prinzipiell den jeweils anderen Erwartungskomplex. Persönlicher Stress ist die regelmäßige Folge, Schizophrenie bleibt keine Seltenheit; auch die Selbstmordrate ist bei den Lehrern deutlich höher als in anderen Berufsgruppen.

Trotz dieser strukturellen Spannungen zwischen den beiden Organisationsstrukturen des Erziehungssystems und deren Abbildung in der Lehrerrolle, die beiden Systemen angehört, bleibt jedoch grundsätzlich auf die relative Leistungsfähigkeit der unterschiedlichen Organisationsformen hinzuweisen. Bürokratische Organisation sorgt für eine planvolle Durchsetzung der gesellschaftlichen Ansprüche, eine relative Stabilität des Erziehungssystems, für eine relative Gleichbehandlung aller Schüler und schützt auch die Lehrer vor emotionaler Überfrachtung mit den Problemen der Schüler. Die Dienstleistungsorganisation ermöglicht umgekehrt erst die im Interaktionsprozess des Unterrichts erforderliche Offenheit und Flexibilität, sie schafft die emotional-affektiven Grundlagen für die Lern- und Sozialisationsprozesse.

Beide Strukturelemente scheinen in der gegenwärtigen Situation prinzipiell erforderlich, um das funktional ausdifferenzierte Erziehungssystem einer modernen Gesellschaft mit den nötigen Leistungen zu versorgen. Problematisch ist jedoch die faktisch zu beobachtende Dominanz der bürokratischen Organisation in der Bundesrepublik. Hier besteht in der Tat eine Gefahr, die H. Becker bereits in den 50er Jahren wie folgt formuliert hat: „Unsere Schule ist eine verwaltete Schule; während die moderne Schule, die ihre geistige Grundlegung in der Aufklärung erfuhr, zunächst noch ein Lebenszusammenhang selbstständiger Menschen war, die vom Staat nur überwacht wurde, hat sie sich immer mehr zur untersten Verwaltungshierarchie entwickelt … Die Lehrer entwickeln sich zu Funktionären, und die Schule ist in Gefahr, nur noch Funktionäre zu bilden. Das Bildungsergebnis der modernen Schule wird langsam der konformistische, einfallslose, mühelos gleichschaltbare Mensch, dessen Kenntnisse zwar zum Teil vielseitig, aber qualitativ nicht hochwertig, dafür leicht nachprüfbar sind" (Becker 1956, S. 51); die gegenwärtig zu beobachtende Entwicklung zu teilautonomen Schulen wird später noch behandelt.

4.3 Zur Binnenorganisation schulischer Lernprozesse

Hatten wir in den bisherigen Abschnitten auf das grundsätzliche Dilemma hingewiesen, das sich für die Organisation schulischer Sozialisationsprozesse daraus
ergibt, dass sie sowohl nach den Prinzipien bürokratischer wie nach den Prinzipien
einer Dienstleistungsorganisation erfolgen, so soll hier nachgezeichnet werden,
welchen grundsätzlichen Problemen sich die Organisation der Schule (als Teil des
Erziehungssystems) gegenübersieht, und welche Lösungen dieser Probleme in der
Bundesrepublik gegenwärtig institutionalisiert sind; darüber hinaus sollen alternative, möglicherweise zukunftsträchtige Lösungen vorgestellt werden.

4.3.1 Grundsätzliche Probleme der Schulorganisation

Wie das Erziehungssystem insgesamt ist auch die Schule ein formal organisiertes
soziales System oder, um mit Fend zu sprechen: „Die Schule ist der Ort der geplanten Veranstaltung von Lernprozessen. Sie ist der Ort, an dem soziale Subjekte
(Heranwachsende) in einer wünschenswerten Richtung verändert werden sollen. In
Schulsystemen ist dieser Prozess der Veranstaltung von Lernprozessen zum Zwecke der Änderung sozialer Subjekte (Schülern) in großem Stil organisiert" (Fend
1981, S. 64). Jeder Versuch, Lernprozesse systematisch zu organisieren und auf
Dauer zu stellen, sieht sich den folgenden grundlegenden Problemen gegenüber:
1. Dem Problem der Bestimmung der Lernvoraussetzungen: Es muss geklärt
   werden, bei welchen Personen mit welchen Lernvoraussetzungen die systematische Einwirkung (Lehre) ansetzen soll.
2. Dem Problem der Lernziele: Es muss geklärt werden, welche inhaltlichen
   Lernziele erreicht werden sollen und in welchem Umfang bzw. zu welchem
   Grad diese Ziele zu realisieren sind. Diesbezüglich wird die Schule sicherlich
   an den abstrakten Anforderungen ansetzen müssen, die aus den Umweltseg-
   menten stammen. Diese Anforderungen können jedoch nicht ungebrochen
   übernommen werden: Sie sind zu konkretisieren, zu spezifizieren und zu differenzieren und in aufeinander aufbauende und ergänzende Teillernziele und -
   schritte zu übersetzen.
3. Dem Problem der Lernbedingungen: Es muss festgelegt werden, mit welchen
   Lerninhalten, welchen methodisch-didaktischen Maßnahmen, welchem Personal und welchen Sachmitteln die vorgegebenen Lernziele bei vorgegebenen
   Lernvoraussetzungen erreicht werden sollen. Konkret sind die verschiedenen
   Schul- und Unterrichtsformen festzulegen, die in ihren Bildungsgängen die
   oben genannten Bedingungen in zeitlicher und örtlicher Hinsicht bestimmen.
   Die Lösung dieses Problems wird auch als Lösung der Schulorganisation im

engeren Sinne bezeichnet und von der Unterrichtsorganisation als der Feinorganisation der Lernprozesse unterschieden.

4. Dem Problem der Kontrolle des Lernerfolgs: Es müssen Formen der Überprüfung des Lernfortschrittes auf den Lernzieldimensionen entwickelt und implementiert werden.

Wie diese Probleme gelöst werden und wie dementsprechend die Binnenorganisation des Schulsystems aussieht, hängt wesentlich von den in bestimmten historischgesellschaftlichen Situationen dominanten Vorstellungen darüber ab,

- welche Aufgaben das Bildungs- und speziell das Schulsystem in der Gesellschaft übernehmen soll (Festlegung der Ziele und Inhalte),
- welche Möglichkeiten der Persönlichkeitsbildung, speziell auch des Lernens jungen Menschen unterstellt werden (Festlegung z.B. der Lernvoraussetzungen), wie der Lernprozess selbst betrachtet wird und welche Erkenntnisse wissenschaftlicher Art z.B. über die Veränderbarkeit kognitiver und motivationaler/affektiver Strukturen vorliegen (Festlegung der Didaktiken und Methodiken),
- welche Erfahrungen mit der formalen Organisation individueller und sozialer Prozesse in anderen gesellschaftlichen Bereichen vorliegen, wie z.B. im Militär, in den Kirchen und in der Wirtschaft (Festlegung der konkreten Schulorganisation).

Vor diesem Hintergrund sind die folgenden zwei Versuche der organisatorischen Lösung der genannten Probleme zu verstehen und zu beurteilen, die in Deutschland gegenwärtig dominant sind:

1. Das geschichtete Schulorganisationsmodell: das dreigliedrige Schulsystem der Bundesrepublik
2. Das differenzierte Schulorganisationsmodell: die integrierte Gesamtschule

4.3.2 Das geschichtete Schulorganisationsmodell: das dreigliedrige Schulsystem der Bundesrepublik

Bezüglich der Lernvoraussetzungen geht das dreigliedrige Schulsystem davon aus, dass die Lernleistungen der Schüler mit dem Alter variieren; individuelle Unterschiede in kognitiver oder motivationaler Hinsicht werden genauso ausgeblendet wie schicht- oder migrationsspezifische Unterschiede. Die Konsequenz ist die Zusammenfassung der Schüler nach Altersgruppen zu bestimmten Altersklassen. Der Beginn der Schulpflicht wird auf das sechste (oder in anderen Ländern auf das fünfte bzw. das siebte Lebensjahr) festgelegt. Alle sechsjährigen werden zu einer Altersgruppe in einer Eingangsklasse zusammengefasst, ausgenommen diejenigen, die nach einem medizinisch-psychologischen Schuleignungstest als nicht schulfähig diagnostiziert werden. Da das Alter als das das Leistungen in den Folgejahren bestimmende Kriterium angesehen wird, erfolgt nach jedem Schuljahr eine Versetzung einer Altersgruppe in die nächst höhere Altersklasse. Die Altersklassen bilden die organisatorischen Grundeinheiten dieses Modells, durch das sich die altersmäßig homogen zusammengesetzten Schülergruppen bewegen.

„Dass damit unterschiedliche Lernvoraussetzungen nur grob erfasst werden, ist jedem Lehrer bekannt. Die sog. Sitzenbleiber fallen aus dem System heraus, sie repräsentieren Schüler mit im Vergleich zu ihrer Altersgruppe zu schwachen Lernleistungen. An dieser Stelle wird somit deutlich sichtbar: die uns als selbstverständlich erscheinende Tatsache, dass man in der Schule „sitzen bleiben" kann, ist ein Ergebnis des Systems, d.h. der Gliederung von Lerngruppen nach Alter. Es sind leicht Systeme denkbar, in denen es keine Sitzenbleiber gibt." (Fend 1981, S. 77).

Ähnliche Überlegungen gelten natürlich für die besonders begabten Schüler, denen man hin und wieder noch die Möglichkeit einräumt, eine Jahrgangsklasse zu überspringen und in eine Lerngruppe einzutreten, die durchschnittlich ein Jahr älter ist.

Eine weitere Konsequenz der Gruppierung der Schüler nach ihrem Alter liegt darin, dass sich der Lernfortschritt des Unterrichts am imaginären Durchschnittsschüler orientieren muss. Er bildet den Bezugspunkt für die Lehre und für die Beurteilung. Die Folgen sind relative Unterforderungen der leistungsstärkeren Schüler mit Langeweile und relative Überforderung der schwächeren Schüler, die möglicherweise ihre gesamte Schulzeit als Qual erleben. Auch hier sind andere Systeme denkbar, die diese Konsequenzen nicht besitzen.

Eine dritte Konsequenz dieser Altersgruppierung liegt darin, dass der Aufstieg der Schüler in die nächst höhere Jahrgangsklasse von seinen Leistungen in allen Fächern mehr oder weniger gleichmäßig bestimmt wird, wenn man von den Gewichtungen zwischen einzelnen Kernfächern, Wahlpflichtfächern und Wahlfächern einmal absieht. Besondere fachrichtungsspezifische Begabungen werden damit nicht ausreichend gefördert; auf der anderen Seite werden fachrichtungsspezifische Defizite zu gravierenden Handicaps, die entweder die Gesamtbeurteilung drücken oder sogar zum Sitzen bleiben führen.

Was nun die Formulierung der Bildungsziele angeht, so erfolgt ihre primäre Differenzierung nach dem Schwierigkeitsgrad ihrer Erreichung. Für die Organisation des Schulsystems spielen weniger die konkreten Inhalte eine Rolle als vielmehr die unterschiedlichen Schwierigkeiten, die Ziele zu realisieren bzw. den Anforderungen zu genügen. Eine entsprechende Begründung gab schon 1959 z.B. der Deutsche Ausschuss für das Erziehungs- und Bildungswesen in seinem Rahmenplan: „Die unterschiedlichen Bildungsanforderungen, die unsere arbeitsteilig entfaltete Gesellschaft an ihren Nachwuchs stellt, und die Unterschiede in der Bildungsfähigkeit dieses Nachwuchses zwingen dazu, an drei Bildungszielen unseres Schulsystems festzuhalten, die nach verschieden langer Schulzeit erreicht werden: an einem verhältnismäßig früh an Arbeit und Beruf anschließenden, einem mittleren und einem höheren" (Empfehlungen und Gutachten des Deutschen Ausschusses für das Erziehungs- und Bildungswesen 1953 – 1965, Stuttgart 1966, S. 75).

Damit werden zum einen unterschiedlich hohe Anforderungen der Wirtschaft und zum anderen unterschiedliche Bildungsfähigkeiten der Schüler zur Begründung der Organisation der weiterführenden Schulen in Hauptschule, Realschule und Gymnasium vorausgesetzt. Beide Begründungsversuche haben sich in zahlreichen wissenschaftlichen Untersuchungen als unhaltbar erwiesen: Weder lassen sich die Anforderungen der Wirtschaft an die Höhe der Qualifikation der Schüler genau drei verschiedenen Anforderungsebenen zuweisen, zumal die Anforderungshöhen in der geschichtlichen Entwicklung erheblich variieren, noch lassen sich eindeutige Begabungsunterschiede der Schüler in den drei Ausprägungen feststellen. Die Anforderungen sind im Beschäftigungssystem allenfalls im Bereich des öffentlichen Dienstes entsprechend differenziert: So wird der Einstieg in die verschiedenen Laufbahngruppen genau von der Höhe des erreichten schulischen Abschlussniveaus abhängig gemacht.

Die Organisation der weiterführenden Schulen in Haupt-, Realschule und Gymnasium hat jedoch gewichtige Konsequenzen für die Schüler, die zugleich Ansatzpunkte für die Kritik am dreigliedrigen Schulsystem bieten:

Zum ersten erfolgt nach Abschluss der vierten Grundschulklasse eine relativ frühe Festlegung der Kinder bezüglich ihres weiteren schulischen und damit auch beruflichen Bildungsganges, wenngleich die Orientierungsstufe hier noch leichte Korrekturen ermöglicht. Zu diesem relativ frühen Zeitpunkt ist die oben angesprochene Bildungsfähigkeit der Schüler, sofern sie zur Grundlage für Empfehlungen für weiterführende Schulen gemacht werden soll, noch nicht gültig und zuverlässig abschätzbar. Für viele begabte Schüler, insbesondere aus sozialen Unterschichten, werden damit frühzeitig die Weichen in niedrige schulische, berufliche und soziale Positionen gestellt. Der Wechsel zwischen den Schulen ist zwar in den letzten Jahren wesentlich erleichtert worden; gleichwohl ist er nach wie vor mit erheblich größeren Schwierigkeiten sowohl in psychischer wie in sozialer Hinsicht verbunden als etwa ein Wechsel zwischen Leistungskursen innerhalb derselben Schule.

Zum weiteren zeigen Untersuchungsergebnisse, dass das schulische Leistungsniveau der Schüler nicht nur durch ihre individuelle Begabung festgelegt wird, sondern gleichzeitig auch durch die jeweilige Schulart mit ihren spezifischen Unterrichtsmaßnahmen und -anforderungen. Das Anforderungsniveau der einzelnen Schularten nivelliert die schulische Leistung ihrer jeweiligen Schüler, wie gerade PISA und LAU[17] noch einmal eindrucksvoll belegt haben.

---

17 LAU steht für „Lernausgangsuntersuchung", eine empirische Längsschnittuntersuchung an Hamburger Schulen; Einzelheiten finden sich unter www.hamburger.bildungsserver.de/lau

In inhaltlicher Hinsicht werden die Bildungsziele grob in Ziele der Allgemeinbildung und der Berufsbildung differenziert; die Ausrichtung der Lernprozesse erfolgt dementsprechend in allgemeinbildenden und in berufsbildenden Schulen. Dabei gilt grundsätzlich, dass sich die berufsbildenden Schulen an die verschiedenen Stufen des allgemeinbildenden Schulwesens anschließen und einfache, mittlere und höhere Berufsbildungs- abschlüsse ermöglichen.

„Die Folgen eines übersichtlichen und einfachen Schulsystems sind somit Reduktionen in der Differenziertheit des Lernangebots, dem ein Schüler in der Schule begegnet, nach Inhalt und Schwierigkeit und damit Verringerung der Chancen, inhaltliche Lernvorgänge in Übereinstimmung mit individuellen Begabungs- und Interessenstrukturen zu bringen" (Fend 1981, S. 79).

Was die zu vermittelnden Bildungsinhalte angeht, so sind sie in den Lehrplänen, Rahmenlehrplänen oder Curricula festgelegt. Die Lehrpläne enthalten die Zielsetzungen, Stoffkataloge und Hinweise zur Didaktik und Methodik der einzelnen Fächer, differenziert nach Schulart und Schuljahrgang. Die Lehrpläne werden in der Regel von Lehrkräften, Wissenschaftlern und Verwaltungsangehörigen erstellt und dann als Verwaltungsvorschriften, in einzelnen Ländern auch als Rechtsverordnungen erlassen. Derartig ausformulierte Lehrpläne lassen den Lehrern kaum Gelegenheit, während des Unterrichts zusätzliche Lehrinhalte aufzunehmen, und verbieten, vorgeschriebene Lehrinhalte herauszulassen. Unter inhaltlichen Aspekten besteht somit eine starke Reglementierung des Unterrichts, die eine flexible Anpassung und Ergänzung von Unterrichtsleistung an aktuelle Erfordernisse verhindert. Sie schützt andererseits die Schüler vor der Überflutung mit zufällig auftretenden, modeartigen Stoffen, die langfristig irrelevant werden.

Die Kontrolle der Lernzielerreichung ist in allen Schulorganisationen in nahezu gleicher Weise implementiert. Ziele sind dabei gleichermaßen die Rückmeldung an den Schüler, an den Lehrer und an die Schulverwaltung. Gegenstand der Lernzielkontrolle sind üblicherweise die im Unterricht vermittelten, von den Lehrplänen als Anforderungen vorgegebenen Kenntnisse und Fähigkeiten. Dabei können bzw. sollen auch der Leistungsstand der Lerngruppe und die Lernentwicklung des Schülers insgesamt mitberücksichtigt werden.

Die Leistungsbewertung des einzelnen Schülers, bezogen auf die Unterrichtsinhalte, hat somit zum einen die Anforderungen der Lehrpläne, zum anderen den durchschnittlichen Leistungsstand der Klasse/Lerngruppe im Auge zu behalten. Letzteres verlangt, dass die Verteilung der Bewertungen sich in Richtung einer Normalverteilung über die Schüler einer Klasse verändert (Relativierung hinsichtlich des imaginären Durchschnittsschülers); ersteres verlangt, dass die Leistungen an einem quasi-absoluten Maßstab gemessen werden, unabhängig von der Durchschnittsleistung der Schüler.

Die Leistungsbewertung erfolgt in der Regel auf der Basis schriftlicher oder mündlicher Leistungsnachweise, die von den Schülern in regelmäßigen Abständen im Laufe eines Schuljahres erbracht werden müssen; die Einzelergebnisse werden am Ende jedes Jahres in Zeugnissen zusammengefasst, die über die Zuordnung der Schüler zu den weiteren Lerngruppen/Jahrgangsklassen entscheiden.

Die Leistungsbewertung erfolgt in Form von Noten, Punkten oder verbalisierten Ausführungen, durch die die Lehrer ein persönliches Fachurteil abgeben. Dieses persönliche Fachurteil unterliegt nur eingeschränkter gerichtlicher Überprüfbarkeit, es kann inhaltlich nicht durch die Verwaltungsgerichte korrigiert werden. Eine Bewertung ist nur dann rechtsfehlerhaft und verwaltungsgerichtlich angreifbar, wenn die Bewertungsgrundlagen unrichtig sind (z.B. nicht vorgeschriebener Prüfungsstoff), die Bewertung auf sachfremden Erwägungen beruht (z.B. nachgewiesene Voreingenommenheit), offensichtliche Einschätzungs- und Bewertungsfehler vorliegen (z.B. Verstöße gegen die Denkgesetze, Vernachlässigung wichtiger Teile der Leistungserstellung) oder der Gleichheitsgrundsatz verletzt ist. „Die gerichtliche Kontrolle beschränkt sich also vor allem auf die Einhaltung eines korrekten, sachlichen, fairen und gerechten Prüfungsverfahrens zwecks Wahrung von Chancengleichheit und Rechtsstaatlichkeit" (Hage, Staupe 1985, S. 95).

4.3.3 Ein differenziertes Organisationsmodell: die integrierte Gesamtschule

Die Kritik am dreigliedrigen Schulsystem hat in den 60er Jahren zum Aufbau einer Schulorganisation geführt, die inzwischen unter der Bezeichnung Gesamtschule in den meisten Bundesländern zur alternativen Regelschule geworden ist.

Die Gesamtschule umfasst als weiterführende Schule der Sekundarstufe I die Schuljahrgänge 5 (bei 4-jähriger Grundschule und schulartabhängiger Orientierungsstufe) bis 10. Sie fasst die verschiedenen Schularten des herkömmlichen dreigliedrigen Schulsystems im Bereich der Sekundarstufe I somit in inhaltlicher und organisatorischer Hinsicht zusammen. Die Gesamtschulen bestehen in den Formen der additiven und der integrierten Gesamtschule, von denen hier vor allem die integrierte Form interessiert[18]. Die Gesamtschule kann um eine gymnasiale Oberstufe ergänzt sein, die jedoch den Richtlinien des klassischen Gymnasiums unterliegt. Prüfen wir jetzt, in welcher Weise die Gesamtschule die eingangs formulierten Probleme der Schulorganisation löst.

Die Gesamtschule versucht, die unterschiedlichen Lernvoraussetzungen der Schüler stärker zu berücksichtigen als es in den Altersklassen der Fall ist. Einerseits wird versucht, die unterschiedlichen Voraussetzungen durch Förderkurse, Stütz-

---

[18]   Für die additive Gesamtschule wird heute die Bezeichnung „Schule mit mehreren Bildungsgängen" verwendet.

kurse oder Liftkurse auszugleichen und zu kompensieren. Andererseits werden die Lerngruppen nicht mehr primär nach dem Alterskriterium, sondern nach den Kriterien der individuellen schulischen Leistungsfähigkeit und der unterschiedlichen inhaltlichen Interessen und Fähigkeiten gebildet.

In inhaltlicher Hinsicht erfolgt eine Unterrichtung in bestimmten Kernfächern, in bestimmten Wahlpflichtfächern und in bestimmten Wahlfächern. Die Wahlpflicht- und die Wahlfächer sollen dabei eine Ausrichtung des Lernprozesses der Schüler auf die Bereiche ermöglichen, für die besondere Eignungen und Neigungen vorliegen. Die Schüler gehören hier somit bereits während der Jahrgangsstufen 5 bis 10 unterschiedlichen Kursen als Lerngruppen an; in den Kernfächern bleiben alle Schüler einer Altersgruppe, die sich auf demselben Leistungsniveau befinden, zusammen.

Hinsichtlich der Leistungsfähigkeit werden die Schüler unterschiedlichen Leistungskursen zugewiesen; üblicherweise werden dabei drei bzw. zwei (z.B. in NRW) Leistungsstufen unterschieden. Die Folge dieser Leistungsdifferenzierung der Schüler und ihrer Zuordnung zu unterschiedlichen Leistungskursen ist u.a., dass es in dieser Schulform kein „Sitzen bleiben" gibt. Je nach Leistung und Neigung befinden sie sich in inhaltlich und leistungsmäßig unterschiedlichen Kursen. Mit zunehmendem Alter verringert sich somit auch der allen Schülern gemeinsam erteilte Unterricht. Es kommt zur Bildung möglichst homogener Gruppen, in denen Schüler mit gleichen inhaltlichen Interessen, Begabungen und Lernfortschritten zusammengefasst werden.

Die Leistungskriterien, an denen der Lernfortschritt gemessen wird, beziehen sich somit auch nicht mehr auf die durchschnittliche Leistung aller Schüler einer Klasse in allen Fächern, wie im dreigliedrigen Schulsystem, sondern auf die einzelnen Fachkurse und deren Leistungsniveaus.

Sofern einzelne Schüler die in den Kursen geforderten Leistungen nicht erbringen, besteht die Möglichkeit, die individuellen Defizite über Förder- und Stützkurse aufzuarbeiten. Am Ende der Schulzeit wird dann festgestellt, welches mit dem dreigliedrigen Schulsystem vergleichbare Leistungsniveau der einzelne Schüler erreicht hat: keinen Hauptschulabschluss, den Hauptschulabschluss, den Sekundarschulabschluss I oder den Abschluss der Sekundarstufe I mit Qualifikationsvermerk zum Besuch der gymnasialen Oberstufe.

Die bisherigen Ausführungen dürfen nicht darüber hinwegtäuschen, dass in der Schulpraxis inzwischen zahlreiche Versionen auch der integrierten Gesamtschule entstanden sind, die sich der groben Tendenz nach in vielen Hinsichten dem gegliederten Schulsystem wieder angenähert haben, da sie diesem Schulsystem vergleichbare Abschlüsse produzieren müssen. Auf der anderen Seite hat es in den letzten Jahrzehnten auch erhebliche Reformen im dreigliedrigen Schulsystem gegeben. Mit der Einführung der Orientierungsstufe wurde die Entscheidung für den Besuch der weiterführenden Schule ans Ende des 6. Schuljahres verschoben; mit dem Kurssystem der gymnasialen Oberstufe versucht man, den unterschiedlichen Begabungen der Schüler Rechnung zu tragen; insgesamt wurde die Durchlässigkeit des dreigliedrigen Schulsystems durch Vergleichbarmachung der Anforderungen der einzelnen Schularten erheblich erhöht.

Anfang der 80er Jahre war die Versuchsphase der Gesamtschulen nach erheblichen ideologischen Auseinandersetzungen abgeschlossen. Einen formellen Schlusspunkt bildete die 1982 von den Kultusministern der Länder getroffene Vereinbarung über die wechselseitige Anerkennung von Gesamtschulabschlüssen; damit hatte sich die Gesamtschule als vierte Regelschule etabliert, eine Lösung, die in dieser Form nie beabsichtigt gewesen war.

Die folgende Übersicht von Fend fasst noch einmal die unterschiedlichen Lösungen lernorganisatorischer Probleme zusammen (vgl. Abbildung 17).

Abbildung 17: Unterschiedliche Lösungen von lernorganisatorischen Problemen

Schulorganisatorische Probleme	Lösungen in	
	geschichteten Schulsystemen	differenzierten Schulsystemen
Berücksichtigung unterschiedlicher Lernvoraussetzungen	Zusammenstellung von Lerngruppen nach Alter (Analogie zu militärischen Formen der Rekrutierung von Soldaten) Jahrgangsklassen	Zusammenstellung von Lerngruppen nach gemessenen Lernvoraussetzungen (Intelligenz, fachspezifische Leistungen, problemspezifische Leistungen)
Binnengliederung der Anforderungsstruktur	Grobgliederung in Analogie zur Berufsstruktur in untere, mittlere und gehobene Anforderungen (Hauptschule, Realschule, Gymnasium)	Differenzierte Gliederung der Inhalte nicht nach Schulzweigen, sondern nach kleineren Einheiten (Kurse), die zu größeren Einheiten kombiniert werden können
Lernkontrolle und Qualifikationsstruktur	Definition globaler Leistungskriterien, die eine generelle Nichtversetzung ermöglichen	Definition spezifischer auf den Kurs bezogener Leistungskriterien

Quelle: Fend, 1981, S. 83

4.3.4 Individualisierte Modelle formaler Organisation schulischer Lernprozesse

Die genannten Formen der Organisation schulischer Lernprozesse wählen entweder Klassen oder Kurse als organisatorische Grundeinheiten, in denen der Unterricht der Schüler erfolgt. Damit werden grundsätzlich individuelle Unterschiede bezüglich der Leistung und der Interessen durch Gruppenbildung nivelliert.

Eine radikale Individualisierung des Unterrichts, in dem praktisch jedem Schüler ein Lehrer gegenübersteht (Privatlehrer-Modell), wird in den USA seit den 60er Jahren unter dem Namen IPI (Individually Prescribed Instruction) realisiert. 1970 waren bereits 175 amerikanische Schulen mit rund 50.000 Schülern vom Kindergarten bis zur 9. Klasse nach diesem Modell organisiert.

Die Konzeptionen wurden im Learning Research and Development Center an der Universität Pittsburgh entwickelt; nach IPI wird bislang in den Fächern Lesen, Mathematik und Naturwissenschaften gelernt. „Das Revolutionäre des IPI-Projekts liegt in dem gelungenen Versuch, die wichtigsten Systemteile des Unterrichts in wissenschaftlich befriedigender und praktisch realisierbarer Weise zu differenzieren: a) die Definition der Lehrziele, b) die Diagnose der individuellen Fähigkeiten und Kenntnisse und c) die Konstruktion von Lehrmaterial." (Fend 1981, S. 90 f.).

▪ Fend beschreibt anschließend die Konzeption von IPI wie folgt (vgl. Fend 1981, S. 91 – 92):
▪ Die Lehrziele (Binnengliederung der Anforderungsstruktur) werden in operationalisierte Formen überführt, d.h., es wird bestimmt, was der Schüler nach Beendigung des Lernprozesses zu tun in der Lage sein muss.
▪ Die Fähigkeiten des Schülers und sein gegenstandsspezifischer Kenntnisstand (Binnengliederung der Lernvoraussetzungen) werden vor Beginn des Lernprozesses gemessen und diagnostiziert. Hierbei geht es um die Erhebung zweier Arten von Informationen über den Schüler: a) seine Langzeit-Geschichte (longterm history) im Sinne der Lernvergangenheit mit allen eventuell korrelierten Faktoren, wie soziale Umwelt usf., und b) seine Kurzzeit-Geschichte (shortterm history), die aus den unmittelbar vorangegangenen Lernprozessen besteht, über die in Form von Tests, Berichten und Aufzeichnungen schon Material vorliegt. Durch eine Analyse der Daten erhält der Lehrer Anhaltspunkte über die Lerneigenschaften und Lernstrategien des Schülers sowie über seinen Standort bezüglich des Lehrstoffes.
▪ Auf Grund dieser Diagnose erfolgt die Zuteilung eines bestimmten Lehrstoffes. Dabei sind sehr variable Gruppenzusammensetzungen – vom Selbststudium bis zum Gruppenunterricht – üblich, und Lehrmaterial wird auf sehr unterschiedliche Weise angeboten, z.B. über traditionelle Lehrbücher, programmierte Lehrtexte, Dia- und Filmprojektoren, Fernsehgeräte, Tonbandgeräte oder über an einen Computer angeschlossene Schülerstationen.

■ Während des Lernprozesses wird die Arbeitsweise jedes Schülers beobachtet und sein Lernfortschritt an bestimmten Stellen gemessen (System der Lernkontrollen). Dadurch wird es möglich, erforderliche Erläuterungen oder Übungsaufgaben einzuschieben, so dass die Erreichung des Lehrziels nicht gefährdet ist. Nach der Bearbeitung einer Lerneinheit wird der erreichte Kenntnisstand bzw. das Endverhalten der Schüler festgestellt. Erst wenn mindestens 85% der geforderten Leistungen erbracht werden, kann zur nächsten Lerneinheit übergegangen werden.

■ Lernen erfolgt in diesem System demnach wie folgt: Mit Hilfe umfassender Eingangstests wird das allgemeine Leistungsprofil erhoben, und die speziellen Kenntnisse werden geprüft. Dadurch soll festgestellt werden, an welcher Stelle der nach Schwierigkeitsgraden gereihten Programmeinheiten ein Schüler beginnen kann. Sollte sich zeigen, dass der Schüler bereits einige der Lehrziele beherrscht, dann wird nur das zum Erwerb der noch fehlenden Kenntnisse notwendige Lehrmaterial zugeteilt. Hat er diese Lerneinheiten durchgearbeitet – in der Zwischenzeit kann er dem Lehrer Fragen stellen, neues Übungsmaterial anfordern usf. -, dann kann der Lehrer durch kurz eingebaute Tests den Lernfortschritt des Schülers erheben und ihm wieder seinem Leistungsstand angemessenes Lehrmaterial vorlegen.

■ Der Lehrer übernimmt hier eine Reihe neuer Funktionen. Er ist vornehmlich Berater, hilft den Lernprozess planen und steuert jeweils das individuelle Lernverhalten des Schülers. Der Lehrvortrag findet nur bei speziellen Gelegenheiten statt; die Lehrer verbringen die meiste Zeit damit, die Testergebnisse der Schüler zu interpretieren, Lernbedürfnisse zu diagnostizieren, Lehrmaterial zuzuteilen, individuelle Hilfestellung zu leisten und den erreichten Kenntnisstand zu ermitteln.

■ Wer gewohnt ist, das Problem der unterschiedlichen Lernvoraussetzungen durch Gruppierungsstrategien zu lösen, sei es unspezifisch nach Alter, nach allgemeiner Intelligenz (streaming) oder spezifisch nach Kenntnisstand in einem Fach (setting), den wird verblüffen, wie im IPI-Projekt jenes Problem durch konsequente Individualisierung zu lösen versucht wird.

Während IPI die Annahmen individueller Begabungen, individuell unterschiedlicher Lerngeschwindigkeiten und individuell unterschiedlicher erreichbarer Leistungsniveaus ernst nimmt und den Lernprozess entsprechend individualistisch organisiert, greift Bloom (1976) gerade diese Annahmen an.

In seinem mastery-Konzept geht er von den Annahmen aus, dass die individuellen Lernvoraussetzungen, die die Schüler in der Regel einbringen, das Ergebnis unterschiedlicher familialer Sozialisationsprozesse sind, die durch eine entsprechende Organisation schulischer Sozialisation kompensierbar sind. Auch die unterschiedlichen Lerngeschwindigkeiten und das erreichbare Leistungsniveau können dieser Konzeption entsprechend durch eine geeignete Unterrichtsorganisation nivelliert werden, und zwar auf einem höheren Niveau als unter den klassischen Bedingungen.

Ziel des mastery-Konzepts ist es, die Unterrichtsprozesse so zu organisieren, dass 80% eines Geburtenjahrgangs das erreichen, was unter herkömmlichen Bedingungen nur 20% erreichen. Um dieses Ziel zu erreichen, werden in dieser Konzeption die Rückmeldungen über die jeweiligen Leistungen der Schüler erhöht und im Fall defizitärer Leistungen gezielt und rasch Fördermaßnahmen ergriffen, zu denen z.B. die systematische Nachhilfe und regelmäßige Durchsicht der Hausaufgaben gehören. Diese Fördermaßnahmen treffen zunächst die aufgrund ihrer Eingangsvoraussetzungen schwächeren Schüler und diejenigen Schüler, die eine zunächst geringere Lerngeschwindigkeit besitzen. Ein zusätzlicher Arbeitsaufwand von etwa 10 – 15% ermöglicht nach dieser Konzeption, dass auch die relativ schwächeren und die relativ langsameren Schüler im Laufe ihrer Schulzeit sowohl ihre Lerngeschwindigkeit als auch ihre Leistung dem Niveau der stärkeren Schüler anpassen. Mit zunehmender Zeit sinkt dann auch die Notwendigkeit, zusätzliche kompensatorische Maßnahmen durchführen zu müssen. Derartige Maßnahmen „verhindern also Zeitverluste im Lernen durch Unverständnis infolge mangelnder Vorkenntnisse und Zeitverluste infolge mangelnder Aufmerksamkeit. Unter diesen Bedingungen können beinahe alle Schüler alles lernen, was in Schulen verlangt wird." (Fend 1981, S. 95).

Diese alternativen Modelle der Organisation der Lernprozesse zeigen, in welchem Umfang die konkrete Organisation von den jeweiligen Annahmen abhängt, die eine Gesellschaft bzw. die für die Organisation Verantwortlichen über die Lernvoraussetzungen, die Lernziele und die dann notwendigen Rahmenbedingungen machen. Diese Annahmen aber werden wesentlich durch die für wünschenswert gehaltenen Folgen des Erziehungssystems beeinflusst. So ist in der gegenwärtigen Situation in der Bundesrepublik, wie die Diskussion um die Gesamtschule zeigt, völlig offen, ob eine Nivellierung aller Schüler auf einem hohen Leistungsniveau überhaupt wünschenswert ist, stellt sie über die folgenden Statusaspirationen der Schüler doch die bisherige Struktur sozialer Ungleichheit in Frage.

4.4   Organisationsstrukturelle Effekte auf Selektion, Einstellungen und Leistungen der Schüler

4.4.1 Methodische Vorbemerkungen

Die Einführung der Gesamtschule als Alternative zum dreigliedrigen Schulsystems wurde seinerzeit u.a. damit begründet, dass die Gesamtschule die soziale Selektivität des traditionellen dreigliedrigen Schulsystems aufhebt, dass sie durch Homogenisierung der Lerngruppen zur Aufhebung der unterschiedlichen, familiär bedingten Lernvoraussetzungen führt, dass sie die „leistungsschwächeren" Schüler durch gezielte kompensatorische Maßnahmen an das Leistungsniveau der stärkeren Schüler heranführt, dass sie die sozialen Kompetenzen verstärkt fördert und dass sie hinsichtlich der schulischen Leistungen vergleichbare Ergebnisse wie das traditionelle Schulsystem erzielt.

An dieser Stelle bleibt nun auf der Basis der vorliegenden empirischen Evaluationsstudien zu fragen, inwieweit sich die unterschiedlichen Schulsysteme bezüglich der genannten Zielvariablen unterscheiden. Vorab einer Präsentation der Ergebnisse soll jedoch auf einige grundlegende methodische Anforderungen gültiger Evaluationen hingewiesen werden:
1. Gültige Evaluationen der Leistungsfähigkeit unterschiedlicher Schulorganisationen verlangen eine feldexperimentelle Versuchsanordnung mit
   - genauer Festlegung der Ziel- bzw. Wirkungsdimensionen,
   - Längsschnittanordnung mit Vorher-Nachher-Messungen derselben Untersuchungspopulationen auf den Zieldimensionen, um Veränderungen erfassen zu können,
   - systematische Kontrolle von Drittvariablen entweder durch Randomisierung der Untersuchungspopulationen und/oder durch Erhebung potentieller Drittvariablen, um organisatorische Effekte von pädagogischen Effekten oder von sozialen Hintergrundseffekten trennen zu können.
Eine derartige Versuchsanordnung, die alle Bedingungen erfüllt, ist (soweit ich das überblicke) in keiner Evaluation in der Bundesrepublik gegeben.
2. Die Erhebungen müssen sich bei allen Untersuchungseinheiten (i.d.R. Schüler) auf dieselben Dimensionen, insbesondere auf dieselben Zieldimensionen beziehen, um vergleichbar zu sein. Bezogen auf die Schulleistungen der Schüler wurden überwiegend die Leistungen in den Fächern Deutsch, Englisch und Mathematik erhoben. Ein Vergleich dieser Ergebnisse muss jedoch Umfang und Inhalt des Lehrangebots in diesen Fächern als unabhängige Drittvariable mit erheben und berücksichtigen.

3. Während der Untersuchung verändern sich in der Regel die Untersuchungsbedingungen durch neue Erlasse, die die Stoffpläne, Didaktiken, Zusammensetzung des Lehrkörpers usw. ändern. Derartige Änderungen sind bei der Interpretation der Ergebnisse zu berücksichtigen. Wichtig ist in diesem Zusammenhang, dass sich die Schulsysteme im Laufe der Jahre angenähert haben.

4. Das dreigliedrige Schulsystem kennt genau drei unterschiedliche Gruppen, nämlich Haupt- und Realschüler und Gymnasiasten in unterschiedlichen Altersklassen. Die Frage ist, mit welchen Gruppen der Gesamtschule die Schüler dieser Jahrgangsklassen verglichen werden sollen, da die Gesamtschule gerade diese äußere Differenzierung aufgehoben hat. Eine Möglichkeit besteht darin, altersgleiche Schüler mit unterschiedlichen Schulempfehlungen (für Hauptschule, Realschule und Gymnasium) zu wählen. Eine zweite Möglichkeit besteht darin, altersgleiche Schüler unterschiedlicher Leistungsgruppen zum Vergleich heranzuziehen in der Annahme, dass etwa bei drei Leistungsgruppen diese einzelnen Gruppen den klassischen Schulformen entsprechen. Eine dritte Möglichkeit besteht darin, alle Altersgruppen der Schularten hinsichtlich ihrer Leistungen in gleich große Gruppen zu unterteilen (z.B. in Quintile oder Quartile) und diese Gruppen hinsichtlich ihrer Leistungen zu vergleichen. Es ist zu erwarten, dass die verschiedenen Möglichkeiten unterschiedliche Ergebnisse bringen werden.

5. Die Evaluation organisationsstruktureller Effekte z.B. hinsichtlich des Leistungsniveaus von Schülern verlangt die gleichzeitige Erhebung von Organisations- und Personenmerkmalen, in der Regel darüber hinaus Merkmale der Unterrichtssituation. Erhebt man aber Merkmale von Untersuchungseinheiten unterschiedlicher Ebenen, dann wird für die Datenanalyse eine Mehrebenenanalyse erforderlich, die die Zusammenhänge auf den einzelnen Ebenen und zwischen den einzelnen Ebenen gültig trennt und wieder zusammenführt. Die Behandlung organisatorischer Merkmale als reine Kontextmerkmale von Personen ist üblicherweise nicht in der Lage, Organisationseffekte von Situationseffekten und von individuellen Effekten zu trennen. Die bisher vorliegenden Evaluationen kranken durchweg daran, dass sie keine gültigen Mehrebenenanalysen vorgenommen haben.

All diese methodischen Probleme müssen im Auge behalten werden, wenn im Folgenden Ergebnisse einzelner Untersuchungen dargestellt werden.

Aus der Fülle der inzwischen vorliegenden Untersuchungen (Henning, Roeder, Roschmann, Treumann 1973, Wendeler 1974, Weiss 1975, Bethäuser 1975, Petri 1976, Peters 1977, Schorb 1977, Eckes, Haenisch; Antoni 1977, Royl, Lind, Röpke, Vogel-Krahforst 1978, Haenisch, Lukesch, Klaghofer, Krüger-Haenisch 1979 (Konstanzer Gruppe), Müller-Wolf, Grunwald, Müller-Wolf, Ziegenspeck 1979, Bauer, Klemm, Pardon 1980, Fend 1981, Fend 1998, Baumert, Köller 1998, Köller,

Trautwein 2003) werden wir im Folgenden zum einen auf die älteren Studien der 70er und 80er Jahre der Konstanzer Gruppe unter Leitung von Fend sowie auf die Arbeiten der Arbeitsstelle für Schulentwicklungsforschung in Dortmund (AFS) unter Leitung von Rolff eingehen, zum anderen auf die neueren Studien wie BIJU, PISA und TIMMS aus den letzten Jahren.

4.4.2 Die soziale Selektivität in unterschiedlichen Schulformen

Soziale Selektivität bezeichnet den Sachverhalt, dass es deutliche Zusammenhänge zwischen der Herkunftsschichtzugehörigkeit und der Wahl weiterführender Schulen gibt in der Weise, dass Unterschichteltern ihre Kinder überwiegend zur Hauptschule, Mittelschichteltern ihre Kinder überwiegend zur Realschule und Oberschichteltern ihre Kinder überwiegend zum Gymnasium schicken.

Die Gesamtschule wurde seinerzeit u.a. mit der Zielsetzung eingerichtet, die soziale Selektivität zu verringern, wenn nicht sogar aufzuheben. Die älteren Studien von Fend aus den Jahren 1977, 1978 und 1979, die in Nordrhein-Westfalen, Niedersachsen und Hessen durchgeführt wurden, versuchten die soziale Selektivität mit einem von Fend u.a. (1976, S. 214 ff.) entwickelten Chancenungleichheitsmaß (CUG) zu erheben. „Ausgegangen wird dabei von einer zweidimensionalen Matrix mit verschiedenen Chancen (Schulformen, Niveaugruppen) und verschiedenen Schülergruppen (Sozialschichten). Das CUG-Maß ist interpretierbar als prozentuale Chancenungleichheit an der maximal möglichen Chancenungleichheit für verschiedene Gruppen … Das CUG-Maß kann Werte von 0 (keine Chancenungleichheit) bis 100 (maximal mögliche Chancenungleichheit) annehmen" (Rolff, Bauer, Bussigel, Pardon 1980, S. 133).

Im Ergebnis zeigte sich dabei, dass sämtliche Schulsysteme sozial selektiv sind: Oberschichtkinder gehören Gymnasien, dem Gymnasialzweig in Additiven Gesamtschulen und dem höchsten Leistungsstatus in Integrierten Gesamtschulen in höherem Maße an als Kinder aus Mittel- und Unterschichtfamilien. Die soziale Selektivität ist jedoch im traditionellen Schulsystem höher als in den Additiven Gesamtschulen und dort deutlich höher als in Integrierten Gesamtschulen (CUG: 37,5 > 32,6 > 21,0) (vgl. auch Fend 1998, S. 212).

Da wir es in diesen Studien mit einer reinen Querschnitterhebung zu tun haben, sagen die vorliegenden Ergebnisse nichts darüber aus, ob der geringere Zusammenhang zwischen Herkunftsschicht und Leistungsstatus in den Integrierten Gesamtschulen auf Sozialisationseffekte oder aber auf Selbstselektionseffekte zurückzuführen ist. Vermutlich müssen beide Effekte berücksichtigt werden: Zum einen ist anzunehmen, dass insofern ein Sozialisationseffekt vorliegt, als die Integrierten Gesamtschulen durch Förderkurse relativ mehr Kinder zu einem hohen Leistungsstatus führen als es das traditionelle Schulsystem tut. Zum anderen muss man davon ausgehen, dass Oberschichteltern ihre Kinder eher auf ein traditionelles Gymnasium schicken als auf eine Additive oder eine Integrierte Gesamtschule (Selbstselektionseffekt, auch als Creaming-Effekt bezeichnet).

Die neueren Studien bestätigen vor allem den Selbstselektionseffekt: „Im viergliedrigen Schulsystem Nordrhein-Westfalens stellt die Klientel der Gesamtschule kein Abbild der unausgelesenen Schülerschaft eines Jahrgangs dar. Hinsichtlich der kognitiven und sozialstrukturellen Eingangsmerkmale gleicht die Gesamtschülerschaft – allerdings bei höherem Ausländeranteil – im Durchschnitt der Klientel der Realschule, während sie im Verhaltensbereich eher in die Nähe der Hauptschule rückt" (Köller 2003, S. 583). Vor allem dort, wo Gesamtschulen in Konkurrenz zum dreigliedrigen Schulsystem stehen, wie z.B. in Nordrhein-Westfalen, empfehlen Grundschullehrer diese Schulform besonders denjenigen Eltern, deren Kinder ein unausgeglichenes Leistungsprofil zeigen, deren Schullaufbahn nur schwer zu prognostizieren ist, die bisher nur mäßige Schulleistungen aufweisen, langfristig aber bessere Leistungen versprechen und die von einer Ganztagsbetreuung besonders zu profitieren versprechen. Das aber sind gerade die Schüler aus unteren sozialen Schichten. Die Folge ist ein doppelter Creaming-Prozess: Während die schwächsten Schüler die Hauptschule aufsuchen, gehen die besseren Schüler auf das Gymnasium. (vgl. MPI für Bildungsforschung 1996). Die Abwanderung gerade der leistungsfähigsten Schüler erweist sich damit besonders in den Ländern als Problem, in dem die Gesamtschulen stark ausgebaut und damit zur Konkurrenz zum traditionellen dreigliedrigen Schulsystem geworden sind (Köller 2003, S. 468).

4.4.3 Das Schulklima in den verschiedenen Schulformen

Der Begriff *Schulklima* ist kaum scharf abzugrenzen und enthält in den verschiedenen Untersuchungen auch unterschiedliche Operationalisierungen. Ganz grob kann man unter Schulklima die Gesamtheit der sozial-emotionalen Verhältnisse zwischen Lehrern und Schülern und den Schülern untereinander verstehen. Generell wird unterstellt, dass sich ein positives Schulklima auch positiv auf die Schulleistungen der Schüler auswirkt. Gesamtschulen beanspruchen, ein positiveres Schulklima als Schulen des traditionellen Bildungssystems zu bieten. Unabhängig von dem unterstellten Kausalzusammenhang sollen im Folgenden zunächst die Ergebnisse der älteren Studien zu ausgewählten Dimensionen des Schulklimas der verschiedenen Schulformen dargestellt werden.

Zurückgegriffen wird zum einen erneut auf die AFS-Studie. Daneben werden die Ergebnisse zweier Konstanzer Untersuchungen vorgestellt: Die erste Studie wurde 1973 bei 3.750 Schülern der neunten Klassen und bei 404 Lehrern an insgesamt 31 Schulen in Baden-Württemberg, Hessen, Hamburg und Berlin durchgeführt, von denen zwölf Schulen integrierte Gesamtschulen waren (Fend 1977). Die zweite Studie wurde von derselben Forschergruppe 1977 an insgesamt 3.876 Schülern und 711 Lehrern der sechsten und neunten Klassen in insgesamt 40 Schulen in NRW durchgeführt (Dreher 1978).

Im Einzelnen zeigten sich dabei die folgenden Ergebnisse: Der von den Schülern empfundene Leistungsdruck war in Gymnasien und Realschulen nicht höher als in Integrierten Gesamtschulen; in Hauptschulen erschien er jedoch am niedrigsten. Der von den Schülern erfahrene Disziplindruck war bei den Schülern des neunten Schuljahres jeweils in Gesamtschulen niedriger als in Realschulen und Gymnasien; im sechsten Schuljahr besaß das Gymnasium den niedrigsten Disziplindruck. Hauptschüler des achten Schuljahres erfuhren in Hessen größeren Disziplindruck als Schüler anderer Schularten. Beim Ausmaß restriktiver Kontrolle (Operationalisierungen: bei Fend 1973: „Lehrer schreien Schüler an"; bei Rolff: „Zu viele Verbote und Strafen") waren die Ergebnisse inkonsistent. Auch die Einschätzung der Mitbestimmungsmöglichkeiten der Schüler ergab keine konsistenten Ergebnisse zwischen den verschiedenen Untersuchungen. (Vgl. die Zusammenfassung der Ergebnisse zum Schulklima von Bauer u.a. 1980, S. 161 f.).

Etwas deutlicher waren die Unterschiede zwischen den Schulformen bezüglich der Schülerorientierung des Unterrichts nach dem Urteil der Schüler: Nach der AFS-Studie erschien die Schülerzentrierung in Integrierten Gesamtschulen größer als im traditionellen Schulsystem, wenngleich die Differenzen gering waren (vgl. Rolff u.a. 1980, S. 137).

Auch hinsichtlich der Schulangst ergaben sich leichte Vorteile der Integrierten Gesamtschule gegenüber dem Gymnasium und der Realschule, nicht aber gegenüber der Hauptschule (vgl. Rolff u.a. 1980, S. 138).

Die Ergebnisse zum Bereich Schüler-Lehrer- und Schüler-Schüler-Beziehungen lassen sich nach Bauer (1980) wie folgt zusammenfassen:

1. Hinweise auf eine stärkere Anonymität der Lehrer-Schüler-Beziehungen in der Gesamtschule fanden sich nicht.

2. Die Konkurrenzorientierung war in der Gesamtschule bei den mittleren und unteren Leistungsgruppen stärker ausgeprägt als im traditionellen Schulsystem.

3. Die Schüler-Schüler-Beziehungen stellten sich am ungünstigsten in der Hauptschule und bei den unteren Leistungsgruppen der Gesamtschule dar. (Bauer u.a. 1980, S. 164; vgl. auch Rolff u.a. 1980, S. 140).

Insgesamt gesehen waren die Ergebnisse weder zwischen den Untersuchungen konsistent, noch gingen sie in die unterstellte Richtung: Zumindest aus der Sicht der befragten Schüler war das Schulklima an Gesamtschulen und speziell Integrierten Gesamtschulen nicht besser als in den Schulen traditioneller Art. Allenfalls für den Bereich der Schulangst gingen die Ergebnisse tendenziell in die erwartete Richtung: Sie war bei Gesamtschülern, vor allem der oberen beiden Leistungsgruppen niedriger als im traditionellen Schulsystem. Das Schulklima war somit keine Folge der Schulorganisation. Wer im Übrigen selbst einmal verschiedene Schulen untersucht hat, bemerkt bereits beim Betreten des Schulhofes während einer Pause das an einer Schule herrschende Schulklima. Er stellt sehr schnell fest, dass das Schulklima zwischen den einzelnen Schulen erheblich variiert und dass die Variation zwischen den einzelnen Schulen einer Schulform erheblich größer ist als zwischen den Schulformen. Als Hypothese mag hier gelten, dass das Schulklima einer Schule wesentlich von der Persönlichkeit des Schulleiters und seinem Führungsstil sowie von der Zusammensetzung des Lehrerkollegiums bestimmt wird (vgl. Bonsen, Gathen, Pfeiffer 2002, S. 287 ff.); erst an zweiter Stelle dürfte die soziale Zusammensetzung der Schülerschaft stehen; die Form der Organisation der Schule ist nebensächlich.

Bleibt zum Schluss noch kurz als Ergebnis nachzutragen, dass auch die Schulgröße keinen Einfluss auf das Schulklima besitzt: „Damit ist nicht endgültig bewiesen, dass solche Zusammenhänge nicht bestehen, aber immerhin dürften einige weit verbreitete Auffassungen über die anonymisierende und desorganisierende Wirkung relativ großer Schulen durch unsere Befunde erschüttert worden sein." (Bauer u.a. 1980, S. 169).

All diese Ergebnisse werden auch durch die neueren Untersuchungen zum Schulklima bestätigt (vgl. BIJU (Bildungsverläufe und psychosoziale Entwicklung im Jugendalter) MPI für Bildungsforschung 1996, Bucholzer 2000, Eder 1996).

4.4.4 Zum Leistungsvergleich zwischen den unterschiedlichen Schulformen

Das Thema *Leistung der Schüler* in den unterschiedlichen Schulformen war in den 70er und 80er Jahren das beherrschende Thema in der Auseinandersetzung um die Einführung der Gesamtschulen gewesen. Auch in den jüngeren Studien ist der Leistungsvergleich stets ein Thema geblieben.

Die Leistungen der Schüler wurden traditionell überwiegend in den Fächern gemessen, in denen Schüler der Gesamtschulen und des traditionellen Schulsystems nahezu den gleichen Lehrplan besitzen, nämlich in den Fächern Deutsch, Mathematik und Englisch. In allen anderen Fächern besteht für die Gesamtschüler eine Wahl- und damit Schwerpunktsetzungsmöglichkeit gegenüber den Schülern des dreigliedrigen Systems, so dass die Leistungen in diesen Fächern nicht mehr unmittelbar miteinander verglichen werden können. In Anlehnung an Haenisch u.a. (1979) sowie Bauer u.a. (1980, S. 147 – 151) kann man die Ergebnisse der damaligen Untersuchungen wie folgt zusammenfassen.

Trotz einiger feststellbarer Inkonsistenzen zeigten sich über alle Studien hinweg die folgenden Tendenzen: Mit Ausnahme der Studie von Fend u.a. über die Situation in NRW gab es keine durchgehenden Unterschiede in den Leistungen zwischen den

Schülern des traditionellen Schulsystems und den entsprechenden Vergleichsgruppen der Additiven oder der Integrierten Gesamtschulen (wie auch immer man die Vergleichsgruppen bildet). Lediglich für NRW wurde in der Untersuchung der Schüler des sechsten und neunten Schuljahres ein differenzierteres Ergebnis der Tendenz nach sichtbar. Sofern man zwischen leistungsschwächeren Schülern, die eine Empfehlung der Grundschule für die Hauptschule besaßen und leistungsstärkeren Schülern, die eine Empfehlung für die Realschule bzw. für das Gymnasium besaßen, differenzierte, zeigte sich: Leistungsschwächere Schüler zeigten in der Gesamtschule im sechsten Schuljahr bessere und im neunten Schuljahr zumindest gleich gute Ergebnisse wie die Schüler des dreigliedrigen Systems. Die leistungsstärkeren Schüler des traditionellen Systems hingegen (also Realschüler und Gymnasiasten) schnitten besser ab als Gesamtschüler mit entsprechendem Kursniveau.

Es scheint also so, dass die Gesamtschule bezüglich der leistungsschwächeren Schüler mit ihren kompensatorischen Maßnahmen zu einer gegenüber der Hauptschule erkennbaren Leistungsverbesserung kam, dass jedoch die leistungsstärkeren Schüler vor allem im Gymnasium besser gefördert wurden. Es bleibt jedoch daran zu erinnern, dass auch schon damals ein Creaming-Effekt (Selbstselektionseffekt) vorlag, d.h. dass Oberschichteltern die leistungsstärksten Schüler bereits nach dem vierten Schuljahr überwiegend auf das Gymnasium geschickt haben. Diese Ergebnisse stellen keine Widerlegung der allgemeinen Aussage über die faktisch gleiche Effektivität der unterschiedlichen Organisationsformen dar, sondern eine Spezifizierung im Hinblick auf Schüler unterschiedlicher Lernvoraussetzungen.

Ähnliche Zusammenhänge zeigten sich in international vergleichenden Untersuchungen über die Effekte unterschiedlicher Schulsysteme (vgl. IEA-Studie von Walker 1976).

In diesem Zusammenhang wollte man aber auch wissen, ob und inwieweit sich die Schulsysteme hinsichtlich der von ihnen produzierten Schüler mit höherwertigen Schulabschlüssen als dem SEK-I-Abschluss unterscheiden. So war es erklärtes Ziel der Gesamtschulen, auch im Sekundarbereich II, der allerdings den gymnasialen Richtlinien unterlag bzw. noch unterliegt, mehr Schüler als das dreigliedrige Schulsystem zur Fachoberschulreife und zur Hochschulreife zu führen. Beelitz hat 1980 die einschlägigen Abschlussquoten in Nordrhein-Westfalen zwischen 1975 und 1978 untersucht und kam dabei zu den folgenden Ergebnissen (Beelitz 1980, S. 43).

Die Gesamtschulen mit ihrem intensiven System der Förderung, Stützung und anderer kompensatorischer Maßnahmen, zu denen sicherlich auch der an den meisten Schulen praktizierte Ganztagsunterricht gehört, statteten einen größeren Anteil ihrer Schüler mit relativ höherwertigen Abschlüssen aus als es das selektive dreigliedrige Schulsystem schaffte. Wichtig erschien in diesem Zusammenhang, dass sowohl der Anteil der Schüler ohne Abschluss an Gesamtschulen niedriger war als an Hauptschulen als auch der Anteil der Schüler mit Fachoberschulreife und Qualifikationsvermerk sowie mit Hochschulreife deutlich höher lag als an den Realschulen und Gymnasien. Dabei war bemerkenswert, dass diese quantitative Steigerung offensichtlich ohne größere Einbrüche in das individuelle Leistungsniveau erzielt wurde. Bei all diesen „Vorzügen" der Gesamtschule bleibt jedoch zu bedenken, dass sich dieses Schulsystem seinerzeit noch in der Modellphase befand, noch kaum verbreitet war und auch noch nicht in Konkurrenz zum dreigliedrigen Schulsystem stand.

Inzwischen aber haben beide Schulsysteme voneinander gelernt und auch das dreigliedrige Schulsystem hat eine Reihe von Reformen erfahren. Von daher verwundert es nicht, dass ein Leistungsvergleich zwischen den Schulsystemen heute zu anderen Ergebnissen gelangt.

Auf der Grundlage von PISA ergibt der Leistungsvergleich der 15jährigen im Bereich der Lesekompetenz: „In Gymnasien liegt die mittlere Leistung naheliegenderweise mit 582 Punkten erheblich über dem OECD-Durchschnitt (von 500 Punkten E. L.) und in Realschulen mit 494 Punkten geringfügig darunter. In Integrierten Gesamtschulen und in Hauptschulen werden Mittelwerte von 459 bzw. 394 Punkten erreicht. Die Differenzen zwischen den Bildungsgängen zeigen sich in allen Fähigkeitsbereichen. Dennoch gibt es in allen drei Leistungsbereichen, die in PISA untersucht wurden, Überlappungen zwischen den Leistungsverteilungen der 15-Jährigen, die verschiedene Bildungsgänge besuchen" (Baumert u.a., PISA-Kurzfassung, S. 43). Die Überlappungen bzw. die Streuung sind dabei in den Gesamtschulen größer als in allen anderen Schulen (vgl. Abbildung 18).

Abbildung 18: Lesekompetenz nach Bildungsgang

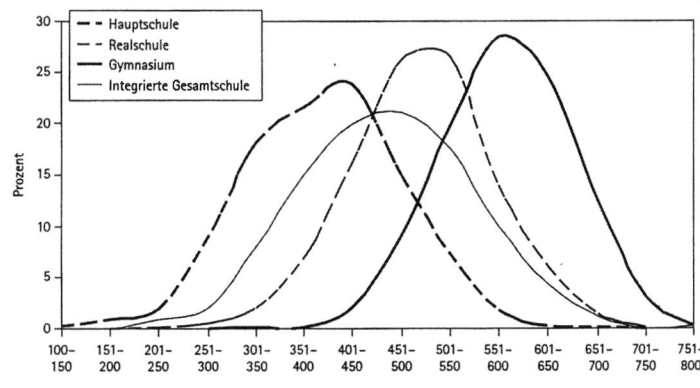

Quelle: Baumert u.a. PISA-Kurzfassung, 2001, S. 43

Die Leistungsunterschiede zwischen der Integrierten Gesamtschule und den übrigen Schulen des dreigliedrigen Schulsystems erklären sich zu einem großen Teil aus der sozialen Zusammensetzung der Schülerschaft, wie wir es aufgrund der Selbstselektionseffekte zu dieser Schulform bereits geahnt haben und wie es jetzt durch die PISA-Studie erneut bestätigt worden ist (vgl. Tabelle 15).

Gesamtschulen werden überwiegend von Kindern aus unteren sozialen Schichten bzw. von Arbeiterkindern aufgesucht, denen man Bildungschancen über das Hauptschulniveau hinaus einräumt. Darüber hinaus werden sie – ebenfalls nach der Hauptschule – bevorzugt von Migrantenkindern aufgesucht, die sich hier ebenfalls größere Bildungschancen als in der Hauptschule versprechen. Nicht zuletzt finden wir hier den höchsten Anteil von Kindern allein erziehender Eltern an allen Schulformen.

Tabelle 15: Zusammensetzung der Schülerschaft an Schulen unterschiedlicher Schulformen (mittlere Schulwerte)

Schulform[1]	Merkmale der Zusammensetzung der Schülerschaft							
	Soziodemographische Merkmale					Leistungsmerkmale		
	Mittlere sozioökonomische Stellung der Eltern (höchster Index: HISEI)	Anteil von Arbeiterfamilien (mittlerer Prozentwert)	Anteil von Familien mit Hochschulreife (mittlerer Prozentwert)	Anteil von Familien mit Migrationshintergrund (mittlerer Prozentwert)	Anteil von allein erziehenden Eltern (mittlerer Prozentwert)	Mittlere Lesekompetenz	Mittlere mathematische Kompetenz	Mittlere naturwissenschaftliche Kompetenz
Hauptschule	41,4	62,9	13,3	40,0	18,7	397	407	403
Schule mit mehreren Bildungsgängen	44,7	63,2	27,5	7,2	17,3	464	470	469
Integrierte Gesamtschule	46,0	51,4	35,9	23,4	19,9	460	463	457
Realschule	48,3	42,5	28,1	20,3	14,0	498	500	495
Gymnasium	57,9	21,7	61,5	13,7	13,2	581	579	576

[1] Die Zweige kooperativer Gesamtschulen sind den Schulformen zugeordnet.

Quelle: Schümer u.a. 2001, S. 462

Fragen wir auch jetzt wieder, inwieweit sich die Schüler an Gesamtschuloberstufen und Gymnasien im Bereich der Sekundarstufe II unterscheiden. Hierzu liegen jüngste Ergebnisse aus einer Studie von Köller, Baumert und Schnabel (1999) aus Nordrhein-Westfalen vor. Erhoben wurden in dieser Studie neben den Schulleistungen am Ende der zehnten Jahrgangsstufe an Gymnasien und Gesamtschulen in verschiedenen Fächern auch deren kognitive Grundfähigkeit und der sozioökonomische Status des Vaters. Auch in dieser Studie liegen die Leistungsmittelwerte der Schüler in den Gesamtschulen in den Fächern Mathematik, Physik, Biologie, Englisch und Politik deutlich unter den Leistungswerten der Gymnasiasten. Gleichzeitig wird deutlich, dass sie aus niedrigeren sozialen Schichten stammen und über eine deutlich reduzierte kognitive Grundfertigkeit verfügen, die über einen Intelligenztest erhoben wurde. Auch beim Durchgang durch die Sekundarstufe II bleiben die Leistungsunterschiede bestehen; sie wachsen zwar nicht weiter an, reduzieren sich aber auch nicht. (vgl. Köller 2003, S. 481 ff.). Damit eröffnen die Gesamtschulen den jungen Erwachsenen, die keinen gymnasialen Bildungsweg eingeschlagen haben, und eher aus bildungsfernen Schichten stammen, den Zugang zur allgemeinen Hochschulreife.

Was die Bewertungsmaßstäbe angeht, wird deutlich, „dass die Lehrer an Gymnasien und Gesamtschulen bei der Benotung der Schüler einen schulinternen Referenzrahmen verwenden, das heißt, die mittleren Noten variieren kaum zwischen den Schulen und Schulformen. Hinter deutlich unterschiedlichen Testleistungen können dementsprechend identische Noten stehen" (Köller 2003, S. 483). Aber auch in den Gesamtschulen findet eine soziale Selektion nach der sozialen Herkunft statt. Unter regionalem Aspekt trägt sie allerdings zum Abbau regionaler Disparitäten überall dort bei, wo sie zu einer Verbesserung des Bildungsangebots insgesamt führt.

„Die nationalen und internationalen Schulleistungsstudien der letzten Jahre haben gezeigt, dass Schüler an Integrierten Gesamtschulen im Vergleich zu Schülern im dreigliedrigen Schulsystem (besonders im Vergleich zu Realschulen und Gymnasien E. L.) einen tendenziell geringeren Kenntnisstand und schwächere Lernzuwächse erreichen. So bitter dieser Befund für Verfechter der Gesamtschulidee auf den ersten Blick auch erscheinen mag, so zeigen detailliertere Analysen sehr wohl auch die Stärken dieser Schulform, die pauschale Forderungen nach Abschaffung der Gesamtschule als wenig gerechtfertigt erscheinen lassen. Denn kleinere, stärker fallbezogene empirische Arbeiten zur Effizienz von Gesamtschulen machen deutlich, dass in dieser Schulform sehr erfolgreich Wissenserwerbsprozesse auf Seiten der Schüler angestoßen werden können und sich auch günstige Befunde im Bereich der psychosozialen Entwicklung zeigen, wenn besondere pädagogische Programme mit der Einhaltung von Mindeststandards einhergehen" (Köller 2003, S. 484). All das ist das Ergebnis der Tatsache, dass sich die Gesamtschule inzwischen als vierte Regelschule neben bzw. in partieller Konkurrenz zum dreigliedrigen Schulsystem etabliert hat.

4.4.5 Fazit: Was bleibt von den Effekten der Schulorganisation?

An dieser Stelle bleibt zu erklären, warum die Organisationsstruktur selbst kaum Effekte auf die soziale Selektivität der Schüler, das Schulklima und die individuelle Schulleistung der Schüler ausübt.

Generell wird man davon ausgehen müssen, dass pädagogische Maßnahmen primär in der Interaktion zwischen Erwachsenen und Kindern ablaufen: Diese pädagogischen Maßnahmen dürften in erster Linie über Erfolg oder Misserfolg in sozial-emotionaler (Klima) und in leistungsmäßiger Hinsicht entscheiden. Unter dieser Voraussetzung gewinnen vor allem die pädagogischen Maßnahmen im Elternhaus zwischen Eltern und Kindern und die Maßnahmen in der Schule zwischen Lehrern und Schülern an Bedeutung. Wer also Erklärungen sucht, wird vornehmlich auf den interaktiven pädagogischen Kontext in Familie und Schule abstellen müssen.

Was zunächst einmal die soziale Selektivität angeht, die sich auch in den Gesamtschulen zeigt, wird man auf den verbleibenden Einfluss schichtspezifischer Sozialisation der Familien auch während der Schulzeit hinweisen müssen. Die Hälfte des Tages bleiben die Kinder in ihren Herkunftsfamilien und in Freundes- und Bezugsgruppen, die weitgehend der Schichtzugehörigkeit der Herkunftsfamilie entsprechen. Dort werden nach wie vor neben der schulischen Sozialisation die Wertorientierungen, Einstellungen und Verhaltensweisen eingeübt, die die Leistungen der Schüler, an Leistungskriterien der Ober- und Mittelschicht gemessen, entweder fördern oder aber behindern.

Was das Klima in den Schulen angeht, wird man in erster Linie auf die Schulleitung und das Lehrerkollegium sowie auf die pädagogischen Maßnahmen der Lehrer im Unterricht abstellen müssen. Der pädagogische Einsatz aber dürfte sich aufgrund der fachlich gleichwertigen Ausbildung der Lehrer der verschiedenen Schulsysteme kaum unterscheiden. Unterschiede ergeben sich allenfalls in der Motivation und in den gesellschaftspolitischen Einstellungen der Lehrer aufgrund der Selbstselektionseffekte der Lehrer zu den unterschiedlichen Schulformen. Einschlägige Untersuchungen zeigen auch, dass Lehrer an Gesamtschulen sich selbst tendenziell eher für reformbereit halten, eher an Umwelt-, denn an Anlagefaktoren in der Erziehung glauben und eher offene Curricula präferieren als Lehrer von Realschulen und Gymnasien. Diese Einstellungen fördern sicherlich den Einsatz kompensatorischer Maßnahmen, verbessern sicherlich aber nicht das Schulklima oder das individuelle Leistungsniveau der Schüler, sondern allenfalls die quantitative, nicht aber qualitative Ausweitung der Produktion höherwertiger Abschlüsse, wie in den Ergebnissen belegt.

Wer also das Schulklima erklären will, muss somit in die Analyse der Interaktionsbeziehungen einsteigen, die in der Schule herrschen. Sie zu analysieren, nicht nur im Hinblick auf die genannten Zielvariablen, sondern auch im Hinblick auf die Entwicklung motivationaler und affektiver Strukturen, wird Aufgabe der folgenden Abschnitte sein.

Darüber hinaus gilt aufgrund der jüngsten PISA-Ergebnisse für den Einfluss der Organisation der Schulen hinsichtlich des Leistungsniveaus der Schüler:

  „Die Leistungsverteilungen der Schülerinnen und Schüler unterschiedlicher Bildungsgänge überlappen sich am Ende der Vollzeitschulpflicht erheblich.

- Die Variabilität der Leistungsniveaus in derselben Schulform ist (ebenfalls E. L.) groß. In jeder Schulform sind an den Verteilungsrändern Schulen zu i-dentifizieren, die sich am Ende der Vollzeitschulpflicht zunehmend in einzelnen Kompetenzbereichen in ihrem mittleren Leistungsniveau nicht von Schulen benachbarter Bildungsgänge unterscheiden.
- Die Leistungsunterschiede zwischen Einzelschulen derselben Schulform sind auf zwei Komponenten zurückzuführen. Der größte Teil der Leistungsvarianz ist ein Ergebnis differenzieller Eingangsselektivität, die in der Regel auf das soziale und schulische Umfeld einer Schule zurückgeht. Ungleichheit wird aber auch innerhalb der Schulen durch unterschiedlich erfolgreiche pädagogische Arbeit erzeugt. Der unterschiedliche Förderungserfolg von Einzelschulen ist einmal schulformabhängig – er geht also auf eine von den Schulen derselben Schulform geteilte Kultur zurück –, zum größeren Teil aber ein Ergebnis der unterschiedlichen pädagogischen Arbeiten in Schulen derselben Schulform" (Baumert, Trautwein, Artelt 2003, S. 308 f.). Womit wir wieder bei der Frage nach den Interaktionsbeziehungen in der Schule wären.

5   Interaktionssoziologische Analyse

5.1   Fragestellungen

Die Schulen und Hochschulen des Bildungssystems erfüllen ihren Sozialisationsauftrag konkret im Unterricht zwischen Lehrern und Schülern. Dabei sei daran erinnert, dass dieser Unterricht im Rahmen formal organisierter Schul- bzw. Hochschulsysteme als einem gesellschaftlichen Teilbereich abläuft, an den mehr oder weniger konkrete Anforderungen aus den Bereichen der Wirtschaft, der gesellschaftlichen Gemeinschaft und der Politik gestellt werden. Dabei sei weiterhin daran erinnert, dass die generelle Ausrichtung dieses Sozialisationsprozesses sowohl in der Vermittlung vorgegebener Wissens- und Wertbestände an die jungen Menschen als auch in der Heranbildung selbständig handelnder, kreativer Persönlichkeiten liegt. Sozialisation in der Schule bewegt sich, wie auch die Sozialisation in den meisten anderen Sozialisationssystemen, im Spannungsfeld zwischen einer Erziehung zur Konformität und einer Erziehung zur Selbständigkeit.

Sofern Sozialisation Erziehung zur Konformität zu den Anforderungen außerschulischer sozialer Systeme impliziert, verlangt sie zum einen die Vermittlung von Kenntnissen sowie von Fähigkeiten und von Fertigkeiten, die das Individuum in die Lage versetzen sollen, den außerschulischen Anforderungen in kognitiver Hinsicht gerecht zu werden. Sie verlangt zum anderen die Vermittlung von Einstellungen, Werthaltungen und Motivationen, die das Individuum dazu befähigen, den außerschulischen Anforderungen in evaluativer Hinsicht zu entsprechen. Einstellungen, Werthaltungen und Motivationen stellen die Selektionskriterien dar, die vor dem Hintergrund von Kenntnissen, Fertigkeiten und Fähigkeiten die Auswahl der den Anforderungen konformer Verhaltensweisen gestatten.

Sofern Sozialisation Erziehung zur Selbständigkeit impliziert, hat sie die individuellen Bedürfnisse, Anlagen und Entwicklungspotentiale zu berücksichtigen, die es dem Individuum ermöglichen, zwischen vorgegebenen Rollen zu wählen, übernommene Rollen zu spielen und Rollenanforderungen sowie Normen zu modifizieren.

In der folgenden interaktionssoziologischen Analyse sollen nun die Fragen beantwortet werden:

1.   Unter welchen Bedingungen laufen die Erziehungsprozesse im Unterricht ab?
2.   Welche unterrichtlichen Effekte lassen sich hinsichtlich der Vermittlung von Kenntnissen und Fähigkeiten beobachten; anders formuliert: welche schuli-

schen Leistungen sind zu beobachten und von welchen unterrichtlichen Bedingungen hängen die Schulleistungen der Schüler ab?

3. Welche unterrichtlichen Effekte lassen sich hinsichtlich der Vermittlung von Einstellungen, Werthaltungen und Motivationen beobachten und von welchen Bedingungen hängen sie ab? Dabei werden wir auf die Vermittlung von Leistungsmotivation, Kooperationsbereitschaft sowie auf die Fähigkeit zu friedlicher Konfliktlösung eingehen.

4. Von welchen schulischen Bedingungen hängt ein „guter Unterricht" ab. Wovon hängt die Schulqualität ab? oder: Durch welche Merkmale zeichnen sich „gute Schulen" aus? In diesem Zusammenhang ist dann auch auf die Themen „Teilautonome Schule" und „Ganztagsunterricht" einzugehen.

5.2   Unterricht als soziale Interaktion in einfachen sozialen Systemen

Der Unterricht in Schulen und Hochschulen stellt eine besondere Form sozialer Interaktion im Rahmen formal organisierter Systeme dar, die sich wie folgt charakterisieren lässt:

- Die unterrichtliche Interaktion findet in den gegenwärtig in der Bundesrepublik zu beobachtenden Schulformen in Klassen, Kursen oder ähnlichen Gruppenveranstaltungen statt, in denen in der Regel ein Lehrer mit mehreren Schülern interagiert. Damit werden alle gruppendynamischen Prozesse entwickelt, die die Sozialpsychologie herausgearbeitet hat (vgl. Hofstätter 1957, 1963). Dyadische Interaktion wie im Privatlehrerverhältnis findet dagegen kaum statt.
- Die unterrichtliche Interaktion ist eine ziel- bzw. zweckgerichtete Interaktion. Für jede Klasse bzw. jeden Kurs sind bestimmte Lernziele und Lernprogramme verbindlich vorgeschrieben, die vom Lehrer und der Gruppe am Ende einer vorgegebenen Periode, in der Regel am Ende eines Schuljahres, erreicht sein müssen.
- Um diese Lernziele zu erreichen, sind bestimmte, fest vorgegebene fachliche Inhalte zu vermitteln. Damit sind bereits inhaltliche Prioritäten gesetzt, von denen weder Lehrer noch Schüler in größerem Umfang abweichen können. Die Vermittlung von Unterrichtsstoff bzw. deren Aneignung durch die Schüler bezeichnen die inhaltliche Seite der Interaktion im Unterricht.
- Die Vermittlung der stofflichen Inhalte erfolgt mittels bestimmter didaktischer Unterrichtsmethoden und -verfahren sowie unter Zuhilfenahme didaktischer Hilfsmittel (Bücher, Karten, Filme, Computer, Internet usw.). Diese Verfahren und Mittel bezeichnen die methodische Seite der Interaktion. Es existiert eine Fülle unterschiedlicher Methodiken und Didaktiken sowie didaktischer Hilfs-

mittel; ihre Effekte auf den Lern- bzw. Leistungsfortschritt werden im Folgenden eingehend untersucht.

▪ Zur Überprüfung des Lernfortschritts auf den Lernzieldimensionen werden laufend Kontrollen benötigt, die in Form von Klassenarbeiten, Leistungstests, Klausuren, mündlichen Prüfungen u.a. durchgeführt werden und den Schüler seine individuelle Lage und den Lehrer die Lage seiner Lerngruppe auf den Zieldimensionen erkennen lassen sollen. Präsentation von stofflichen Inhalten, Aneignung derselben durch die Schüler sowie Überprüfung des Lernfortschritts in regelmäßigen Abständen sind damit die typischen Formen der Interaktion im Unterricht.

▪ Die Interaktion im Unterricht folgt verbindlichen sozialen Normen, die sich im Wesentlichen auf die individuelle Leistung der Schüler und auf ihr soziales Verhalten erstrecken.

Die individuellen Leistungsnormen sind die dominanten Normen, denen die Schüler zu folgen haben; sie setzen das außerhalb der Schule in vielen Bereichen geltende und sozial weitgehend akzeptierte allgemeine Leistungsprinzip in die schulische Situation um. Wer die schulisch geforderten Leistungen erfüllt oder übererfüllt, wird durch gute Noten belohnt, wer nicht bestimmten Mindeststandards entspricht, wird entweder durch schlechte Noten oder aber durch Nichtversetzung in die nächst höhere Lerngruppe bestraft. Hinzu kommt, dass nicht nur Leistung generell, sondern individuelle Leistung gefordert und Gruppenleistung relativ desavouiert wird. Die Folge ist der Zwang zur Konkurrenz der Schüler untereinander. Es kommt nicht darauf an, gemeinsam in Gruppen bestimmte Leistungen zu erbringen – Abgucken und Gruppenarbeit bei Klassenarbeiten werden streng bestraft –, sondern einzeln Leistungen zu erbringen, die an besonders gut messbaren Inhalten kontrolliert werden können und dem Lehrer ein Minimum an subjektiver Bewertung abverlangen. „Die Geltung des Leistungsprinzips ist aber – in Verbindung mit dem in der Bundesrepublik vorherrschenden dreigliedrigen Schulsystem – viel universeller und für alle Schüler folgenreich: Das permanente Erfüllen von Leistungsanforderungen, das ebenso permanente Beurteiltwerden, die Erfahrung von Klassifikation und Selektion sowie schließlich der Zwang zur Konkurrenz – dies sind wohl die psychosozial bedeutsamsten und nachhaltigsten Sozialisationserfahrungen, die Kinder und Jugendliche in der Schule machen. Der Einfluss der Interaktions- und Kommunikationsbeziehungen zwischen Lehrern und Schülern und der Einfluss der schulischen Lerninhalte auf die Sozialisation von Schülern ist qualitativ wie quantitativ durch die beiden zentralen Konstitutionsprinzipien von Schule bestimmt; erst durch den Leistungs- und Selektionszwang wird „die Abhängigkeit der Schüler von den Lehrern und die Konkurrenz zwischen den Schülern strukturell verankert" (Bujok-Hohenauer u.a. 1978, S. 5), erst die Selektion macht eine Transformation der Lerninhalte im Hinblick auf ihre Prüfbarkeit notwendig und favorisiert damit eher konformes Wissen als Kreativität (Fend 1979, S. 182). Im Leistungs- und Selektionsprinzip liegt freilich auch für den Lehrer ein unmittelbar verhaltenswirksamer Zwang. Lehrer müssen Leistungen verlangen und bewerten sowie gemäß ihren Urteilen Schüler selektieren, sie müssen vor allem prüfbare Inhalte lehren und sie können die dadurch gegebene Abhängigkeit der Schüler von ihnen nicht einfach durch ‚Wohlwollen' aufheben" (Ulich 1980, S. 492).

Normen, die das soziale Verhalten der Schüler untereinander und in Bezug auf den Lehrer regeln, beziehen sich zum einen auf die Formen der Kooperation bzw. der Konfliktaustragung zwischen den Schülern und zum anderen auf die Autoritätsbeziehungen zwischen Lehrern und Schülern. Aufmerksamkeit, Ruhe und Disziplin sollen den Lernfortschritt fördern, Gewaltfreiheit wird in der Auseinandersetzung angestrebt, Achtung, Höflichkeit und Ehrerbietung vor der Autorität des Lehrers werden vom Schüler verlangt; kritisches Hinterfragen von Lehreraussagen wird theoretisch häufig zwar verlangt, praktisch jedoch als Versuch der Aushöhlung der Lehrerautorität gewertet.

Um die Leistungs- und Ordnungsnormen durchzusetzen, stehen den Lehrern eine Fülle positiver und negativer Sanktionen zur Verfügung, die zumeist selbst rechtlich verbindlich hinsichtlich der Bedingungen ihres Einsatzes geregelt sind (vgl. die Allgemeinen Schulordnungen der Länder, z.B. die ASchO von NRW vom 25. Juni 2002). Soziologisch bemerkenswert ist in diesem Zusammenhang, dass Leistungs- und Ordnungssanktionen formell zwar klar getrennt sind, in der Unterrichtspraxis aber sowohl Sanktionen, die für Verstöße gegen Ordnungs- und Disziplinnormen vorgesehen sind, zur Veränderung des Leistungsverhaltens eingesetzt werden, als, was wesentlich gravierender ist, leistungsbezogene Sanktionen wie Noten und Bewertungen zur Erreichung von Disziplin und Ordnung eingesetzt werden. Dadurch, dass das Leistungsprinzip und daraus abgeleitete Leistungsnormen im Unterricht eine gegenüber den Ordnungsnormen dominierende Stellung besitzen, wird die Erhöhung von Leistungsanforderungen, die Androhung oder Durchführung zusätzlicher Leistungskontrollen im Unterricht zu einem Sanktionsinstrumentarium auch zur Durchsetzung von Disziplin und Ordnung im sozialen Bereich der Lerngruppe.

Die Möglichkeit, derartige Sanktionssubstitutionen vornehmen sowie generell die Leistungs- und Ordnungsnormen durchsetzen zu können, beruht wesentlich auf der in der unterrichtlichen Interaktion institutionalisierten Machtasymmetrie zwischen Lehrern und Schülern. Diese Machtasymmetrie ist positional verfestigt und konkret in den Normen der Lehrer- und Schülerrollen ausformuliert; so ist nach der Allgemeinen Schulordnung von NRW der Schüler „... insbesondere verpflichtet ... die im Rahmen des Unterrichts oder im Interesse eines geordneten Schullebens notwendigen Anordnungen des Schulleiters, der Lehrer und anderer dazu befugter Personen zu befolgen und die Ordnung in der Schule einzuhalten"

(ASchO NRW § 3 (4)). Die Machtmöglichkeiten des Lehrers liegen jedoch nicht nur in seiner Position begründet (Herrschaft qua Amt), sondern beruhen darüber hinaus auf seiner gegenüber den Schülern bzw. Hochschülern in der Regel überlegenen fachlichen Kompetenz, seinem in der Regel höheren Alter sowie zumeist auch in seiner in der Regel stärker verfestigten Persönlichkeit. Funktional-fachliche und personale Autorität treten somit zur positionalen Autorität hinzu und stabilisieren sie in nahezu unangreifbarer Weise. Zwar wird die fachliche Autorität in der Interaktion in den Vordergrund gerückt, insofern sie bei Geltung des Leistungsprinzips im Konfliktfall die geringsten Begründungsverpflichtungen enthält, sie verdeckt damit jedoch nur die der Interaktionsbeziehung zugrunde liegende positionsgebundene Herrschaft des Lehrers qua Amt. Der Unterricht in der Schule ist somit sowohl bezogen auf die Eintritts-, Austritts- und Interaktionsbedingungen eine besondere Form der Zwangskommunikation.

Als Zwangskommunikation ist der Unterricht auch deswegen zu charakterisieren, weil er in der Regel nicht an den individuellen intellektuell-kognitiven und den motivationalen Voraussetzungen insbesondere der jungen Schüler anknüpft, sondern versucht (und unter den organisatorischen Bedingungen auch versuchen muss), die kognitiven und motivationalen Eingangsvoraussetzungen einander anzugleichen, um die anschließende Sozialisation „im Gleichschritt" aller auf die von außen vorgegebenen Lernziele hin durchführen zu können. Auch hinsichtlich der Lernvoraussetzungen und der Lernfortschritte sind die Unterrichtsbedingungen somit tendenziell eher auf eine Erziehung zur Konformität als auf eine Erziehung zur Selbstständigkeit gerichtet; inwieweit diese Effekte faktisch auftreten, wird anhand der nachfolgenden Evaluationsstudien zu untersuchen sein.

Die Beziehungen zwischen Lehrern und Schülern sind weiterhin als Rollenbeziehungen zu kennzeichnen, wie sie für formal organisierte Systeme im Unterschied etwa zu Familienbeziehungen typisch sind. Lehrer und Schüler begegnen sich in der Regel nur in den spezialisierten Leistungs- und Ordnungsbeziehungen, die auch durch die grundlegenden Normen reguliert werden. Ihre Beziehungen sind nicht mehr ganzheitlich in dem Sinne, dass ähnlich wie in der Familie, jeder den anderen in der Gesamtheit seiner jeweiligen Beziehungen und damit als Gesamtpersönlichkeit erfährt und behandelt. Insbesondere in weiterführenden Schulen in Großstädten gilt, dass die Schüler ihre Lehrer nur in ihren Schulrollen, nicht aber in ihren Familien-, Freundes- und Bekanntenrollen erfahren, und dass umgekehrt die Lehrer kaum noch die Eltern ihrer Schüler, geschweige denn ihre jeweiligen Freunde und Bekannten kennen, sofern sie nicht mit den Schulkameraden identisch sind.

Die Rollenhaftigkeit der Unterrichtsbeziehungen zwischen Schülern und Lehrern im Rahmen der formalen Organisation Schule hat Konsequenzen für das sozial-emotionale Klima während des Unterrichts: Emotionalität und Spontaneität

werden tendenziell als sach- und leistungsfremd ausgeblendet. Affektgeladene
Handlungen zwischen Lehrern und Schülern widersprechen zum einen der Leis-
tungsspezialisiertheit der Beziehungen und zum anderen dem dominierenden kognitiven Stil der Informationsverarbeitung während des Unterrichts. Gleichwohl
stellt sich für den Unterricht immer wieder das Problem, dass ohne eine zumindest
schwach positive sozial-emotionale Beziehung zwischen Lehrern und Schülern, also
ohne ein schwach positives Unterrichtsklima, der Wissenstransfer beeinträchtigt
wird.

Die pädagogische Forderung, nicht für die Schule, sondern für das Leben zu lernen, muss gegenwärtig zunehmend in Frage gestellt werden, da schulisches Lernen
weniger an Alltagserfahrungen oder konkret erwartbaren Praxisanforderungen
anknüpft als an hinter einzelnen Fächern stehenden wissenschaftlichen Disziplinen,
wenngleich im Projektunterricht auch praktische Probleme des Alltags als Anknüp-
fungspunkte des Unterrichts gewählt werden können. Damit stellt sich vor allem
für die Lehrer das Problem der sinnhaften Begründung der Auswahl der Lehr- und
Lerninhalte vor allem dann, wenn auch die berufliche Verwertbarkeit schulischen
Wissens angesichts restriktiver Arbeitsmarktchancen zunehmend in Frage gestellt
erscheint.

Die aufgezeigten asymmetrischen, rollenhaften, schwerpunktmäßig auf individuelle Leistungen kognitiver Art abstellenden Interaktionsbeziehungen werden von
den Schülern mit zunehmendem Alter bewusst erfahren und geraten, wie empirische Untersuchungen belegen, in Widerspruch zur so genannten „Lesebuchwelt"
und zu zahlreichen auch im Unterricht offiziell vertretenen Wertvorstellungen.
Gefordert wird so z.B. die Berücksichtigung individueller Interessen und Begabungen, die Förderung der Schwachen, Solidarität und Kooperation statt Konkurrenz, Gleichheit statt Differenzierung, Freude am Unterricht statt Prüfungsangst,
demokratische Mitbestimmung statt autokratischer Vorgabe von Lerninhalten
und -verfahren. „Die Erfahrung von Widersprüchen und Diskrepanzen ist eine
allgemeine, d.h. von Schulart und -fach nahezu unabhängige Folge des Zurschule-
gehens, eine Folge der institutionellen, hierarchisch-organisatorischen, curricularen
und zeitlichen Zwänge, denen alle Schüler unterliegen; insofern sind solche Erfahrungen „ein zentrales Moment des heimlichen Curriculums und des sozialen Lernens in der Schule" (Furtner-Kallmünzer/Sardei-Biermann 1978, S. 35) (Ulich
1980, S. 477 ff.).

Die vorgegebenen Leistungsnormen und die Bewertungen des Schülers durch
den Lehrer in Bezug auf diese Normen definieren zugleich den Leistungsstatus
und den generellen sozialen Status eines Schülers innerhalb seiner Lerngruppe.
Leistungsmäßig als gut bewertete Schüler erhalten nicht nur einen hohen Status auf
der Tüchtigkeitsdimension, sondern in der Regel gleichzeitig auf der Beliebtheits-
dimension. Personen mit niedrigem Leistungsstatus gelten als Abweichler zunächst

vom „normalen" Leistungsstandard, dann auch vom allgemeinen sozialen Standard. „Als abweichend gelten demnach primär Schüler, „die den schulischen Leistungs- und Verhaltensanforderungen nicht nachkommen bzw. nicht nachkommen können" und überdurchschnittlich aus unteren sozialen Schichten (stammen)" (Brusten, Hurrelmann 1973, S. 156; vgl. Lösel 1975, S. 8ff) (Ulich 1980, S. 490). In Folge dieser negativen Typisierungen der Schüler als Abweichler, als „Schwache" zunächst durch die Lehrer, dann auch durch die Mitschüler übernehmen die Schüler dieses Fremdbild als Selbstbild und verhalten sich dementsprechend. Durch ihr faktisches Verhalten bestätigen sie dann diese negativen Typisierungen und werden in ihren Rollen als zunächst leistungsmäßig, dann generell als sozial abweichend festgestellt. „Wenn die Abweichung schließlich durch Einweisung in eine Sonderschule oder ein Erziehungsheim institutionell zementiert und oft auch juristisch sanktioniert wird – in der Bundesrepublik ist dies jedes Jahr bei mehreren tausend Kindern und Jugendlichen der Fall -, dann ist damit nicht das Ende des Abweichungsprozesses erreicht, sondern oft nur der Anfang einer u.U. lebenslangen Abweichungskarriere" (Ulich 1980, S. 491).

Die bisher aufgezeigten Unterrichtsbedingungen kennzeichnen die Verhältnisse, unter denen die pädagogische Interaktion zwischen Lehrern und Schülern unter den gegenwärtigen organisatorischen und gesellschaftlichen Verhältnissen in der Bundesrepublik nach wie vor überwiegend abläuft. Dabei mag die Charakterisierung der Verhältnisse in einzelnen Dimensionen vielleicht etwas überzeichnet und zu holzschnittartig sein. Im Einzelfall mögen hier durchaus andere Charakterisierungen zutreffender sein; insgesamt dürfte das gezeichnete Bild für den größten Teil der Schulen jedoch realistisch sein, wie der jüngste internationale Vergleich unterschiedlicher Unterrichtskulturen belegt (vgl. Klieme, Rakoczy 2003, S. 345). Wie man den Unterricht aber auch anders gestalten kann, darauf werden wir bei der Analyse der innovativen Schulentwicklungen in Modellschulen noch zurückkommen

Wichtiger ist in diesem Zusammenhang, dass mit dieser allgemeinen interaktionssoziologischen Analyse grundlegende Dimensionen aufgezeigt sind, die bei der Analyse vor allem der Effekte pädagogischer Maßnahmen als Randbedingungen berücksichtigt werden müssen.

*5.3   Lehren und Lernen. Zu den Schulleistungseffekten unterschiedlicher Lehrer- und
Schülerverhaltensweisen sowie Didaktiken und Methodiken*

5.3.1 Zur Verortung

In den vorhergehenden Kapiteln konnte festgestellt werden, dass weder die räum-
lich-finanzielle Ausstattung der Schulen noch die organisatorisch-institutionellen
Voraussetzungen unterschiedlicher Schulformen das individuelle Leistungsverhalten der Schüler in signifikanter und relevanter Weise veränderten. Bereits dort war
darauf hingewiesen worden, dass sich individuelle Leistungsunterschiede vor allem
aus unterschiedlichen Formen der Gestaltung der konkreten Unterrichtssituation
nachweisen lassen müssten, sofern die Schule derartige Variationen der Unterrichtssituationen ermöglicht und nicht etwa individuelle Merkmale der Schüler (z.B.
ihre Intelligenz oder ihre Gedächtnisleistungen) oder aber familiäre Erziehungswei-
sen von größerer Bedeutung für die Schulleistungen sind.
   In diesem Zusammenhang bleibt darauf hinzuweisen, dass die Gesamtvariation
der individuellen Schülerleistungen aus individuellen, familiären und schulischen
Determinanten erklärbar ist, und dass die besten Erklärungs- bzw. Voraussagelei-
stungen durch individuelle und familiäre Determinanten möglich sind. Insbesondere
die soziale Situation in der Herkunftsfamilie hat bedeutsame Effekte auf das schulische Leistungsverhalten der Schüler; hierzu zählen nach Bloom (1964, S. 140) insbesondere Variationen in den folgenden Merkmalen:
1. „Leistungsdruck,
2. Sprachverhalten im häuslichen Milieu,
3. Anleitung zur Schularbeit zu Hause,
4. Anreiz aus der häuslichen Umgebung, die weitere Umgebung zu entdecken,
5. intellektuelle Interessen und Aktivitäten zu Hause,
6. zu Hause besonders betonte Arbeitshaltungen" (zitiert nach Fend 1981,
    S. 276).
Die hier genannten Faktoren sind auch von erheblicher Bedeutung für die allgemeine Intelligenzentwicklung und für die Entwicklung kognitiver Grundstrukturen,
die bereits im Kleinkindalter ihre Effekte entfalten und durch das jeweilige familiäre Erziehungsmilieu entweder gefördert oder aber behindert werden. Die relativen
Effekte etwa der sozialen/familiären Herkunft, der organisatorisch-institutionellen
Bedingungen und der konkreten Unterrichtsbedingungen auf die individuellen
Schulleistungen von Vierzehn- bis Fünfzehnjährigen lassen sich auf der Basis älterer Untersuchungen für die Bundesrepublik grob etwa wie folgt angeben (vgl. Fend
1981, Schultze 1974):

▪ Den mit Abstand größten Effekt auf die individuellen Schülerleistungen besitzt die soziale Herkunft, insbesondere das dort akkumulierte kulturelle, ökonomische und soziale Kapital, in Verbindung mit der daraus resultierenden kognitiven und motivationalen Grundausstattung der Schüler (insbesondere Intelligenz und Leistungsmotivation).

▪ An zweiter Stelle stehen die konkreten Unterrichtsbedingungen, auf die wir im Folgenden näher eingehen.

▪ Die institutionellen und organisatorischen Bedingungen der Schule wie Schulform oder Schulart spielen dagegen eine verschwindend geringe Rolle, wie bereits mehrfach erwähnt wurde.

Die Aspekte der sozialen Herkunft, die zur Selektion zu den verschiedenen Schulformen und zu den verschiedenen Schularten führen, sind bereits ausführlich behandelt; weitere Aspekte der familiären Herkunft, wie die Größe der Herkunftsfamilie, gemessen über die Kinderzahl, die Familienform und die Berufstätigkeit der Mütter, werden wir am Ende dieses Abschnitts allerdings noch thematisieren. Beginnen wir mit den konkreten Unterrichtsbedingungen bzw. mit der Frage, wovon hängt die Unterrichtsqualität ab.

5.3.2 Unterrichtsqualität als Thema der Schulpädagogik

Zu den bahnbrechenden Studien zur Unterrichts- und Schulqualität und ihren Einflüssen auf die schulischen Leistungen sowie auf Lernfreude, Arbeitsbereitschaft und psychisches Wohlbefinden der Schüler zählen in Deutschland besonders die Studien von Fend aus den 70er Jahren, die er 1998 noch einmal zusammengefasst hat (Fend 1998, insbesondere Kapitel 5). Wir werden im Folgenden allerdings schwerpunktmäßig auf die Ergebnisse jüngerer Studien, wie z.B. TIMSS und PISA, aber auch LAU und MARKUS eingehen, die im Wesentlichen die Ergebnisse der älteren Studien von Fend bestätigen (vgl. Klieme, Rakoczy 2003).

Die Schulpädagogik und Didaktik hat sich seit vielen Jahren mit der Frage beschäftigt, was guten Unterricht ausmacht. Nach Diederich und Tenorth (1997) ist hier an drei Traditionen anzuknüpfen, die je unterschiedliche, aber miteinander kombinierbare Kriterien guten Unterrichts in den Vordergrund stellen:

In der Tradition von Herbart soll der systematische Wissensaufbau in den Vordergrund gerückt werden. Der Unterricht zeichnet sich hier durch eine klare Planung, den Aufbau in wohl definierte Phasen (Einführung, Durcharbeiten, Üben, Anwenden und Probleme lösen) und durch die störungsfreie Klassenführung durch den Lehrer aus.

Die reformpädagogische Tradition betont dagegen stärker das aktive, selbstständige Lernen der Schüler. Ziel der Schule und des Unterrichts ist es dann, den Schülern eine möglichst anregende Lernumgebung zu bereiten, die es ihnen ermöglicht, selbstbestimmt und in Kooperation miteinander zu lernen. Der Unterricht ist hier stärker schülerzentriert und verlangt ein positives Schul- und Unterrichtsklima.

- In der fachdidaktischen Tradition geht es darum, die Unterrichtsinhalte, Lernmaterialien und Methoden so zu gestalten, dass die Lernenden die grundlegenden Konzepte, Verfahren und Prinzipien des Faches verstehen. Guter Unterricht zeichnet sich dann dadurch aus, dass die Schülerinnen und Schüler sich bei hoher kognitiver Aktivität, beispielsweise problemorientiert mit fachlichen Inhalten auseinandersetzen (vgl. Klieme, Rakoczy 2003, S. 333 f.).

5.3.3 Unterrichtsqualität als Gegenstand der Schulforschung

In der empirischen Forschung ist nun immer wieder versucht worden, die sich aus diesen Traditionen ergebenden Merkmale eines „guten Unterrichts" in Beziehung zu den Fachleistungen und zu allgemeinen Affekten, Motivationen und Interessen der Schüler zu setzen. So versuchen z.b. Helmke und Schrader (1990) so genannte Positivklassen zu identifizieren, in denen sowohl die kognitiven Schulleistungen als auch die affektiv-motivationalen Elemente gleichermaßen als Kriterien heran gezogen wurden. Im Ergebnis sollte ein „guter Unterricht" dann eine Ausbalancierung beider Kriterien gewährleisten. Gruehn hat in seiner Studie (1995) für eine positive Gesamtentwicklung der Schüler unter Berücksichtigung sowohl der kognitiven als auch der affektiv-motivationalen Kriterien die folgenden Faktoren identifiziert: „eine effiziente Klassenführung, ein geringer Leistungsdruck, niedriges Interaktionstempo, klar verständlicher und wenig sprunghafter Unterricht sowie positive Schülerorientierung, sozialdiagnostische Kompetenz und individuelle Bezugsnormorientierung ... Wenn Lehrer eine individuelle Bezugsnorm nutzen, bewerten sie die Leistungen der Schülerinnen und Schüler nicht im Vergleich innerhalb der Klasse, sondern an der Leistungsentwicklung jeder bzw. jedes einzelnen" (Klieme, Rakoczy 2003, S. 334).

Zu ähnlichen Ergebnissen kommt die Münchner Hauptschulstudie (vgl. Helmke, Weinert 1997), die in ihrem Kern den deutschen Beitrag zur internationalen Classroom Environment Study der IEA repräsentierte und in der die Leistungsentwicklung im Fach Mathematik und die Entwicklung leistungsrelevanter Motive und Einstellungen in Abhängigkeit von unterrichtlichen Merkmalen an 39 Klassen und deren Lehrern vom Beginn der fünften bis zum Ende der sechsten Klassenstufe untersucht wurden. Die günstigste Leistungsentwicklung war dabei in den Klassen zu finden, deren Unterricht durch Klarheit, ausgeprägte Lehrstofforientierung, häufige individuelle fachliche Unterstützung, Effizienz der Klassenführung und ein hohes Anforderungsniveau charakterisiert ist.

In Anlehnung an diese Erkenntnisse wurde am MPI für Bildungsforschung eine im Zusammenhang mit der TIMS-Studie durchgeführte Videostudie systematisch ausgewertet. In dieser TIMS-Videostudie wurde der Mathematikunterricht in der achten Jahrgangsstufe in 100 Schulklassen, die bundesweit repräsentativ ausgewählt worden waren, über ein Jahr im Längsschnitt beobachtet und mit Tests und Fragebögen für die Schüler verbunden. Auf der Basis dieser Beobachtungen konnten auf der Grundlage von 21 Beobachtungsdimensionen über eine Faktorenanalyse drei Grunddimensionen von Unterrichtsqualität ermittelt und in Beziehung zur Fachleistung sowie zum Fachinteresse in Mathematik gesetzt werden, hierzu zählen (vgl. Klieme, Rakoczy 2003, S. 335):

- Effiziente Klassenführung: Hierzu gehören Bewertungsskalen, bei denen es um die Häufigkeit von Störungen, mögliche Zeitverschwendung und Sprunghaftigkeit, aber auch um effektive und präventive Behandlung von Unterrichtsstörungen, die Klarheit von Regeln und das Monitoring des Lehrers geht.
- Schülerorientierung: Hierzu gehören Urteile, die sich auf die soziale Orientierung der Lehrperson und auf deren diagnostische Kompetenz beziehen. Schülerorientierung wird auch durch eine individuelle Bezugsnormorientierung der Lehrperson, eher niedrigen Leistungsdruck und niedriges Interaktionstempo angezeigt.
- Kognitive Aktivierung: Hierzu gehören vor allem anspruchsvolles Üben und die Nutzung von Fehlern als Lerngelegenheiten.

Hinsichtlich dieser drei Grunddimensionen lassen sich die Schulklassen in Deutschland nun systematisch unterscheiden und beobachten. Nach Klieme und Rakoczy entsprechen diese drei Grunddimensionen genau den oben beschriebenen pädagogischen Grundtraditionen: „Eine effiziente, störungsfreie und gut strukturierte Unterrichtsführung ist aus der „herbatianischen" Perspektive wichtig, Schülerorientierung aus reformpädagogischen Überlegungen und kognitive Aktivierung vor allem aus fachdidaktischer Perspektive" (Klieme, Rakoczy 2003, S. 336).

Untersucht man nun den Zusammenhang zwischen diesen drei (aufgrund von Beobachtung ermittelten) Grunddimensionen und den (mittels Test und Fragebogen erhobenen) Lernleistungen sowie dem Lerninteresse im Fach Mathematik, dann zeigt sich das hypothetisch erwartete Ergebnis: Je höher die kognitive Aktivierung desto besser wurde die mathematische Schulleistung, und: Je höher die Schülerorientierung der Lehrer war desto größer wurde das Fachinteresse der Schüler im Laufe des Jahres. Die Effizienz der Klassenführung zeigte zwar keine direkten Effekte auf die Leistung und das Interesse, war jedoch eine Vorbedingung für ein hohes Niveau an kognitiver Aktivierung.

Aber auch aus der PISA-Studie lassen sich indirekt Rückschlüsse auf Dimensionen erfolgreichen Unterrichts und ihren Zusammenhängen mit den Schülerleistungen, speziell der Lesekompetenz und der mathematischen Kompetenz ziehen. In der deutschen Ergänzungsstudie wurde die Stichprobengröße auf 1.400 Schulen erweitert, so dass Aussagen über Schulen, wenn schon nicht über Klassen und Kurse, als Untersuchungseinheiten vorliegen. Die Aussagen basieren auch nicht auf Beobachtungen, sondern den Ergebnissen der Schülerbefragungen. PISA ist zwar nur als Querschnittstudie angelegt, gleichwohl können die korrelativen Zusammenhänge unter theoretischen Zusatzannahmen als Kausalhypothesen interpretiert werden, die normalerweise ein Längsschnittdesign voraussetzen. Unter Berücksichtigung dieser Einschränkungen sollen in Anlehnung an die Zusatzauswertungen von Klieme und Rakoczy die folgenden Fragen beantwortet werden:

- Lassen sich im internationalen Vergleich unterschiedliche Unterrichtskulturen beobachten?
- Gibt es zwischen den Bundesländern unterschiedliche Unterrichtskulturen?
- Lassen sich zwischen den einzelnen Schulen typische Muster der Unterrichtsgestaltung feststellen?
- Existieren zwischen den (über die Schulen erhobenen) Unterrichtsmerkmalen und den Lernergebnissen (Leistung und Interesse) Zusammenhänge?

Als „Unterrichtsmerkmale" wurden über die Schülereinschätzungen im Einzelnen die folgenden Merkmale erhoben, die auch die Grunddimensionen eines „guten Unterrichts" abdecken:

- Disziplinprobleme,
- Unterstützung durch die Lehrkraft,
- Leistungsdruck,
- Individuelle Bezugsnormorientierung der Lehrkraft,
- Klarheit und Regeltreue,
- Anspruchsvolles Üben (nur für den Mathematik-Unterricht).

Die Auswertung erfolgte in der Weise, dass eine möglichst hohe Vergleichbarkeit der Daten im internationalen und nationalen Kontext erreicht wurde (vgl. Baumert, Stanat, Demmrich 2001). Im einzelnen zeigen sich die folgenden Ergebnisse (vgl. Klieme, Rakoczy S. 342 ff.):

- Im internationalen Vergleich zeigen sich deutlich unterscheidbare Unterrichtskulturen. In Japan, Skandinavien und den angelsächsischen Staaten dominiert eine hohe Lehrerunterstützung, eine hohe Beziehungsqualität und ein niedriger Leistungsdruck. „Man könnte sagen, dass das Lehrerhandeln in diesen Kulturregionen – aus Sicht der Schülerinnen und Schüler – primär durch Unterstützung der Lernenden charakterisiert ist. In den mitteleuropäischen Staaten (Luxemburg, Belgien, Niederlande, Frankreich, Schweiz, Österreich E. L.) steht hingegen eindeutig die Qualität der Lehrer-Schüler-Beziehung im Vordergrund. Der Leistungsdruck ist in den allermeisten Staaten dieser Regionen relativ gering ausgeprägt. Deutschland schließlich zeigt, wie auch die osteuropäischen Staaten und Südkorea, einen dritten Profiltyp: Hier steht aus der Perspektive der

Lernenden eindeutig der Leistungsdruck im Vordergrund. Dieser Befund ist zu Charakterisierung der Unterrichtskultur in Deutschland sehr bedeutsam. Sie zeichnet sich im Unterschied zur Unterrichtskultur in den allermeisten angelsächsischen, nord- und westeuropäischen Staaten durch einen als relativ hoch empfundenen Leistungsdruck und eine relativ niedrige Unterstützung durch Lehrkräfte aus" (Klieme, Rakoczy, 2003, S. 345). Hier mag noch ein Hinweis auf die benachbarte Schweiz angebracht sein, in der die Qualität der Lehrer-Schülerbeziehungen und das Unterstützungsverhalten der Lehrer wesentlich positiver eingeschätzt werden, auch erscheint der Unterricht hier wesentlich weniger durch Störungen belastet. Zu den gleichen Ergebnissen kam auch schon Fend in seinen Schweizer Studien Anfang der 90er Jahre (Fend 1998, S. 234 ff.).

▪ Versucht man nun Zusammenhänge zwischen den Unterrichtskulturen der verschiedenen Länder und den Schulleistungen der Schüler zu berechnen, wird man sicherlich die unterschiedlichen Schulsysteme, vor allem aber die unterschiedlichen sozialen Kontexte mit ihrer unterschiedlichen Selektivität zu weiterführenden Schulen berücksichtigen müssen. Bekanntermaßen ist in Deutschland der Zusammenhang zwischen der sozialen Herkunft und dem Bildungsweg sowie dem Leistungsniveau größer als in allen anderen in PISA untersuchten Ländern. Berücksichtigt man jedoch die sozialen Kontexte im Rahmen einer multiplen Regressionsanalyse, dann ergeben sich erste deutliche Hinweise auf Zusammenhänge zwischen den lernkulturellen Merkmalen und den Schulleistungen der Schüler. So zeigen Schüler aus Schulen mit einer hohen Unterrichtsdisziplin deutlich bessere Leistungen als Schüler aus Schulen mit erheblichen Disziplinproblemen. „Bei der Korrelation zwischen Unterrichtsdisziplin und Leistungsniveau handelt es sich also um einen starken system- und kulturübergreifend gültigen Befund zum Verhältnis von Unterricht und Lernerfolg auf Schulebene. Hohes Leistungsniveau und eine geordnete Unterrichtsatmosphäre sind nicht etwa komplementär, sondern hängen eng zusammen. Hierin spiegelt sich der oben genannte Befund der empirischen Unterrichtsforschung, dass eine störungsfreie Lernumgebung Voraussetzung für erfolgreiches Lernen im Klassenverband ist" (Klieme, Rakoczy 2003. S. 347 f.). Darüber hinaus zeigt sich, dass die wahrgenommene Beziehungsqualität deutlich das Interesse der Schüler an ihren Fächern verbessert. Damit wird auch hier ein weiterer Befund der empirischen Unterrichtsforschung bestätigt: Schülerorientiertes, akzeptierendes Lehrerhandeln fördert die Motivation und das Interesse der Schüler.

▪ Was den Vergleich der Unterrichtskulturen zwischen den Ländern der Bundesrepublik angeht, sind keine nennenswerten Unterschiede erkennbar: Durchweg empfinden die Schülerinnen und Schüler den Leistungsdruck als relativ hoch und die Unterstützungsbereitschaft der Lehrenden als relativ niedrig.

■ Bleibt zum Schluss der Vergleich der Schulen untereinander. Dieser Vergleich
wird in der PISA-Zusatzauswertung allerdings nur für Gymnasien durchgeführt, da sie die sozial am homogensten zusammengesetzte Schülerschaft besitzen, und nur für die Leistungen und das Interesse im Fach Mathematik durchgeführt, da dieser Test als angemesseneres Kriterium für den Lernerfolg gehalten wird als die Lesekompetenz. Im Ergebnis zeigen sich sowohl für die individuelle Ebene der Schüler als auch für die kollektive Ebene der Schulen die
folgenden Zusammenhänge: Die Mathematikleistungen steigen in Schulen, in
denen eine hohe kognitive Aktivierung, gemessen über anspruchsvolles Üben
erfolgt, in denen den Lehrern Klarheit und Regeltreue sowie eine hohe Unterstützung der Schüler nachgesagt wird und in denen die Disziplinprobleme gering sind. Das Interesse am Fach Mathematik steigt besonders bei hohen Un-
terstützungsleistungen durch die Lehrer in Verbindung mit einer individuellen
Bezugsnormorientierung, einem anspruchsvollen Üben und Klarheit und Regeltreue in der Präsentation. Umgekehrt sinkt das Interesse bei Undiszipliniert-
heit im Unterricht und bei hohem Leistungsdruck. Auch hier bestätigen sich die
sowohl im internationalen Vergleich als auch in der empirischen Unterrichtsforschung gefundenen Ergebnisse: Effiziente Klassenführung und hohe kognitive
Aktivierung verbessern die Schulleistungen auf der Klassenebene. Schülerorientiertes Unterrichten fördert das Interesse der Schüler am Fachunterricht. Beide
Dimensionen sind damit als zentrale Dimensionen qualitativ hochwertigen Unterrichts wiederholt bestätigt. Sie stehen nicht in einem Konflikt zueinander,
sondern sind einander komplementär. Letztlich bestätigen diese Ergebnisse nur
die bereits in den 50er und 60er Jahren gewonnenen Erkenntnisse aus der Sozialpsychologie von Gruppen, in denen erfolgreiche Gruppenführer (hier: Lehrer) grundsätzlich Erfolge sowohl in der Leistungsdimension als auch in der af-
fektiv-sozialen Dimension erzielen müssen.

In diesem Zusammenhang ist auch auf die älteren und neueren Studien kurz einzugehen, die hier Differenzierungen in Abhängigkeit von den intellektuellen und
fachlichen Vorkenntnissen der Schüler berichten. Eine ältere zusammenfassende
Untersuchung von Rosenshine (1976) konzentriert sich auf Untersuchungen, die
sich speziell auf den Unterricht mit Kindern erster Schuljahre aus sozial benachteiligten Familien in den Fächern Lesen und Mathematik beziehen.

Positive konsistente Zusammenhänge zum Lernerfolg zeigen sich unter den Bedingungen einer homogenen Lerngruppe sozial benachteiligter Kinder erster Schuljahre in nur zwei Fächern bezüglich der folgenden Unterrichtsmerkmale:

  ■ der Länge der in den Unterricht investierten Zeit und die Curriculum-
    Adäquanz der vermittelten Inhalte,
  ■ der Unterrichtung der gesamten Gruppe unter stetiger Aufsicht,
  ■ die Anwendung direkten faktenbezogenen Frageverhaltens,

▪ hohe aufgabenzentrierte Aufmerksamkeit der Schüler,
▪ lobende Rückmeldungen zum Leistungsverhalten sowie Anerkennung von Antworten und Kommentaren von Schülern.
Auf der anderen Seite behinderten die folgenden Merkmale den Lernerfolg:
▪ die Länge der nicht direkt unterrichtsbezogen durchgeführten Aktivitäten wie Spiele, Musik und künstlerische Aktivitäten,
▪ die Arbeit mit einigen wenigen Schülern unter Vernachlässigung der anderen,
▪ die Anwendung offener, auf komplexe Denkprozesse gerichteter Fragen,
▪ Unaufmerksamkeit der Schüler,
▪ negative Rückmeldungen bei Fehlern und Kritik.

Für Rosenshine sprechen diese Ergebnisse bei dieser Schülerpopulation für ein im hohen Maße strukturiertes Unterrichtsmodell, bei dem die Arbeiten vom Lehrer stark vorstrukturiert und kontrolliert werden, in dem wenig Zeit für individuelle, unkontrollierte Arbeit besteht. „Der Lehrer ist der dominante Organisator der Aktivitäten in der Klasse, er bestimmt, was geschieht, und führt den Unterricht, ohne alles genau zu begründen. Die Lehrerfragen sind tendenziell eng; von den Schülern wird erwartet, dass sie eher etwas wissen, als dass sie Antworten erraten. Der Lehrer stellt unmittelbar nach der Antwort fest, was richtig und was falsch ist. Der Lernprozess ist um Fragen organisiert und wird direkt und geschäftsmäßig gesteuert" (Fend 1981, S. 319).

Die bisher für leistungsschwache Schüler aus relativ niedrigen sozialen Schichten gefundenen, offensichtlich effektiven Formen direkten und strukturierten Unterrichts gaben Anlass, nach den Formen zu suchen, die den leistungsstärkeren Schülern angemessen sind. Dabei zeigt sich, dass für leistungsstärkere Schüler selbststrukturierbarer, offener Unterricht, der viel Eigeninitiative und Selbstbestimmung sowie individuelles Arbeiten verlangt, höhere Lernerfolge zeigt.

Wenngleich die relative Leistungsfähigkeit der Schüler möglicherweise das wichtigste Merkmal ist, bezüglich dessen die Unterrichtsformen variiert werden sollten, wenn die Leistungen verbessert werden sollen, bleibt jedoch nach wie vor auch auf die weiteren situativen Randbedingungen hinzuweisen, die es zu berücksichtigen gibt, nämlich die Zielsetzung des Unterrichts, die Motiviertheit und das Interesse der Schüler, das mit dem Alter gegebene Niveau der Selbstständigkeit der Schüler sowie die Art des unterrichteten Faches (hier ist von erheblicher Bedeutung, ob etwa Mathematik oder Kunst unterrichtet wird) (vgl. Abbildung 19 aus Fend 1981, S. 322). Ähnliche Ergebnisse finden sich auch in der oben angesprochenen Münchener Hauptschulstudie (vgl. Helmke, Weinert 1997).

Die pädagogischen Reformversuche haben in den letzten Jahrzehnten auch eine Fülle neuer didaktischer Maßnahmen empfohlen und ihre relative Wirksamkeit empirisch zu überprüfen versucht. Dies gilt z.B. (in Anlehnung an Fend 1981, S. 306):

- bei der Einführung von Gruppenunterricht im Vergleich zum üblichen Frontalunterricht,
- bei der Einführung von Formen programmierter Instruktion,
- bei neuen Methoden des Schreiben- bzw. Lesenlernens,
- bei der Propagierung des entdeckenden Lernens,
- bei dem Versuch, über Medien Veranschaulichung zu intensivieren,
- bei der Einführung von team-teaching und Großgruppenunterricht,
- bei der Einführung forschenden Lernens,
- bei der Propagierung schülerzentrierter, informeller Lehrverfahren,
- bei der Favorisierung von Diskussionsmethoden zu Ungunsten des Lehrervortrags.

Fend fasst die Ergebnisse der empirischen Begleituntersuchungen kurz wie folgt zusammen: „Die vielen Untersuchungen zu diesen alternativen Lehrverfahren haben das für viele enttäuschende, für viele aber auch tröstliche Ergebnis erbracht, dass es die generelle und unzweifelhafte Überlegenheit einer einzigen Unterrichtsmethode nicht gibt" (Fend 1981, S. 307). Erkennbar ist allenfalls, dass sich der Wechsel von Unterrichtsmethoden positiv auf die Lernleistungen auswirkt und dass für unterschiedliche Lernphasen und unterschiedliche Schülervoraussetzungen unterschiedliche Verfahren sinnvoll erscheinen.

„So scheint die generelle Betonung von informellen Formen des Lernens, von schülerzentrierten Aktivitäten, von entdeckendem Lernen, von kreativitätsorientiertem Unterricht nicht für alle Schüler gleich segensreich zu sein. ... Während begabte Schüler davon profitieren, scheinen schwächere und eher ängstliche Schüler unter strukturierten Lernbedingungen mehr zu lernen und sich wohler zu fühlen. Dies ist eine der stabilsten Interaktionen zwischen Unterrichtsmethode und Schülerpersönlichkeit. ... Insgesamt ist jedoch eine massive Warnung vor jeglicher Dogmatisierung eines einzigen unterrichtlichen Vorgehens angebracht. Zu komplex ist dazu der Lehr-Lernprozess, der eine Spezifizierung und flexible Anwendung unterschiedlicher Vorgehensweisen nach Fächern, Lernzielen, Altersstufen und Schülergruppen verlangt" (Fend 1981, S. 308).

Dieser Bewertung von Fend ist nichts hinzuzufügen; es wäre auch verwunderlich gewesen, wenn sich angesichts der Komplexität der aufgezeigten unterrichtlichen Verhältnisse einfache Zusammenhänge zwischen bestimmten didaktischen Maßnahmen und den Schulleistungen der Schüler gezeigt hätten.

Abbildung 19: Interaktion zwischen Unterrichtsstil und Leistungsniveau der Schüler

Leistungsschwache Schüler	Leistungsstarke Schüler
Gewährung von wenig Spielraum für schüler-initiiertes Lernen	Viel Spielraum für „self-direction"
Viele „advance organizers"	Wenige „advance organizers"
Viele Wiederholungen und gewissenhafte Erfolgssicherung	Geringe Vorstrukturierung
Intensive Veranschaulichung	Zwang zu abstraktem Denken
Häufiges Feedback, Zwischenfragen	Fragen eher auf höhere Lernprozesse (Anwendung, Synthese) ausgerichtet
Exakt ausgearbeitetes, in kleinen Schritten organisiertes Lehrprogramm	Systematische Erklärungsformen (logisch deduktiv und weniger illustrativ-induktiv)
Induktive Erklärungsmethoden	Betonung von entdeckendem Lernen Vorherrschaft verbaler Erklärung
Differenzierungsform:	
Möglichst lange in heterogenen Gruppen	Frühe Differenzierung tendenziell günstiger
Ausfallförderung – lückenschließendes Lernen	Wahl eigener Leistungsbereiche
Lehrereinstellungen:	
Besonders ungünstig: Eliteorientierte Lehrer, die schwache Klassen unterrichten müssen („Schrottklassen")	Ungünstig: lediglich zeitfüllende Beschäftigung guter Schüler bei vorzeitiger Beendigung von Aufgaben im Klassenverband

5.3.4 Zur Genese von Leistungsmotivation

Da die bisherigen Überlegungen die schulischen Leistungen und das fachliche Interesse der Schüler in den Vordergrund gerückt haben, bleibt an dieser Stelle auch die grundlegende Frage zu beantworten, inwieweit die Schule auch die Leistungsmotivation der Schüler fördert.

Die folgenden Analysen zur Leistungsmotivation beruhen weitgehend auf den nach wie vor grundlegenden und heute noch gültigen Überlegungen von Atkinson und Feather (1966), von Heckhausen (1963, 1977) sowie auf der Zusammenfassung von Schmerl (1978).

Diesen Vorstellungen zufolge bezeichnet „Leistungsmotivation, Leistungsten-
denz, n-achievement, auch Leistungsorientierung die Tendenz einer Person, eine
Vielzahl von Tätigkeiten primär unter dem Aspekt „Erfolg-Mißerfolg" zu sehen
und entsprechend dieser Kategorisierung das Bestreben zu zeigen, die eigene
Tüchtigkeit bei diesen Tätigkeiten möglichst hoch zu halten" (Krohne 1973). In der
Zusammenfassung von Schmerl (1978, S. 87) gehen in die Vorstellung von Leistungsmotivation die Elemente ein, „dass

▪ Leistungsmotivation als ein energetisierendes Motiv konzipiert ist, das poten-
tielles Leistungsverhalten erst in Gang setzt,

▪ Leistungsmotivation als situations- und aufgabenunspezifische Handlungsener-
gie gesehen wird, die durch entsprechende Hinweise ausgelöst wird,

▪ Leistungsmotivation erst dann vorliegt, wenn Handlungen als persönliche Erfolge erlebt werden, d.h. wenn Leistungen mit dem Erlebnis persönlicher Tüchtigkeit verknüpft werden."

Nach Heckhausen kann von Leistungsverhalten dann gesprochen werden, wenn
das individuelle Handeln von Personen in Situationen durch die folgenden Merkmale charakterisierbar ist:

▪ „die Situation muss Aufgabencharakter haben; es muss ein eindeutiges, objekti-
vierbares Ergebnis erzielbar sein,

▪ das Handlungsergebnis muss nach bestimmten Gütemaßstäben (Tüchtigkeit,
Qualität, Quantität) beurteilbar sein,

  die Handlung darf weder zu schwer noch zu leicht sein, so dass Erfolg und
Misserfolg personenrelevant auf die individuelle Leistungsfähigkeit bezogen
werden können,

▪ die Handlung muss auf ein persönliches Anspruchsniveau (Schwierigkeitsgrad,
Kraftaufwand, Handlungsziel usw.) beziehbar sein, das für das Individuum als
eigener verbindlicher Tüchtigkeitsmaßstab anerkannt ist,

▪ das Handlungsergebnis muss als selbst verursacht, d.h. als sowohl beabsichtigt,
wie auch persönlich herbeigeführt erlebt werden" (Heckhausen 1977, S. 297 f.).

Die Leistungsmotivation in der hier konzipierten Fassung enthält wie die meisten
Motivationsvorstellungen sowohl individuelle wie situationsspezifische Elemente:
Motive ergeben in Verbindung mit bestimmten situativen Bedingungen Motivatio-
nen.

Zu den situativen Bedingungen der Leistungsmotivation gehört, dass die Situation eine Aufgabe enthält, die nach bestimmten Gütekriterien beurteilt werden kann
(vgl. a und b). Die Aufgabenbestimmtheit impliziert, dass es sich um abgeschlossene oder doch zumindest abschließbare Tätigkeiten handelt, so dass Routinetätigkei-
ten, aber auch spielerische Tätigkeiten und viele Freizeitaktivitäten nicht als Aufgaben und damit nicht als Leistungen betrachtet werden können. Die Forderung, dass
die Aufgabenerfüllung an Gütekriterien messbar sein muss, impliziert, dass nicht

nur individuell akzeptierte, sondern allgemein gültige Gütekriterien aufgabenbezogen existieren und vom Individuum akzeptiert werden. Leistung wird damit von gesellschaftlich definierten Gütekriterien abhängig gemacht. Als weitere Einschränkung des Leistungsbegriffs dient die relative Schwierigkeit der Aufgabe in Bezug auf das eigene Leistungsvermögen. „Der Schwierigkeitsgrad muss zwischen den Randbereichen des zu Leichten oder des zu Schwierigen liegen. Was mühelos gelingt, ist keine Leistung." (Heckhausen 1974, S. 12). Diese Einschränkung wird notwendig, damit der Erfolg oder der Misserfolg auf die individuelle Leistungsfähigkeit bezogen werden kann. Die Leistungsmotivation besteht in ihren individuellen Elementen auch nicht aus einem einzigen Motiv, sondern aus zwei Motiven, nämlich der Hoffnung auf Erfolg und der Furcht vor Misserfolg. Das Leistungsmotiv oder die leistungsorientierte Tendenz ist dann das Ergebnis der Differenz zwischen der Hoffnung auf Erfolg und der Furcht vor Misserfolg. Die Leistungsmotivation einer Person erscheint unter den gegebenen situativen Bedingungen umso größer, je mehr die Hoffnung auf Erfolg die Furcht vor Misserfolg bei der Aufgabenerfüllung übersteigt. Zu den individuellen Elementen gehört weiterhin das persönliche Anspruchsniveau, das die persönlich für verbindlich gehaltene Lage der Aufgabenerfüllung bezüglich der von außen vorgegebenen Gütekriterien bezeichnet. Erfolgreich ist eine Aufgabenerfüllung dann, wenn das Anspruchsniveau auf diesen Gütedimensionen erreicht wird. Als Leistung wird die Handlung aber auch nur dann aufgefasst, wenn das Ergebnis als individuell verursacht betrachtet wird, also eine bestimmte Form kausaler Attribution vorliegt. So ist zum Beispiel auszuschließen, dass die Verursachung als durch äußere Umstände, durch Glück und Zufall, durch Dritte oder aber als unbeabsichtigt wahrgenommen wird.

Die Forschung über Leistung und Leistungsmotivation sowie die auf sie aufbauenden Forschungen über das Leistungsverhalten in der Schule reflektieren bestimmte gesellschaftlich beobachtbare, historisch gewachsene Vorstellungen und Formen menschlicher Tätigkeit bzw. menschlicher Arbeit, die hier mit Leistung bezeichnet werden.

In historischer Perspektive lassen sich im Einzelnen die folgenden Entwicklungstendenzen ausmachen, die dieses Syndrom Leistung und damit verbunden den Aufbau einer zugehörigen Leistungsmotivation ermöglichen:

1. Die Ausdehnung zweckrationalen Handelns zu Lasten wertrationalen und traditionalen Handelns verlangt die Orientierung des Handelns an Zwecken und Zielen und damit die Messung dieses Handelns an ihnen.

2. Mit der Ausdehnung des zweckrationalen Handelns geht die Bedeutung traditionalen Handelns zurück, darüber hinaus steigt die Bedeutung aufgaben-, projekt- und produktbezogenen Handelns vor allem im Bereich der Wirtschaft, das sich unter Wachstumsaspekten als überlegen erweist.

3. Die Betonung individueller Leistungen anstelle kooperativer Leistungen ist die
    Folge eines säkular zu beobachtenden Trends zum Individualismus; gerade un-
    ter ökonomischen Aspekten erscheint individuelle Leistung besser mess- und
    bewertbar als kollektive Leistung.
4. Im Zusammenhang mit der Individualisierung und der Verwissenschaftlichung
    verändern sich historisch die Muster kausaler Attribution: Handeln wird nicht
    mehr als von außen fremdbestimmt, sondern als selbstbestimmt umgedeutet;
    selbstbestimmtes Handeln wird nicht mehr so sehr als auf invarianten Charak-
    terzügen oder Einstellungen, sondern als individuell beabsichtigt und damit
    prinzipiell änderbar vorgestellt. Damit kann Verantwortung individuell zuge-
    rechnet werden; Misserfolge können damit entweder über Lernen oder über
    die Auswechselung von Personen minimiert werden.

Insgesamt zeigt sich somit, dass sich das Merkmalssyndrom, das heute unter dem
Begriff Leistungsmotivation gefasst wird, historisch unter bestimmten, hier nur
grob darstellbaren gesellschaftlich-kulturellen Bedingungen entwickelt hat und zu
einer dominierenden kulturellen Wertekombination geworden ist, die in bestimmten Situationen, wie z.B. auch in der Schule, normativ eingefordert wird und unter
bestimmten Bedingungen individuell im Sozialisationsprozess vermittelt wird.

Fragen wir jetzt nach den individuellen und sozialen Bedingungen, unter denen
im Sozialisationsprozess eines Individuums eine derart beschriebene Leistungsmotivation aufgebaut wird.

Viele Untersuchungen von Heckhausen und anderen haben gezeigt, dass leistungsmotiviertes Verhalten von Kindern erst im Alter zwischen dreieinhalb und
fünf Jahren beobachtet werden kann, sofern eine durchschnittliche kognitive Rei-
fung gegeben ist. Nach Heckhausen müssen im gesamten Entwicklungsverlauf die
folgenden drei Voraussetzungen gegeben sein, damit das Auftreten von Leistungsmotivation möglich wird:

1. die Fähigkeit, verschiedene Schwierigkeitsgrade von Aufgaben unterscheiden
    und abschätzen zu können,
2. ein Leistungsergebnis als persönlich verursacht zu begreifen,
3. die Herausbildung eines persönlichen Gütemaßes oder Anspruchsniveaus, das
    man für sich für verbindlich hält.

„Die besonders bei Heckhausen und Mitarbeitern herausgestellte Entwicklungsab-
hängigkeit der Entstehung von Leistungsmotivation als persönlichem Leistungs-
streben wird in dem Sinne interpretiert, dass mit dem Erreichen eines kognitiven
Entwicklungsstandes Freude und Ärger nicht mehr allein auf das Leistungsresultat
als solches gerichtet sind, sondern sich aus einer kognitiv realisierten Kausalbezie-
hung zwischen Ich und Tätigkeitsprodukt zu Erfolgsfreude und Misserfolgsbe-
schämung über die eigene Tüchtigkeit oder Untüchtigkeit entwickeln" (Schmerl
1978, S. 88 f.).

Unter diesen individuellen Voraussetzungen wird der Aufbau der Leistungsmotivation bereits im Kindesalter unter bestimmten familiären Bedingungen, speziell in Folge bestimmter Erziehungspraktiken der Eltern entweder gefördert oder aber behindert. „Ein emotional warmes und anregendes Erziehungsklima, eine spezifische Form positiver Bekräftigung bei Leistungserfolg, Anregungen und Ermunterungen zu leistungsbezogenen Handlungen, Ausbleiben negativer Sanktionen bei Misserfolg, arbeitsteilige Erziehungshaltungen bei Müttern und Vätern. Auf individueller Ebene begünstigen diese Faktoren eine Art der Selbstwahrnehmung, die stark mit Selbstständigkeit und Selbstverantwortlichkeit im eigenen Leistungsverhalten einhergeht. Frühe Anregungen und Bekräftigungen für leistungsmotiviertes Verhalten bewirken einen Wahrnehmungsstil, der bei jeder erfolgreichen Leistung zu einer positiven Selbstbekräftigung durch Selbstattribuierung führt. Erfolgsmotivierten wird daher auch eine Vorliebe für Aufgaben mit mittlerem Schwierigkeitsgrad zugeschrieben, weil hier maximale Informationen über die eigenen Fähigkeiten und damit maximale Verstärkungen zu erwarten sind. Bei leichten oder zu schweren Aufgaben wird der Effekt viel wahrscheinlicher vom Aufgabencharakter bestimmt, als dass hier personenbezogene Verantwortung zuerkannt werden kann. Dieser für Erfolgsmotivierte spezifische Verarbeitungs- und Attributionsstil (zu dem hinzukommt, dass Misserfolge im Unterschied zu Erfolgen nicht sich selbst, sondern der Umwelt zugeschrieben werden E. L.) erklärt, wieso sich Leistungsmotivation als eine relativ situationsunabhängige und lebensgeschichtlich stabile Variable feststellen lässt bzw. wieso Nicht-Leistungsmotivierten diese „glückliche" Strategie fehlt" (Schmerl 1978, S. 98).

Für den schulischen Kontext ist anzunehmen, dass sich dort der Aufbau einer Leistungsmotivation verstärkt und stabilisiert, wenn dort ähnliche Sozialisationsbedingungen und Erziehungsverhaltensweisen der Lehrer existieren, wie sie für die familiäre Situation benannt wurden. So ist zu erwarten, dass ein positives emotional-soziales Klima im Unterricht, positive Verstärkungen schulischer Erfolge durch die Lehrer bei gleichzeitiger Zurückhaltung in der negativen Verstärkung von Misserfolgen zur Bildung der Leistungsmotivation beitragen. Es ist darüber hinaus zu erwarten, dass die Leistungsmotivation insbesondere dann gefördert wird, wenn der schulische Lernprozess um abgrenzbare Aufgaben, einschließlich Klassenarbeiten, Tests, Klausuren usw. organisiert ist. Da die letztgenannten Bedingungen üblicherweise gegeben sind, die Erziehungspraxis der Lehrer im Unterricht zumindest normativ und zumeist auch realiter den genannten Mustern folgt, sind bereits wesentliche notwendige Bedingungen für den Aufbau der Leistungsmotivation bei den Schülern gegeben.

Problematisch für den Aufbau einer Leistungsmotivation bei allen Schülern ist jedoch die in der herkömmlichen Schulorganisation vorfindbare Klassen- oder Kurs- oder allgemeiner: die Lerngruppensituation. Angesichts dessen, dass die

Leistungsanforderungen der Lehrer in Deutschland besonders häufig am „statistischen Durchschnittsschüler" ausgerichtet sind, wie die international vergleichenden Studien bisher belegt haben, ergibt sich die folgende paradoxe Situation: Die leistungsstärkeren Schüler oberhalb des Durchschnitts erfahren stets mehr Erfolgserlebnisse als Misserfolgserlebnisse. Die Hoffnung auf Erfolg in der Bewältigung der schulischen Anforderungen wird langfristig ihre Furcht vor Misserfolg überwiegen mit der Folge des Aufbaus einer positiven leistungsorientierten Tendenz, d.h. der Verstärkung und Stabilisierung ihrer Leistungsmotivation. Auf der anderen Seite erfahren die leistungsschwächeren Schüler relativ mehr Misserfolgs- als Erfolgserlebnisse mit der Folge des Aufbaus einer eher negativen leistungsorientierten Tendenz; ihre Furcht vor Misserfolg wird langfristig ihre Hoffnung auf Erfolg dominieren. Der Aufbau der Leistungsmotivation gerät damit in direkten Zusammenhang mit dem jeweiligen Rangplatz, den ein Schüler in der Leistungshierarchie der Lerngruppe einnimmt. Insgesamt dürfte sich somit in Lerngruppen organisierten Lernprozessen, in denen eine am Durchschnitt der Schüler orientierte Bezugsnorm dominiert, eine Polarisierung der Schüler hinsichtlich des Aufbaus ihrer Leistungsmotivation ergeben. Diese Tendenz ist dabei umso wahrscheinlicher, als sowohl die Erfolgreichen als auch die Nicht-Erfolgreichen individuell für ihre jeweiligen Leistungen verantwortlich gemacht werden.

Die aufgestellten Thesen werden auch durch empirische Untersuchungen bestätigt, die Fend 1973 und 1976 in Deutschland durchführte. Was zunächst einmal die organisatorischen Bedingungen des Unterrichts angeht, konnte festgestellt werden: „Ein zentrales Merkmal ist z.B. die Zusammenstellung von Lerngruppen. Je geringer die Zahl der Subgruppen ist, in denen sich Schüler an anderen messen, umso geringer ist die Zahl der Erfolgreichen. Ein anderes Merkmal betrifft die Vielfalt der Lernanforderungen. Je einheitlicher Leistungsstandards sind und je weniger vielfältig die Skalen sind, auf denen ein Schüler gemessen werden kann, desto stärker verringert sich die Anzahl potentiell erfolgreicher Schüler. Ähnliches gilt für die Art der durchgeführten Lernkontrollen. Wenn Schüler nach dem Modell der Normalverteilung und nach klasseninternen Maßstäben beurteilt werden, dann wird damit implizit eine große Gruppe von Schülern zu Versagern „gestempelt". Die Schule impliziert also eine Statusstruktur nach Erfolgreichen und weniger Erfolgreichen, die gleichzeitig eine Misserfolgs- bzw. Erfolgsbilanz repräsentieren kann. Wir können nun aus unseren Untersuchungen die Erwartung bestätigen, dass eine positive Stellung in dieser Statusstruktur mit einer positiven Selbstakzeptierung und einem höheren Kontrollbewusstsein verbunden ist. Das Bewusstsein der eigenen Begabung, vermittelt durch die offiziellen Leistungsbeurteilungen der Schule, steht in einem engen Zusammenhang mit der eigenen Selbstakzeptierung" (Fend 1981, S. 369 ff.).

In diesem Zusammenhang bleibt auch mit Fend daran zu erinnern, dass neben der reinen Leistungsstatushierarchie eine mit ihr eng korrelierende soziale Statushierarchie besteht, in der Beliebtheit und Sympathie Kriterien bilden. „Ein Schüler hat dann ein unproblematisches Selbstvertrauen und ein unproblematisches Kontrollbewusstsein, wenn er eine positive Bilanz in zwei Bereichen erfährt: im offiziellen Lernbereich der Schule und im Bereich der Kontakte mit Freunden und Altersgleichen" (Fend 1981, S. 371). Bleibt in diesem Zusammenhang weiterhin daran zu erinnern, dass die andere Hälfte der Schüler einer Lerngruppe in der Regel eine negative Bilanz möglicherweise auch in beiden Bereichen erlebt mit der Folge einer Verunsicherung des Selbstvertrauens und einer Minderung der Leistungsmotivation.

Fragen wir nun nach den empirischen Ergebnissen bezüglich der interaktiven Verhältnisse während des Unterrichts, den Erwartungen, Interaktionsformen und Beziehungsformen der Lehrer zu den Schülern, die Fend zusammenfassend als „Schulklima" bezeichnet und ihren Einflüssen auf die Bildung von Leistungsmotivation (Fend 1977). Die Effekte des Schulklimas werden in der 1976er Studie dabei bezüglich zweier eng mit der Leistungsmotivation zusammenhängender Merkmale untersucht, nämlich bezüglich der Leistungsangst der Schüler (= Furcht vor Misserfolg) und der Selbstakzeptierung der Schüler (= Korrelat einer positiven leistungsorientierten Tendenz). Die Untersuchungsergebnisse bestätigen auch hier die eingangs formulierten Hypothesen über die erhebliche Bedeutung, die die Interaktionsformen der Lehrer für den Aufbau einer Selbstakzeptierung und für die Vermeidung von Leistungsangst bei den Schülern besitzen. Sie entsprechen tendenziell den Interaktionsformen, die sich diesbezüglich auch bei den Eltern als leistungsmotivationsfördernd gezeigt hatten: „Bei hohen Selbstständigkeitserwartungen, keinem zu hohen Leistungsdruck, einer vernünftigen Verwendung und Betonung von Disziplin, bei wenig restriktiver und strafender Kontrolle, bei der Gewährung von Entscheidungsspielräumen und bei einem hohen Engagement der Lehrerschaft sind Kontrollbewusstsein und Selbstakzeptierung hoch, Angst mäßig und Erfolgszuversicht hoch. Erwarten Lehrer jedoch wenig selbstständiges Verhalten von ihren Schülern, halten sie Disziplin für außerordentlich wichtig und entscheidend, strafen sie Schüler häufig, gewähren sie wenige Spielräume für eigenständiges Entscheiden und sind gegenüber Schülern generell desinteressiert, dann sind auch ihre Schüler von Angst gekennzeichnet, die Erfolgszuversicht ist relativ niedrig und das Kontrollbewusstsein der Schülerschaft ist in Mitleidenschaft gezogen" (Fend 1981, S. 372 f.).

Bleibt am Ende dieses Abschnitts zu fragen, wie groß nun unter diesen Bedingungen der Anteil derjenigen Schüler einzuschätzen ist, denen die Erfolgserlebnisse in der Schule derart versagt bleiben, dass sie am Ende einer 10- bis 18-jährigen Schulzeit als tendenziell schul- und unterrichtsgeschädigt bezeichnet werden müssen. Fend fasst seine Ergebnisse diesbezüglich wie folgt zusammen: „Nach unseren

Forschungsergebnissen (vgl. Fend et al. 1976) führt die derzeitige Organisation des Bildungswesens bei fast einem Drittel aller Schüler zu einer stabilen Lernabneigung bis hin zu einer Lernneurose. Für etwa 20% der Schüler impliziert der Schulbesuch eine langdauernde Leidensgeschichte mit Insuffizienzgefühlen und einer langen Kette von Bedrohungsergebnissen" (Fend 1981, S. 374 f.); und er fügt hinzu: „Die Globalforderung nach der positiven Schulerfahrung für alle wäre gewiss missverstanden, wenn man unterstellen würde, Entwicklung und Lernen sei gänzlich ohne Schmerzen und Überwindungen möglich. Entscheidend ist jedoch, ob diese Erlebnisse zu Regression und Aggression führen oder ob sie produktiv verarbeitet werden" (Fend 1981 , S. 375).

5.3.5   Zum Aufbau von Selbstständigkeit, Kooperationsbereitschaft und der Fähigkeit zu friedlicher Konfliktbewältigung

Der Aufbau von Leistungsmotivation ist auch gegenwärtig immer noch eine schulische Aufgabe, wenngleich sie in der offiziellen Schulprogrammatik in den letzten Jahren kaum noch genannt wird; man könnte sie von daher als einen Bestandteil des versteckten Curriculums betrachten. Denn nach wie vor gilt: Die Schulabsolventen werden vor allem im Bereich ihrer zukünftigen beruflichen Tätigkeit nach wie vor mit Leistungsanforderungen gleich welchen Inhalts konfrontiert und müssen ihnen entsprechen. Wie auch immer man zum Leistungsprinzip und den mit ihm korrelierenden Vorstellungen einer Leistungsideologie grundsätzlich stehen mag, unter den gegebenen und vermutlich auch so schnell nicht änderbaren kapitalistischen wie übrigens auch ehemals sozialistischen Verhältnissen werden Leistungsanforderungen zu den dominanten Anforderungen gehören, denen sich Schulabgänger und dementsprechend auch Schüler gegenüber stehen sehen.
     Der Aufbau einer Leistungsmotivation in der Form einer Dominanz der Hoffnung auf Erfolg über die Furcht vor Misserfolg in Aufgabensituationen sollte jedoch allen Schülern ermöglicht und nicht nur dem Teil der von ihren Voraussetzungen her Leistungsstärksten vorbehalten werden. Das aber verlangt, den Unterricht organisatorisch und pädagogisch so zu strukturieren, dass allen Schülern systematisch mehr Erfolgs- als Misserfolgserlebnisse vermittelt werden können. Wesentliche Bedingungen sind dabei, die Erfolgskriterien so breit zu halten, dass jeder seinen Neigungen und Eignungen entsprechend zu einer positiven Erfolgs-Misserfolgsbilanz gelangen kann, und eine individuelle Bezugsnormorientierung der Lehrer.
     Unter dieser Bedingung korreliert die Leistungsmotivation mit einer weiteren dominanten Zielsetzung im Sozialisationsprozess, nämlich mit dem Aufbau von Selbstständigkeit und Selbstbestimmung.

Selbstständigkeit und Selbstbestimmung sind nach unserem eingangs formulierten theoretischen Modell dominante Ziele des Sozialisationsprozesses. Sie werden erforderlich, um dem Gewicht der auf Konformität ausgerichteten gesellschaftlichen Verhältnisse ein Gegengewicht entgegenzusetzen. „Selbstbestimmung" ist also die Generalklausel für die theoretische und praktische Negation dieses Zwanges (der auf Selbsterhaltung bedachten Kultur E. L.)" (von Hentig 1969, S. 9).

Da das Individuum in der Gesellschaft aber nicht isoliert, sondern in Gemeinschaft mit anderen handelt, ist die Fähigkeit zur Selbstbestimmung zu ergänzen durch die Fähigkeit zur Kooperation bzw. durch die Fähigkeit zur Mitbestimmung oder, wie neuerdings formuliert wird, durch die Fähigkeit zur Partizipation.

Kooperation, Mitbestimmung oder Partizipation implizieren aber zugleich Konflikte zwischen Menschen unterschiedlicher individueller und sozialer Interessen. Die Fähigkeit zur Bewältigung von Konflikten und speziell die Fähigkeit zur Bewältigung von Konflikten mit friedlichen, gewaltfreien Mitteln wird im Rahmen einer „zivilisierten" Gesellschaft damit zum dritten „prosozialen" Erziehungsziel, das u.a. auch die Schule im Rahmen ihres Sozialisationsprozesses zu verwirklichen hat.

Wir wollen an dieser Stelle nun erneut nach den unterrichtlichen Bedingungen fragen, unter denen sowohl hypothetisch als auch empirisch belegt, Selbstständigkeit, Kooperationsfähigkeit und Bereitschaft zu friedlicher Konfliktregelung auftreten bzw. in der Wahrscheinlichkeit ihres Auftretens begünstigt werden.

Was zunächst einmal die Erziehung zur Selbstständigkeit und Selbstbestimmung der Schüler angeht, dürfte sie eine Folge der jeweils dominanten Autoritäts- und Herrschaftsstruktur bzw. des aus ihr resultierenden Verhaltens der Lehrer sein. Da die unterrichtliche Herrschaftsstruktur im Wesentlichen der Durchsetzung von Leistungsnormen und von sozialen Ordnungsnormen dient, dürfte das Ausmaß der erzielbaren Selbstständigkeit und Selbstbestimmung der Schüler mit dem u.a. bei Fend erhobenen Leistungsdruck (zur Durchsetzung von Leistungsnormen) und dem Anpassungsdruck (zur Durchsetzung von Ordnungsnormen) variieren.

Was die Erziehung zur Kooperationsbereitschaft der Schüler angeht, so dürfte sie ebenfalls von der jeweiligen Autoritäts- und Herrschaftsstruktur beeinflusst werden, da die Fähigkeit zur Kooperation zum einen die Fähigkeit zur Selbstständigkeit und Selbstbestimmung voraussetzt, zum anderen aber die Gelegenheit, Aufgaben nicht nur individuell, sondern gemeinsam bearbeiten zu können. Anders formuliert: die Fähigkeit zur Kooperation dürfte umso größer sein, je geringer der Leistungs- und Anpassungsdruck einerseits und je zahlreicher die Gelegenheiten, Aufgaben kooperativ, z.B. in Projektform durchzuführen, andererseits sind.

Hinsichtlich der Erziehung der Schüler zur friedlichen Konfliktregelung dürfte ebenfalls die grundlegende Form der Autoritäts- bzw. Herrschaftsausübung von Bedeutung sein, insbesondere die Form der Herrschaftsausübung zur Durchsetzung von im engeren Sinne sozialen Normen. Eine autoritäre Herrschaftsausübung unter Einbeziehung scharfer negativer Sanktionen zur Durchsetzung von Ordnung und Disziplin dürfte eher zur gewaltsamen Konfliktlösung führen, während – im Sprachgebrauch von Fend – ein niedriger Anpassungsdruck mit friedlichen Formen der Konfliktlösung einhergehen dürfte. Eine zweite wesentliche Bedingung dürfte neben der Herrschaftsdimension die sozialemotionale Dimension sein: Je positiver das sozialemotionale Klima des Unterrichts, desto wahrscheinlicher sind friedliche Formen der Konfliktlösung im Unterschied zu gewalttätigen Formen.

In welchem Umfang diese Hypothesen durch empirische Forschungsergebnisse bestätigt bzw. widerlegt werden, können wir erneut dem älteren Forschungsmaterial der Fend-Studie zum Schulklima entnehmen (vgl. Fend 1977, S. 200 – 211). Die dort aufgeführten Zusammenhänge beziehen sich zwar nicht auf faktisch beobachtetes Verhalten, sondern auf subjektive Einschätzungen und Einstellungen der Schüler zu den genannten Ziel- und Bedingungsdimensionen; sie können jedoch als erste Belege unserer Hypothesen gelten (vgl. Tabelle 16). Neuere Untersuchungen, die diese Zusammenhänge so präzise modellieren, sind dem Verfasser nicht bekannt.[19]

Die von Fend vorgelegten Ergebnisse bestätigen die aufgestellten Hypothesen und ergänzen sie zugleich: Es zeigt sich, dass der Aufbau eines Selbstbewusstseins und damit auch der (vermutliche) Aufbau einer Fähigkeit zur Selbstbestimmung negativ mit „autoritären" Unterrichtsstrukturen und positiv mit „egalitären" Strukturen verknüpft ist. Das Selbstbewusstsein der Schüler und damit auch ihre Fähigkeit zur Selbstbestimmung erscheint umso größer, je niedriger der Leistungsdruck und der Anpassungsdruck in der Schule ist. Positiv beeinflusst wird das Selbstbewusstsein weiterhin durch ein gutes sozial-emotionales Schulklima, in dem ein vertrauensvolles Verhältnis zwischen Schülern und Lehrern existiert.

Die Fähigkeit zur Kooperation wird ebenfalls umso stärker gefördert, je geringer der Leistungs- und der Anpassungsdruck im Unterricht erscheint; keine konsistenten Effekte zeigt diesbezüglich das Schulklima. Bemerkenswert ist in diesem Zusammenhang, dass im traditionellen Schulsystem und hier besonders im Gymnasium, eine Verringerung des Leistungsdrucks und im Gesamtschulsystem eine Verringerung des sozialen Drucks zur Erhöhung der Kooperationsbereitschaft führen.

---

[19] Die neuere Unterrichtsforschung behandelt durchweg nur einen besonderen Aspekt von Selbstständigkeit, nämlich das „selbstregulierte Lernen" (vgl. PISA 2001, Kapitel 6) oder die „prosoziale Motivation" (vgl. BIJU 1996), nicht aber die Kooperationsbereitschaft insgesamt. Wir werden auf beide Aspekte zurückkommen.

Tabelle 16: Unterrichtliche Bedingungen des Aufbaus von Selbstbewusstsein, Partizipationsverhalten und friedlichem Konfliktlösungsverhalten („Konfliktregelung durch Reden"). Partielle Korrelationskoeffizienten unter Kontrolle von Klassengröße, Beruf des Vaters, % Jungen, Alter, Notendurchschnitt, % Klassenwiederholer bzw. Leistungsstatus in der Gesamtschule nach Schularten.

Zielvariablen		N	Leistungs-druck	Bedingungsvariablen Anpassungs-druck	soziales Klima
		GS (71)	-.29	-.29	+.27
		HS (16)	-.27	-.31	-.08
		RS (24)	-.43	-.07	+.17
Selbstbe-	Gy (24)		-.42	-.10	+.19
bewusst-	TS (64)		-.30	-.32	+.26
sein	Ges. (135)		-.34	-.32	+.26
		GS	-.19	-.38	+.06
		HS	+.02	+.11	-.02
Partizi-	RS		-.22	-.44	+.25
pations-	Gy		-.69	-.21	-.05
verhalten	TS		-.42	-.22	+.03
	Ges.		-.34	-.41	+.13
		GS	+.21	-.31	+.43
		HS	-.54	-.70	+.69
Friedl.	RS		-.06	-.68	+.66
Konflikt-	Gy		+.10	-.49	+.51
Lösung	TS		-.03	-.59	+.58
(„Reden")	Ges.		+.04	-.39	+.50

Legende: GS = Gesamtschule, HS = Hauptschule, RS = Realschule, Gy = Gymnasium, TS = Traditionelles System, Ges. = Gesamt (alle Schulen)

Quelle: Fend 1977, S. 200 – 211

Hinsichtlich der Fähigkeit zur friedlichen Konfliktlösung bestätigt sich, dass insbesondere ein relativ niedriger sozialer Druck und ein positives Schulklima friedliche Formen der Konfliktaustragung fördern, während der Leistungsdruck diesbezüglich keine signifikanten und konsistenten Effekte zeigt. Zusätzlich ergibt sich, dass die beobachtbaren Zusammenhänge im traditionellen Schulsystem deutlich stärker ausgeprägt sind als in Gesamtschulen und dass innerhalb des traditionellen Systems diese Effekte in den Hauptschulen relativ größer sind als in Realschulen und Gymnasien. Vor allem in der „konfliktträchtigen" Hauptschule vermögen somit ein relativ niedriger auf Durchsetzung der sozialen Ordnung bedachter Anpassungsdruck und ein positives Unterrichtsklima, die Fähigkeit der Schüler zur friedlichen Regelung von Konflikten zu verbessern.

In diesem Zusammenhang bleibt daran zu erinnern, dass die Sozialisation in der Schule sowohl die Aufgabe hat, die Schüler zu konformen Verhaltensweisen den Leistungsanforderungen und den sozialen Anforderungen entsprechend zu erziehen, als auch die Aufgabe, ihnen beim Aufbau einer Fähigkeit zur Selbstbestimmung, zur Kooperation und zu Formen friedlicher Konfliktaustragung behilflich zu sein. Das Zielsystem der Schule enthält damit einen strukturell angelegten Konflikt, der sich in dem Interaktionssystem Unterricht mit seinen möglichen pädagogischen Maßnahmen der Lehrer fortsetzt: Wer einseitig das Ziel verfolgt, die Schüler zur Konformität mit den herrschenden Leistungsnormen und den herrschenden sozialen Normen zu erziehen und darauf gerichtete pädagogische Maßnahmen ergreift, schadet dem Ziel, die Schüler gleichzeitig auch zur Selbstständigkeit und Kooperationsfähigkeit zu erziehen und umgekehrt. Fend spricht in diesem Zusammenhang davon, dass nur eine „optimale Balance zwischen verschiedenen Aspekten des schulischen Klimas" und des pädagogischen Handelns die gleichzeitige Realisierung der unterschiedlichen partiell zueinander im Widerspruch stehenden Sozialisationsziele ermöglicht (Fend 1977, S. 227).

5.4   Die Ebene der Schule

Die bisherige interaktionssoziologische Analyse hat deutlich werden lassen, dass die beobachteten Sozialisationseffekte sowohl im Bereich schulischer Leistungen als auch in der Genese von Selbstständigkeit, Kooperationsfähigkeit und Bereitschaft zu friedlicher Konfliktlösung aus bestimmten Unterrichtsbedingungen resultieren, die in den Interaktionsverhältnissen zwischen Lehrern und Schülern liegen. Von besonderer Bedeutung haben sich dabei die Autoritätsverhältnisse bezüglich der Leistungsnormen und der sozialen Ordnungsnormen sowie die sozial-emotionalen Verhältnisse jeweils zwischen Lehrern und Schülern erwiesen. An dieser Stelle stellt sich die Frage, inwieweit diese Unterrichtsverhältnisse ihrerseits das Resultat bestimmter Verhältnisse auf der Ebene der Schule, speziell auf der Ebene der Lehrerkollegien und der Schulleitung sind.

Wir werden zur Beantwortung dieser Frage zunächst auf die Ergebnisse der Untersuchungen über Lehrer und Lehrerkollegien eingehen, wobei wir auch die älteren, aus dem Jahr 1977 stammenden Ergebnisse der Schulforschung von Fend berücksichtigen werden, die zum Teil erstmals 1998 veröffentlicht wurden. Anschließend werden die bisher vorliegenden Ergebnisse zur Schulleitungsforschung vorgestellt. Zum Dritten werden wir das seit Anfang der 90er Jahre diskutierte Modell der teilautonomen Schule vorstellen. Welche Erfolge mit diesem Modell erzielt werden können, soll anschließend am Beispiel hessischer Gesamtschulen und ihrer Evaluierung untersucht werden. Zum Schluss werden wir noch kurz darauf eingehen, was ein flächendeckender Ausbau von Ganztagsschulen verspricht.

5.4.1 Was kennzeichnet gute Schulen? Ergebnisse der Schulklima-Studie

Auf der Basis u.a. von Lehrerbefragungen konnte Fend bereits 1977 in seiner Schulklimastudie die folgenden Merkmale einer sog. guten Schule identifizieren:

- eine hohe Arbeitszufriedenheit der Lehrkräfte,
- ein intensives Schulleben mit zahlreichen kulturellen, sportlichen und politischen Veranstaltungen, mit aktiver Elternschaft und außerplanmäßigen Freizeitmöglichkeiten für die Schüler,
- eine hohe soziale Integration des Lehrerkollegiums, die gemeinsames Unterrichten, wechselseitigen Unterrichtsbesuch, private Kontakte und wechselseitige Unterstützung impliziert,
- relativ hoher Konsens innerhalb des Kollegiums in fachlicher Hinsicht, geringe Fraktionierung,
- hohe Verantwortungsbereitschaft der Lehrer gegenüber ihren Schülern, Bereitschaft zur individuellen Förderung, freundlicher Umgangston gegenüber den Schülern.

Aber auch die Rolle des Schulleiters ist für die Beurteilung einer „guten Schule" von erheblicher Bedeutung: „Insgesamt ist unübersehbar, dass in gut funktionierenden Kollegien auch die Schulleitung sehr positiv beurteilt wird. Sie wird als kompetent eingeschätzt, gilt als lernfähig, offen und entwicklungsorientiert. Gleichzeitig ist sie um den Einbezug des Kollegiums in Entscheidungs- und Planungsprozesse bemüht und strebt zudem ein gutes soziales Einverständnis und eine gute soziale Infrastruktur an. In belasteten Kollegien finden sich solche positiven Einschätzungen deutlich seltener. Die Schulleiter gelten eher als defensiv, um die Wahrung der Äußerlichkeiten besorgt. Sie scheuen eher zu viele soziale Kontakte und zeigen im Führungsverhalten wenig Übersicht und Souveränität. Gelegentlich macht ihr Verhalten einen chaotischen und richtungslosen Eindruck" (Fend 1998, S. 129).

Fragen wir jetzt auf der Basis der Fend'schen Analysen, inwieweit die Verhältnisse im Schulkollegium auf die Verhältnisse im Unterricht abfärben. Was zunächst einmal die schulischen Bedingungen guten Unterrichts angeht, so ist auf der Basis der Fend`schen Untersuchungen aus dem Jahr 1977, in denen u.a. Lehrer und Schüler befragt worden waren, zu erwarten, dass sich die in den jeweiligen Schulen dominante Autoritätsstruktur auf die Autoritätsstruktur des Unterrichts in den einzelnen Klassen auswirkt. Darüber hinaus ist zu erwarten, dass auch das allgemeine Schulklima, speziell das Klima im Lehrerkollegium, nicht ohne Effekt auf die Sozialbeziehungen zwischen Lehrern und Schülern bleibt. Dabei ist sicherlich kein direkter und unmittelbarer Transfer denkbar, da sich die konkreten Unterrichtsverhältnisse eben aus der Interaktion zwischen Lehrern und Schülern ergeben und sich auch Variationen zwischen den Unterrichtsverhältnissen verschiedener Klassen derselben Schule feststellen lassen; gleichwohl dürften die Verhältnisse in der Schule auf entsprechende Verhältnisse in den Klassen „abfärben".

Wenn auch in den Daten der Fend`schen Untersuchung erneut das Problem auftaucht, dass hier weder die schulischen noch die unterrichtlichen Verhältnisse direkt erhoben wurden, sondern nur Lehrer- und Schülereinschätzungen vorliegen, können die vorliegenden Daten doch mit aller auch bei Fend beobachtbaren Vorsicht in der Interpretation als Indikatoren für die Verhältnisse auf diesen zwei Ebenen betrachtet werden.

Als Indikator für die Autoritätssituation in den Schulen kann die von den Lehrern wahrgenommene Reglementierung betrachtet werden, die durch eine Fülle von Einzelitems operationalisiert wurde. Als Indikator für das allgemeine Schulklima kann das Ausmaß der von den Lehrern wahrgenommenen sozialen und organisatorischen Belastung gewählt werden, das ebenfalls über eine Fülle von Einzelitems erhoben wurde (vgl. Fend 1977, S. 153 ff.).

Vorab einer Analyse der Zusammenhänge dieser schulischen Merkmale mit den entsprechenden unterrichtlichen Merkmalen sei darauf verwiesen, dass sich die Schulen unterschiedlicher Schulsysteme und unterschiedlicher Schulformen nicht signifikant hinsichtlich des von den Lehrern wahrgenommenen Maßes an Reglementierung unterscheiden; die Differenzen sind bezüglich nahezu aller untersuchten Items verschwindend gering. Deutliche Unterschiede ergeben sich jedoch bezüglich der wahrgenommenen sozialen und organisatorischen Belastung: Die Belastung erscheint in Gesamtschulen erheblich höher als in Schulen des traditionellen Systems. Innerhalb der Schulen des traditionellen Systems sinkt das Ausmaß sozialer und organisatorischer Belastung von Hauptschulen über Realschulen zu den Gymnasien durchgehend ab. In den Gesamtschulen führt dementsprechend auch ein hohes Maß an sozialer und organisatorischer Belastung zu erheblicher Unzufriedenheit, Resignation und Fluktuation der Lehrer.

Betrachten wir jetzt die Zusammenhänge zwischen der Reglementierung und der organisatorisch-sozialen Belastung der Schulen (aus der Sicht der Lehrer) einerseits und dem im Unterricht der Klassen herrschenden Anpassungsdruck und der Qualität

Oder sozialen Beziehungen (aus der Sicht der Schüler) andererseits. Die Ergebnisse gibt Tabelle 17 nach Schulsystemen differenziert wieder (vgl. Tabelle 17).

Tabelle 17: Zusammenhänge zwischen den schulischen Rahmenbedingungen (aus der Sicht der Lehrer) und den unterrichtlichen Bedingungen (aus der Sicht der Schüler) nach Schulsystemen (Korrelationskoeffizienten)

| schulische | unterrichtliche Merkmale | | | |
| | Anpassungsdruck | | soziale Beziehungen | |
Merkmale	GS	TS	GS	TS
Reglementierung	.77	.16	-.36	-.48
Organisatorisch-				
Soziale Belastung	-.11	-.34	-.40	.29
n	12	19	12	19

Quelle: Fend 1977, S. 160; GS = Gesamtschulen, TS = Traditionelles Schulsystem

Bei aller Vorsicht, die bei den geringen Fallzahlen der beobachteten Schulen angebracht ist, lässt sich festhalten:

- Je stärker die Reglementierung der Lehrer in der Schule, desto höher ist der Anpassungsdruck, den die Schüler im Unterricht erfahren und desto schlechter sind die sozialen Beziehungen zwischen Lehrern und Schülern. Hinsichtlich der Autoritätsstruktur bestätigt sich somit die „Abfärbungshypothese": Die Lehrer scheinen den Druck, den sie in der Schule selbst erfahren, an die Schüler im Unterricht weiterzugeben mit den zu erwartenden negativen Folgen für die sozialen Beziehungen.
- Was die organisatorisch-soziale Belastung der Lehrer angeht, sind deren Effekte auf das Unterrichtsklima, also auf die sozial-emotionalen Schülerverhältnisse je nach Schulsystem unterschiedlich: In Gesamtschulen verschlechtern sich und im traditionellen System verbessern sich die Unterrichtsbeziehungen zwischen Lehrern und Schülern mit zunehmender Belastung der Lehrer. Bestätigt das Ergebnis in den Gesamtschulen die Erwartung, so bleibt man für das traditionelle System auf Zusatzinterpretationen und Spekulationen angewiesen.

Verfolgen wir die Ergebnisse der Fend'schen Untersuchung noch etwas weiter und fragen danach, inwieweit individuelle Einstellungen und Werthaltungen der Lehrer Einfluss auf die Unterrichtsverhältnisse ausüben. Auch bei dieser Frage wird man

aus theoretischen Überlegungen heraus allenfalls nach „Mit"-Effekten fragen können, da sich die jeweiligen Verhältnisse eben aus der Interaktion zwischen Lehrern
und Schülern ergeben. Angesichts der bereits wiederholt angesprochenen Machtasymmetrie zwischen Lehrern und Schülern dürfte allerdings den Lehrereinstellun-
gen und Werthaltungen ein überproportional hoher Einfluss zukommen. Gleichwohl machen auch Lehrer immer wieder die Erfahrung, dass sie in verschiedenen
Klassen in verschiedenen Unterrichtsverhältnissen stehen, dass sie damit den einzelnen Klassen zwar „ihren Stempel aufdrücken", die Klassenverhältnisse jedoch
nicht vollständig bestimmen können. Vor dem Hintergrund dieser Einschränkungen sind die folgenden Aussagen zu sehen.

Fend hat in seiner Schulklima-Untersuchung u.a. die folgenden Einstellungen
und Werthaltungen von Lehrern erhoben und sie zu den Unterrichtsverhältnissen
in Beziehung gesetzt:

- eine Disziplinorientierung der Lehrer („Zug-Druck"), die unterrichtliche Disziplin als wesentliche Voraussetzung für die fachliche Leistung der Schüler be-
  greift,
- Vorstellungen der Lehrer über die relative Bildbarkeit/Veränderbarkeit der
  Schüler („Umwelt-Anlage") , in der sich das vorgestellte Verhältnis der Lehrer
  über die Effekte von Anlage- und Umweltfaktoren widerspiegelt,
- eine Reformbereitschaft,
- die Betonung von Selbstbestimmung oder
- die Betonung von Konformität als Erziehungsziele,
- das politische Engagement sowie
- die Unterstützung der Leistungsideologie.

In einem späteren Schritt werden diese Einzeldimensionen zu einer aggregierten
Skala „Progressivität" mit den Endpunkten „Konservativität" und „Progressivität"
zusammengefasst. Lehrer sind dabei umso progressiver, je geringer ihre Disziplinorientierung, je mehr sie Umwelt- gegenüber Anlagefaktoren betonen, je größer
ihre Reformbereitschaft, ihre Betonung von Selbstbestimmung und ihre Ablehnung
von Konformität als Erziehungsziele, je stärker ihr politisches Engagement und je
kritischer ihre Haltung gegenüber der Leistungsideologie ist (vgl. Tabelle 18).

„Gesamtschullehrer sind auf allen erfassten Dimensionen – mit der bekannten
Ausnahme der Betonung von Selbstbestimmungswerten – signifikant progressiver
als Lehrer der anderen Schulformen. ... Die Gesamtschullehrer zeigen Einstel-
lungsstrukturen, die von einem optimistischen Menschenbild geprägt sind, die dem
Schüler viel an Entwicklungsmöglichkeiten, an Selbstständigkeit, an Selbstbestimmung und der Fähigkeit, auch ohne äußeren Druck vernünftig zu handeln, zutrau-
en. Sie meinen bedeutend stärker, dass das Schulsystem einem dauernden Reform-

Tabelle 18: Zusammenhänge zwischen der Progressivität der Lehrerschaft und
Unterrichtsverhältnissen nach Schulsystemen und Schulformen
(Korrelationskoeffizienten)

Unterrichts- Verhältnisse	Progressivität der Lehrer			
	GS	HS	RS	Gy
Leistungsdruck	-.65	-.57	+.01	-.17
Anpassungsdruck	-.33	-.43	-.28	-.63
Sozialbeziehungen	+.19	-.16	+.28	+.13
n	152	72	94	86

Quelle: Fend 1977, S. 180

prozess zu unterwerfen ist und dass es zur Durchsetzung dieser Änderung der politischen Betätigung bedarf. Sie halten Werte wie Selbständigkeit für wichtig, allerdings nur im selben Maße wie ihre Kollegen in den anderen Schulen; sie betonen jedoch signifikant weniger traditionelle Werte wie gutes Benehmen, Ordentlichkeit und Sauberkeit, Pflichtbewusstsein und Fleiß, die wir mit dem Begriff Konformität zusammengefasst haben" (Fend 1977, S. 174). Darüber hinaus stehen sie der Leistungsideologie kritischer gegenüber.

Setzt man nun die Einstellungen und Werthaltungen der Lehrer in der zusammengefassten Form „Progressivität versus Konservativismus" in Beziehung zu den Verhältnissen in den untersuchten Klassen der verschiedenen Schulsysteme und Schulformen, dann bestätigen die Ergebnisse die Erwartungen vor allem bezüglich der Zusammenhänge zwischen der Progressivität der Lehrerschaft und den Autoritätsverhältnissen im Unterricht bezüglich der Leistungsnormen und der sozialen Normen: Je progressiver die Lehrer, desto niedriger erscheint den Schülern der Leistungsdruck und der Anpassungsdruck zur Aufrechterhaltung von Disziplin und Ordnung. Dabei ist interessant, dass sich in den Gesamtschulen mit zunehmender Progressivität der Lehrer vor allem der leistungsbezogene Druck und im traditionellen Schulsystem vor allem der Druck bezüglich der Aufrechterhaltung von Ordnung und Disziplin verringert.

Nur relativ schwach und zudem nicht konsistent sind erneut die Zusammenhänge zwischen der Reformbereitschaft der Lehrer und den sozial-emotionalen Beziehungen zwischen Schülern und Lehrern. Wenngleich der Tendenz nach progressive Einstellungen der Lehrer auch die sozial-emotionalen Interaktionsbeziehungen verbessern, muss ein progressiver Lehrer nicht zugleich auch immer sympathisch sein.

Fend hat 1998 in Sekundäranalysen der Daten aus den Jahren 1973, 1977 und 1978 noch einmal untersucht, inwieweit sich die Erziehungshaltungen bzw. pädagogischen Menschenbilder von Lehrern in sozial-emotionalen und in Leistungsaspekten des Unterrichts auswirken (Fend 1998, S. 279 ff.). Hinsichtlich der Erziehungshaltungen bzw. pädagogischen Menschenbildern unterscheidet er bei Lehrern die folgenden zwei Extremgruppen: Lehrer mit einem pessimistisch-realistischen bzw. Lehrer mit einem idealistisch-humanistischen Menschenbild. Zu den sozial-emotionalen Aspekten, die bei Schülern erhoben wurden, zählen die Beliebtheit des Fachs, die Mitarbeit, die Leistungsbereitschaft, der Umfang der Hausaufgabeninvestitionen. Unter Leistungsaspekten wurden die Leistungen in den Fächern Deutsch, Mathematik und Englisch erhoben (Fend 1998, S. 310).

Im Ergebnis zeigt sich hinsichtlich der sozial-emotionalen Aspekte, dass die Lehrer mit einem idealistisch-humanistischem Menschenbild persönlich und hinsichtlich ihres Faches beliebter sind, dass pessimistisch-realistische Lehrer mit einer starken „Druckorientierung" emotionale Distanz erzeugen, gleichzeitig aber mehr Hausaufgaben provozieren. Hinsichtlich der fachlichen Leistungen ergeben sich dagegen überhaupt keine Zusammenhänge: „Extrem antiautoritäre Lehrer und extrem autoritäre Lehrer haben Klassen, die sich im Leistungsniveau überhaupt nicht statistisch signifikant unterscheiden. Konkrete fachliche Leistungen scheinen somit durch andere Faktoren bestimmt zu sein als durch pädagogische Deutungsmuster von Lehrern in Bezug auf Erziehung allgemein" (Fend 1998, S. 314).

Insgesamt bleibt eindrucksvoll, wie die Lehrer aufgrund ihrer dominanten Stellung innerhalb des Unterrichts und aufgrund ihrer pädagogischen Grundhaltungen die Unterrichtsverhältnisse vor allem hinsichtlich ihrer sozial-emotionalen Aspekte mitbestimmen.

Somit legen die bisher erkennbaren Ergebnisse der interaktionssoziologischen Analyse den Schluss nahe, dass die Verwirklichung von Sozialisations- und Erziehungszielen, soweit sie im Rahmen von Schule möglich ist, im Wesentlichen von konkreten Unterrichtsbedingungen abhängt, die ihrerseits neben den von den Schülern eingebrachten Lernvoraussetzungen wesentlich durch die Stellung und die pädagogischen Grundeinstellungen und Werthaltungen der Lehrerschaft geprägt werden. Ein direkter Effekt der schulischen Verhältnisse, soweit sie die Lehrerschaft betrifft, auf die Schulleistungen und die sozialen Kompetenzen der Schüler konnte dagegen durchgängig nicht beobachtet werden; Letzteres bestätigen auch neuere Untersuchungen (vgl. hierzu Scherens, Bosker 1997).

5.4.2 Die Rolle der Schulleitung für die Qualität des Unterrichts

Die Frage nach der Rolle der Schulleitung auf die Qualität der Schule gewinnt in Deutschland erst in den 90er Jahren im Rahmen der Diskussion um die teilautonome Schule an Bedeutung. Solange der Schulleiter lediglich als leitender Verwaltungsbeamter einer nachgeordneten Dienststelle im Rahmen einer bürokratischen Organisation betrachtet wurde, fand das Führungs- und Leitungshandeln kaum Interesse. In den angelsächsischen Ländern mit ihren dezentralen Schulsystemen hatte man diese Frage bereits wesentlich früher gestellt und ansatzweise beantwortet (vgl. die Zusammenfassungen der Forschungsergebnisse bei Hallinger, Heck 1996 und Hallinger, Murphy 1986). Dabei waren alle komplexeren Untersuchungen bereits zu dem erwarteten Ergebnis gekommen, dass zwar kein direkter Effekt auf die Schulleistungen der Schüler nachzuweisen war, dass das Schulleitungshandeln aber erhebliche direkte Effekte auf das Lehrerkollegium und seine Arbeit und damit indirekt auf die Unterrichtsgestaltung und somit auch indirekt auf die Schulleistungen der Schüler und das sozial-emotionale Klima im Unterricht besitzt.

Im Jahr 1998 führten Bonsen, Gathen und Pfeiffer im Rahmen des Forschungsprogramms Innovation des MSWF des Landes Nordrhein-Westfalen ein Projekt zur Wirksamkeit des Schulleiterhandelns an 25 Schulen aus Nordrhein-Westfalen (10 Grundschulen, 10 Gymnasien, fünf integrierte Gesamtschulen) und fünf Gymnasien im schweizerischen Kanton Basel-Land durch. Die Hälfte der Schulen in NRW wurde zufällig ausgewählt, die andere Hälfte vom Ministerium als „besonders gute Schulen" benannt. Die zentralen Fragen dieser Untersuchung waren:

- Lässt sich ein Zusammenhang zwischen Schulleitungshandeln einerseits und der Entwicklung schulischer Qualität andererseits auf empirischem Wege feststellen?
- Lassen sich in diesem Zusammenhang zentrale Handlungsdimensionen von Schulleitung identifizieren, die eine besondere Aufklärungskraft bezüglich der Identifikation besonders erfolgreich arbeitender Schulen besitzen?
- Wie kann Schulleitung überhaupt wirksam werden? Lassen sich empirische Hinweise dafür finden, dass Schulleitungshandeln neben einem möglichen direkten Effekt vor allem indirekte Wirkungen auf Kollegiums- und Unterrichtsmerkmale haben kann?

Die Erhebung erfolgte mittels Fragebögen, die an Lehrer, Schüler und Eltern gerichtet waren; im Mittelpunkt der folgenden Ergebnisdarstellung stehen die Aussagen der Lehrer zur Schulqualität und zum Schulleitungshandeln.

In einem ersten Schritt wurden die Schulen aufgrund der Aussagen der Lehrer unter Qualitätsaspekten in eine Rangreihe gebracht, an deren beiden Enden „gute Schulen" und „verbesserungswürdige Schulen" standen. Anschließend wurde das Schulleitungshandeln anhand von Skalen durch die Lehrer eingeschätzt. Dabei ergaben sich erhebliche Unterschiede zwischen dem Schulleitungshandeln in „guten Schulen" und in „verbesserungswürdigen Schulen". Demnach zeichnet sich das Schulleitungshandeln in „guten Schulen" vor allem durch die folgenden Merkmale aus:

- An erster Stelle steht eine zielbezogene Führung in der Schule. „Gemeinsam formulierte pädagogische Ziele können als die Operationalisierung der übergeordneten Vision oder des Leitbildes der Schule betrachtet werden. Ziele haben in der Regel einen deutlichen Handlungsbezug, sind gut zu beschreiben und können überprüft werden. Auf schulischer Ebene gibt die Formulierung von Zielen eine Richtung der individuellen und gemeinsamen Arbeit vor (ist in der Regel in den Schulprogrammen dargestellt E. L.) und kann die Grundlage für spätere Reflexion und Evaluation sein" (Bonsen u.a. 2002, S. 318).

- An zweiter Stelle steht die Innovationsförderung durch die Schulleitung, die hoch mit der zielbezogenen Führung korreliert. Hier wird der Schulleiter als „change agent" (Fullan 1996, S. 701) begriffen, als der zentrale Akteur für Wandel und Innovation in der Schule. Die Bedeutung der Innovationsförderung wird besonders in den „guten Schulen" besonders hoch von den Lehrern eingeschätzt.

- An dritter Stelle steht die Partizipation in der Entscheidungsfindung, also die Bereitschaft der Schulleiter, das Kollegium vor allem bei innovativen Entscheidungen, die die gesamte Schule betreffen zu beteiligen. „Allerdings darf die Beteiligung des Kollegiums nur auf solche Entscheidungsprozesse bezogen sein, die die Lehrerinnen und Lehrer auch unbedingt angehen und die für die Entwicklung der Schule als elementar eingestuft werden können. Eine Rückkopplung bei alltäglichen Entscheidungen würde entschieden zu weit führen und belastete die Lehrkräfte völlig unnötig in ihrer Kernaufgabe der Erteilung des Unterrichts" (Bonsen u.a. 2002, S. 320). Dieses Ergebnis korrespondiert mit der folgenden grundlegenden Dimension guten Schulleiterhandelns.

- An vierter Stelle steht die Organisationskompetenz, also die „Sicherung des arbeitsorganisatorischen Funktionierens der Schule" (Steffens, Bargel 1993, S. 91). Verlangt wird also ein routinemäßiges Management des Tagesgeschäfts, d.h. auch, dass alle Routineentscheidungen durch den Schulleiter selbstständig ohne Berücksichtigung des Lehrerkollegiums getroffen werden. Organisationskompetenz wird insbesondere den Schulleitern an „guten Schulen" von ihrem Lehrerkollegium bescheinigt.

„Mit der Zuspitzung der Analysen lässt sich erfolgreiches pädagogisches Führungshandeln mit der Zielrichtung besonderer und außergewöhnlicher Schulqualität („leadership towards excellence") vor allem durch die Dimensionen der zielbezogenen Führung, der Innovationsbereitschaft des Schulleiters, der angemessenen Partizipation des Kollegiums (bei innovativen Entscheidungen E. L.) sowie die wahrgenommene Organisationskompetenz des Schulleiters (bei Routine- bzw. Alltagsentscheidungen E. L.) beschreiben... Das in den Analysen entwickelte Modell deutet insgesamt auf ein stark führungsbetontes Bild von Schulleitung an guten Schulen hin, in dem gemeinsame pädagogische Ziele und eine ausgeprägte Innovationsbereitschaft der Schulleiterin oder des Schulleiters zentral erscheinen" (Bonsen u.a. 2002, S. 321). Ein derartiges Schulleitungshandeln führt dann auch, wie eine weiterhin durchgeführte Pfadanalyse zeigt, zu Unterrichtsbedingungen, in denen Differenzierung und individuelle Förderung der Schüler im Vordergrund steht. Damit wird der indirekte Effekt des Schulleitungshandelns auch auf den Unterricht bestätigt.

All diese Ergebnisse sind einem Organisations- bzw. Gruppensoziologen, der die sozialpsychologische Forschung zur Gruppendynamik kennt, nicht neu. Für jeden Führer gilt, dass er sich „nach außen" an Zielen und Visionen zu orientieren hat, die in einem Programm zusammen gefasst werden können, und dass er „nach innen" Integration leisten muss, dass er innovative Entscheidungen partizipativ und Routine-Entscheidungen autokratisch treffen muss. Es ist erfreulich, dass die Schulforschung hier auch angekommen ist. Welche Konsequenzen sich für den Schulleiter im Einzelnen daraus ergeben, dass sich im Rahmen einer teilautonomen Schule seine Rolle von der des Leiters einer nachgeordneten Behörde zu einem Schulmanager verändert, haben Buchen und Burkard detailliert dargestellt (vgl. Buchen, Burkard 2000, S. 227 – 247).

5.4.3 Die teilautonome Schule – das Modell der Zukunft?

Seit Anfang der 90er Jahre wird in der Bundesrepublik eine breite öffentliche Diskussion unter dem Stichwort Autonomie der Schule geführt. Gemeint ist damit eine Entwicklung, die zu einer Ausweitung der schulischen Selbstständigkeit und einer Erweiterung der Entscheidungs- und Handlungsfreiräume an den einzelnen Schulen führt. Sie drückt sich in reformierten Schulverfassungen aus, die die interne Struktur der Schulen regeln (zum Folgenden vgl. Leschinsky 2003).

In diesem Zusammenhang sei allerdings noch einmal daran erinnert, dass die Schule nach dem Grundgesetz weiterhin unter der staatlichen Aufsicht stehen muss (Art. 7 Abs. 1 GG), sie gilt offiziell nach wie vor als nicht rechtsfähige Anstalt des öffentlichen Rechts. Dennoch ist mittlerweile in allen Bundesländern die traditionell unbegrenzte Schulaufsicht durch neu geschaffene Schulgremien mit eigenen Zuständigkeiten praktisch eingegrenzt worden. Die Weiterentwicklung des Schulverfassungsrechts hat faktisch zu einer Dezentralisierung und Reduktion der Befugnisse der Schulaufsicht geführt. Für die einzelne Schule bedeutet dies, dass sie nicht mehr nur als unselbstständige Anstalt zu betrachten ist, wie in der organisationssoziologischen Analyse noch dargestellt wurde, sondern mittlerweile auch über Selbstgestaltungs- und Selbstverwaltungsrechte verfügt.

Ein erster wichtiger Komplex, den die Schulverfassung regelt, ist das Verhältnis der Schulleitung zum Lehrerkollegium. Wenngleich es zwischen den einzelnen Bundesländern hier unterschiedliche Regelungen gibt, haben sich inzwischen zwei Grundmodelle der Kompetenzverteilung etabliert: In der Direktorialverfassung liegt die Regelzuständigkeit für Leitung und Ordnung der Schule beim Schulleiter, den Konferenzen werden demgegenüber spezielle Zuständigkeiten zugewiesen – so etwa die bayrische Praxis. In der Kollegialverfassung sind für die inneren Schulangelegenheiten primär die Konferenzen zuständig – so z.B. in Berlin. Je nach Grundmodell ist auch das Beanstandungsrecht des Schulleiters bei Beschlüssen der Konferenzen unterschiedlich geregelt: In der Direktorialverfassung kann der Schulleiter Beschlüsse der Konferenzen, die er für nicht zweckmäßig hält, der Schulaufsicht zur Entscheidung vorlegen, wie z.B. in Baden-Württemberg oder Sachsen; im Kollegialmodell kann der Schulleiter einen Konferenzbeschluss nur dann beanstanden, wenn er ihn für nicht rechtmäßig hält.

Ein zweites wichtiges Thema der Schulverfassung ist die Mitwirkung der Schüler und Eltern. Ihre Beteiligung an den Lehrerkonferenzen erstreckt sich in der Regel auf die Entsendung einiger Vertreter, die zumeist nur beratende Stimmen besitzen und bei Zeugnis- oder Klassenkonferenzen ganz ausgeschlossen sind. Neben der traditionellen Lehrerkonferenz kennen aber die meisten Schulverfassungen noch weitere Kollektivorgane, in denen die Stellung der Eltern und Schüler stärker ist, z.B. die Schulkonferenz, in Bayern Schulforum, in Rheinland-Pfalz Schulausschuss genannt. Wenngleich diese Gremien in der Regel nur Beratungs- und Empfehlungsaufgaben besitzen, sind in den letzten Jahren Entwicklungen erkennbar, diesen Gremien auch Entscheidungsbefugnisse einzuräumen. Vor allem in den meisten neuen Bundesländern ist die Schulkonferenz zum zentralen schulpolitischen Gremium geworden, wenngleich auch in ihnen nach wie vor die Schulleitung und die Lehrer die Mehrheiten stellen. Am weitesten ist man hier in Sachsen-Anhalt gegangen, wo die Gesamtkonferenz (als Äquivalent für die Schulkonferenz) die Lehrerkonferenz mit ihren bisherigen Gestaltungsaufgaben in sich aufgenommen hat (vgl. Schulgesetz von 1993). In diesem Gremium sollen Schulleiter, Lehrer, pädagogische Mitarbeiter, Eltern und Schüler gleichermaßen über alle wesentlichen Angelegenheiten der Schule beraten und entscheiden, die ein gemeinsames Wirken dieser Gruppen erfordern. Demgegenüber haben die traditionellen Vertretungsorgane der Schüler und der Eltern dann auch nur noch eine geringe Bedeutung, da Schüler und Eltern bereits in der Schulkonferenz/Gesamtkonferenz vertreten sind.

Die jeweiligen Schulverfassungen bieten auch den rechtlichen Rahmen für die Erhöhung der Autonomie der einzelnen Schulen. Als oberstes politisches Organ wird die Schulkonferenz betrachtet, die, wie oben dargestellt wurde, aus Schulleiter,

Lehrern, pädagogischen Mitarbeitern, Schülern, Eltern und zum Teil auch aus Vertretern der Schulträger und der jeweiligen lokalen Schulumwelt besteht. Oberste Aufgabe der Schulkonferenz ist die (jährliche) Verabschiedung eines spezifischen Schulprogramms, in der auch die curricularen, methodisch-didaktischen und organisatorischen Besonderheiten der Schule festgeschrieben werden, allerdings bei Beachtung von Rahmenvorgaben zu den Stundentafeln, die für jede Jahrgangsstufe das Gesamtaufkommen des wöchentlichen Unterrichts festlegen, von Rahmenvorgaben für die darauf aufbauenden Lehrpläne (Kerncurricula) und den darin enthaltenen Stoffverteilungsplänen, die das Grundgerüst der einzelnen Fächer bilden. Zu den Rahmenbedingungen gehören aber auch weiterhin noch die Vorschriften über Klassenarbeiten, die Notengebung und andere, die Schullaufbahn der Schüler betreffende Vorschriften. Darüber hinaus werden Bildungsstandards vorgegeben, die (Mindest-)Anforderungen an fachliche und soziale Kompetenzen definieren. Innerhalb dieser Rahmenvorgaben erhalten die Schulen dann ihren Freiraum zur Entwicklung schuleigener Lehrpläne und schuleigener Formen der Lehr-Lernorganisation, in der Gruppen- und Projektarbeit sowie Einzelarbeit neben die traditionellen Formen des Arbeitens in Klassen und Kursen treten. Hinzu treten die Möglichkeiten, den Unterricht zu individualisieren, d.h. die Schüler bei ihren individuellen kognitiven und motivationalen Voraussetzungen abzuholen, sie hinsichtlich ihres individuellen Lernfortschritts beratend, fördernd und fordernd zu begleiten und ihre Leistungen individuell zu bewerten. Weiterhin wird die Möglichkeit eröffnet, die traditionell homogene Zusammensetzung der Schülerschaft in Klassen und Kursen aufzuheben und in sozial und kognitiv heterogen zusammen gesetzten Lerngruppen die Schwächeren durch die Besseren fördern zu lassen, wie wir es am Beispiel hessischer Gesamtschulen noch sehen werden. Die Schulen erhalten damit insgesamt das Recht, aber auch die Pflicht, den gesetzlich vorgegebenen Bildungs- und Erziehungsauftrag im Hinblick auf die jeweiligen individuellen und sozialen Bedingungen ihrer Schülerschaft im Rahmen ihres lokalen Kontextes eigenverantwortlich zu konkretisieren.

Zur Erhöhung der Schulautonomie gehört auch die Übertragung der selbstständigen Entscheidung über die der Schule zugewiesenen öffentlichen finanziellen Mittel, hin und wieder sogar das Recht „Drittmittel" von privaten Einrichtungen aus dem lokalen Kontext einzuwerben (Sponsoring). Nicht zuletzt wird den Schulen in vielen Ländern auch die Möglichkeit zur selbstständigen Rekrutierung und Verteilung des (Lehr-)Personals auf „schulscharf" ausgeschriebenen Stellen eingeräumt (z.B. Nordrhein-Westfalen). In diesem Zusammenhang ist auch noch einmal an die Initiative der Bundesregierung zu erinnern, den Ausbau der Ganztagsschulen finanziell zu fördern, mit der ebenfalls der Gestaltungsspielraum der Schulen erhöht wird.

Insgesamt beobachten wir in der Bundesrepublik einen Dezentralisierungspro-
zess im Schulwesen, der auch in anderen europäischen Ländern mit früher zentrali-
sierter Organisation zu beobachten ist (vgl. Schweden, Frankreich). Das Ausmaß
zentraler Steuerung und Kontrolle geht zurück, das Ausmaß der Autonomie der
einzelnen Schulen steigt. Die Begründung für diese Entwicklung liegt sowohl im
pädagogischen als auch im politischen Bereich. Unter pädagogischen Aspekten
bedeutet eine Verstärkung der Autonomie der einzelnen Schulen, dass sich die
Schulen besser auf die individuellen und sozialen Bedingungen ihrer Schülerschaft
im lokalen Kontext einstellen können und vermutlich sowohl hinsichtlich der Schülerleistungen und der sozialen Kompetenzen effektiver arbeiten können als unter
bürokratischen Bedingungen. In politischer Hinsicht ist die Autonomisierung mit
ihrer verstärkten Partizipation aller am Schulgeschehen beteiligten Gruppen gegen
Individualisierungs-, Isolations- und Entfremdungserscheinungen der liberalisierten
Gesellschaft gerichtet (Leschinsky 2003, S. 199). Nicht zuletzt werden diese Bestre-
bungen aber auch durch eine liberale Marktökonomie unterstützt, die mit dem
Argument der freien Schulwahl der Schüler und ihrer Eltern letztlich auch im Bereich der Schulen Bildung als Gut verwerten möchte.

Bei aller Autonomisierung der Einzelschulen darf jedoch nicht übersehen werden, dass das Erziehungssystem nicht zuletzt aufgrund der Verfassung insgesamt
jedoch sowohl einen Sozialstaatsauftrag zu erfüllen hat als auch für ein international
anspruchsvolles Leistungsniveau zu sorgen hat, also der Öffentlichkeit für ihre
Bildungsinvestitionen rechenschaftspflichtig ist. „Aus dem Sozialstaatsgebot wie
aus dem Recht der Schülerinnen und Schüler auf gleiche Chancen bei der Entfaltung ihrer Persönlichkeit folgt, dass die Schulen Abschlüsse nach gleichen Maßstäben vergeben. Das aber bedeutet, dass Schülerinnen und Schüler, denen der gleiche
Schulabschluss zuerkannt wird, in den verschiedenen Unterrichtsfächern über
vergleichbare Kenntnisse, Fähigkeiten und Fertigkeiten verfügen müssen. Autonomie heißt demnach nicht, dass sich jede Schule ihre eigenen Gesetze geben kann.
Eine „autonome Schule" bleibt ein Unternehmen in öffentlicher Verantwortung"
(Peek 2001, S. 324). Was die Sicherung des Leistungsniveaus angeht, hat sich gerade
auch die teilautonome Schule Formen der Qualitätssicherung in Form von internen
und externen Evaluationen zu stellen. Man kann das auch so ausdrücken: Je größer
die Autonomie der Einzelschulen, desto wichtiger ist die Qualitätssicherung durch
Evaluation.

In diesem Zusammenhang stehen zunächst einmal die internen Evaluationen
durch die Schulen selbst im Vordergrund. Interne Evaluationen können sich dabei
sowohl an den Schulprogrammen orientieren, in die auch die Anforderungen, die
aus der Elternschaft oder der Kommune stammen, eingehen sollten. Schulinterne
Evaluationen sind in besonderer Weise geeignet, neuralgische Punkte der eigenen
Schule genauer zu untersuchen, da die Evaluatoren als Betroffene die eigenen

Probleme oftmals besser kennen als Außenstehende. Darüber hinaus können die Ergebnisse der internen Evaluation direkt auch in die weitere Schulentwicklung einfließen, sofern sich alle Beteiligten und Betroffenen auf die Ergebnisse einlassen; da aber existieren erhebliche Bedenken, denn jede Evaluation wird von den Lehrern als potentielle Bedrohung ihrer eigenen Arbeit und ihres eigenen Status betrachtet. Rolff hat diese Problematik kürzlich einmal so formuliert: „Die Schule ist eine ganz besondere Organisation. Sie ist die zahlenmäßig größte, aber technisch einfachste und sozial komplizierteste Einrichtung unserer Gesellschaft. Das Personal ist hoch qualifiziert und besteht fast ausschließlich aus akademisch ausgebildeten Lehrerinnen und Lehrern. Schulleiter und Schulleiterinnen verstehen sich häufig als Kollegen, als Gleiche unter Gleichen. Sofern das der Fall ist, ergeben sich Führungsdefizite, wenn nicht, antihierarchische Effekte in großen Teilen der Lehrerschaft. Weil die Arbeit in den Klassen vergleichsweise ähnlich ist und die Ausbildung ebenfalls, herrscht in den meisten Gremien ein Gleichheitssyndrom, wobei es sich letztlich um einen Mythos handelt. Der amerikanische Schulforscher Lortie hat in den Schulen ein Egalitäts-Autonomie-Syndrom festgestellt (Lortie 1977). Dieses besagt, dass alle Lehrerinnen und Lehrer ohne Unterschied von Erfahrung, Interessen, Vorlieben und Können gleich behandelt werden wollen. Offene Kritik wird durch das „Kollegialitätsprinzip" vermieden. Es besteht eine Scheu, Unterschiede sichtbar werden zu lassen. Lehrpersonen, die etwas Besonderes wollen und öffentlich machen, haben es schwer, da der Versuch der Profilierung im Kollegium häufig negativ bewertet wird. Der tabuisierte Umgang mit Unterschieden in den Schulen bewirkt, dass Differenzen eher verschleiert, denn als Ausgangspunkte für Auseinandersetzungen – und somit als Lernchancen – genutzt werden" (Rolff 2001, S. 339). Das ist aber genau das Dilemma, in dem interne Schulevaluatoren stehen. Ihre sachlichen Aussagen über Unterschiede und ihre Vorschläge zur Weiterentwicklung der Schulqualität werden regelmäßig als persönliche Bedrohung des Status der Lehrerinnen und Lehrer betrachtet und von daher hintertrieben. Lehrerarbeit ist im Unterricht der Klassen und Kurse zellulär organisiert und damit Voraussetzung für die Autonomie der Lehrenden; ihre Vergleichbarkeit wird geleugnet. Interne Evaluation hat nur dort eine Chance, die Qualitätsentwicklung der Schule voran zu treiben, wo die Lehrenden auch in den offiziellen Gremien, wie den Konferenzen, über fachliche Inhalte kommunizieren und sachliche Argumente nicht als persönliche Bedrohung ihres Status werten. Darüber hinaus aber kann interne Evaluation keine Aussagen über den relativen Status der Qualität der Ausbildung in fachlicher und/oder sozialer Hinsicht über die Einzelschule hinaus bieten. Hierzu ist nur eine externe Evaluation in der Lage.

Von daher ist jede notwendige interne Evaluation durch eine externe Evaluation zu ergänzen. Nur sie ist in der Lage, schul- und fachübergreifende Bezugsnormen auf ihre Realisierung hin zu überprüfen und damit die Grundlage für Rechenschaft

gegenüber der Öffentlichkeit zu liefern. Sehr gut geeignet sind hierzu u.a. die In-
strumente der international vergleichend durchgeführten Schulleistungsstudien wie
IGLU, TIMSS und PISA, aber auch der national vergleichenden Studien wie BIJU
und LAU, die zudem auf die nötigen Schul- und Klassenmerkmale als personale
und soziale Hintergrundsmerkmale abstellen (vgl. hierzu auch die externe Evaluation der hessischen Gesamtschulen). Externe Evaluationen aber werden nur dann
von den Kollegien akzeptiert, wenn sie mit dem Design der internen Evaluationen
korrespondieren, wenn die Kollegien die Kriterien und Verfahren akzeptieren, an
der Durchführung beteiligt werden und von daher schon Entwicklungsperspekti-
ven für ihre eigene Arbeit erfahren. Nicht zuletzt muss sichergestellt werden, dass
die Rückmeldungen der externen Evaluatoren den vorgesetzten Behörden, das
können auch die Schulleiter sein, keine Rückschlüsse auf konkrete Lehrpersonen
gestatten, die ihren Status bedrohen könnten. Bleibt zum Schluss darauf hinzuweisen, dass externe Evaluationen den methodischen Anforderungen genügen müssen, die wir bereits bei der Darstellung der Evaluationsergebnisse über die schulor-
ganisationsstrukturellen Effekte (Gesamtschule versus dreigliedriges Schulsystem)
angesprochen haben.

Interne und externe Evaluationen, die unter den genannten Bedingungen durchgeführt werden, können dann u.a die folgenden für die Schulpolitik wichtigen Fragen beantworten (vgl. Rolff 2001, S. 344):

▪ „Welcher Lernstand ist in bestimmten Alters- bzw. Jahrgangsgruppen (z.B. im
  Fach Mathematik) erreicht worden, differenziert nach Schulformen (ggf. Kurs-
  niveaus), Schulen, Klassen sowie nach Regionen?
▪ In welchem Zusammenhang stehen die Fachleistungen (und sozialen Kompetenzen E. L.) zu ausgewählten Merkmalen von Schul- und Unterrichtsqualität?
▪ In welchem Zusammenhang stehen die erzielten Fachleistungen (und sozialen
  Kompetenzen E. L.) und die bisherige Schullaufbahn zu den allgemeinen kog-
  nitiven Lernvoraussetzungen, die in einem weitgehend sprachfreien Test ermit-
  telt werden?
▪ Welche Zusammenhänge bestehen zwischen den erreichten Fachleistungen
  (und sozialen Kompetenzen E. L.) der Schülerinnen und Schüler und soziode-
  mographischen Hintergrundmerkmalen?
▪ In welchem Zusammenhang stehen schulorganisatorische und schulstrukturelle
  Merkmale (z.B. Einzugsgebiet von Schulen, Charakteristika der Schule und der
  Schulform) mit den erreichten Fachleistungen (und sozialen Kompetenzen
  E. L.)?"

Antworten auf diese Fragen können dann zur Grundlage für eine Schulentwick-
lungspolitik sowohl der einzelnen Schulen als auch des Schulsystems auf lokaler,
regionaler oder nationaler Ebene gemacht werden.

5.4.4 Schulqualität an hessischen Gesamtschulen

Wie bereits erwähnt, haben sich in den 90er Jahren die Verhältnisse auf der Ebene der Schulen vielfach stark verändert. In vielen Bundesländern hat sich inzwischen das Modell der teilautonomen Schule mehr oder weniger stark verbreitet. In der zweiten Hälfte der 90er Jahre sind so u.a. in Hessen auf der Basis eines neuen hessischen Schulgesetzes mehrere Gesamtschulen dazu übergegangen, eigene Schulprogramme zu entwickeln, verschiedene Formen der äußeren und inneren Unterrichtsdifferenzierung zu überprüfen sowie neuere Unterrichtsformen zu implementieren, nicht zuletzt, um sowohl die Leistungsfähigkeit der Schüler zu erhöhen, als auch um ihre Selbstständigkeit und ihre sozialen Kompetenzen zu fördern. Fünf dieser Schulen wurden in Zusammenarbeit mit dem Max-Planck-Institut für Bildungsforschung einer systematischen Evaluation unterzogen, deren Ergebnisse wiederum an die Schulen zurück gemeldet wurden und die weitere Schulentwicklung beeinflussten (vgl. Köller, Trautwein 2003). Wenngleich diese Schulen als Versuchsschulen eingerichtet sind, können die Ergebnisse ihrer Evaluation bei aller Vorsicht auch etwas darüber aussagen, wie die teilautonomen Schulen hinsichtlich der Schülerleistungen und der sozialen Kompetenzen im Vergleich mit den traditionellen Regelschulen abschneiden.

Zu den besonderen Merkmalen der hier untersuchten Gesamtschulen gehören im Vergleich zu den Regelschulen:

- eine wesentlich größere Autonomie in der Gestaltung der internen Organisation und der Unterrichtsabläufe der Schule,
- z.T. die Aufhebung der internen Differenzierung nach Grund- und Erweiterungskursen, d.h. die Heterogenisierung der Schülerschaft hinsichtlich ihrer kognitiven und sozialen Voraussetzungen,
- die Entwicklung eigenständiger Schulprogramme, in der der pädagogische Ansatz genauso verbindlich festgeschrieben wurde wie die auf der kognitiven Ebene der Schüler zu ereichenden Mindeststandards,
- die Betonung von Projekt- und Gruppenarbeiten als Möglichkeiten, selbstständiges Lernen zu fördern,
- die Individualisierung des Unterrichts und die Förderung des Einzelnen, d.h. auch individuelle Beratung, Unterstützung mit Lernmaterialien und individuelle, über Klassenarbeiten hinaus gehende Rückmeldungen an den Einzelnen,
- der Ausbau zu einer offenen Ganztagsschule mit Mittagsbetreuung und nachmittäglichen Angeboten an Arbeitsgemeinschaften,
- die Förderung und intensive Nutzung von Teamstrukturen im Lehrerkollegium,
- die Bindung von Lehrerteams an die Jahrgangsstufen, um beständige, verlässliche und vertrauensvolle Beziehungen zu den Schülern zu erhalten,
- die Einbindung in lokale Netzwerke,

■ die systematische Evaluation durch externe Evaluatoren, hier Mitarbeiter des
  MPI für Bildungsforschung.

Wenngleich man bei der Betrachtung der Zusammenhänge zwischen diesen Schul-
und Unterrichtsstrukturen einerseits und den Schulleistungen sowie den sozialen
Kompetenzen der Schüler andererseits vorsichtig sein muss, weil es sich hier um
Versuchsschulen handelt, bleiben die folgenden Ergebnisse doch bemerkenswert:

■ Hinsichtlich des Leistungsstandes in Mathematik (aber auch in Naturwissenschaften), der mit Hilfe der Originalinstrumente der TIMS-Studie gemessen
  wurde, erreichen alle Schulen unter Berücksichtigung der unterschiedlichen
  Lernvoraussetzungen der Schüler (Muttersprache, sozioökonomischer Hintergrund, Grundschulleistung) Leistungswerte, die deutlich über den Werten liegen, die an anderen Gesamtschulen in Deutschland im Rahmen der TIMS-
  Studie, aber auch der BIJU-Studie, festgestellt wurden. „Diese Befundlage ver-
  deutlicht, dass veränderte Unterrichtsformen (z.B. Projektarbeit) bzw. zusätzliche pädagogische Arbeitsformen (z.B. Theaterspiel), die teilweise Unterrichts-
  zeit in den Kernfächern abziehen, keine Kosten für den Fachunterricht bzw. für
  die sich dort vollziehenden Lehr-/Lernprozesse haben müssen... Den untersuchten Schulen gelingt es offenbar, die Vorgaben der Lehrpläne (intendiertes
  Curriculum) umzusetzen (implementiertes Curriculum) und entsprechende
  Lernerfolge auf Seiten der Schüler (erreichtes Curriculum) zu erzielen" (Köller,
  Trautwein 2003, S. 215 f.).

⁖ Hinsichtlich der sozialen Kompetenzen wurden teils aus der BIJU-Studie, teils
  aus dem Allbus Skalen zur Erfassung von Einstellungen gegenüber Ausländern
  und gegenüber der Entwicklungshilfe, zur Erfassung von Empathie und Per-
  spektivenübernahme sowie zu Konkurrenz und gegenseitiger Unterstützung in
  der Klasse übernommen. Auch hinsichtlich der Vermittlung dieser sozialen
  Kompetenzen erwiesen sich die hier untersuchten Gesamtschulen als den in der
  BIJU-Studie untersuchten (Vergleichs-) Schulen überlegen. „Als Ergebnis aus
  dem Einsatz dieser Untersuchungsinstrumente ist festzuhalten, dass die von
  uns untersuchten Schulen verschiedene kognitive und soziale Ziele gut miteinander vereinbaren können, wenn sich auch bei allen Schulen in einzelnen Bereichen noch Optimierungsmöglichkeiten festmachen ließen. Offensichtlich können pädagogisch engagierte Schulen gleichzeitig kognitive und nichtkognitive
  Ziele erfolgreich verfolgen" (Köller, Trautwein 2003, S. 216; vgl. auch Baumert,
  Köller 2000, Gruehn 2000).

■ Insgesamt konnten die hier mit einem besonderen Schulprofil ausgestatteten
  teilautonomen Gesamtschulen einen erheblich „besseren" Eindruck vermitteln
  als die im Rahmen der BIJU-Studie untersuchten traditionellen Gesamtschulen
  in Nordrhein-Westfalen (vgl. Baumert, Köller 1998, Baumert u.a. 2000).

5.5 Was bringt die Ganztagsschule?

5.5.1 Anlässe zur Einrichtung von Ganztagsschulen

Im Jahr 2002 hat die Bundesregierung in Reaktion auf TIMMS und PISA den Ländern eine finanzielle Unterstützung im Umfang von 4 Mrd. Euro in den folgenden vier Jahren zum Ausbau von 10.000 Ganztagsschulen angeboten, von denen aber bisher nur geringe Beträge abgerufen worden sind, weil die Länder die Übernahme der (vor allem personellen) Folgekosten fürchten; allein NRW hat dieses Programm inzwischen auf seine Fahnen geschrieben und will in den nächsten Jahren die Anzahl der offenen Ganztagsschulen besonders im Grundschulbereich erheblich erhöhen. Die Forderung nach Einrichtung von Ganztagsschulen geht dabei sowohl auf bildungs- als auch auf sozialpolitische Argumente zurück.

Zum einen sitzt der PISA-Schock nach wie vor tief: Die 15jährigen Schüler erreichen in Deutschland auf der einen Seite im internationalen Vergleich von 32 OECD-Ländern bezüglich ihrer Lese- und mathematischen Kompetenz nur den 21. und bezüglich ihrer naturwissenschaftlichen Kompetenz den 22. Rang. Auf der anderen Seite aber sind wir bekanntermaßen Weltmeister im Sitzenbleibenlassen und in der sozialen Vererbung von Bildungschancen. In keinem anderen der untersuchten Länder werden so viele Schüler aufgrund unzureichender Leistungen eine Klasse zurückgestuft. In keinem anderen Land ist der Zusammenhang zwischen der sozialen Herkunftsschicht und der besuchten weiterführenden Schule sowie der Schulleistung so stark wie in Deutschland. Hinzu kommt in Deutschland eine weit überdurchschnittliche Benachteiligung von Migrantenkindern, die aufgrund unzureichender Kenntnisse der deutschen Sprache in erheblich geringerem Umfang als einheimische Schüler weiterführende Schulen besuchen. Geringe Schul- und Berufsbildung verringern aber bekanntlich die Berufschancen und damit im weitesten Sinne die Lebenschancen überhaupt. Von daher verwundert die Forderung nach Ausweitung des schulischen Angebots zur Verbesserung der kognitiven und sozialen Fähigkeiten der Schüler nicht.

Zum anderen macht die bevölkerungspolitische Entwicklung erhebliche Sorgen, nicht zuletzt mit Blick auf die sozialen Sicherungssysteme. Mit einer Geburtenrate von 1,4 Kindern pro Frau liegt Deutschland am unteren Ende in Europa und weit von einer die Bevölkerung stabilisierenden Rate von 2,1 Kindern entfernt. Als eine der wichtigsten Ursachen wird hier die fehlende Vereinbarkeit von Berufstätigkeit und Mutterschaft für die immer besser schulisch und beruflich qualifizierten und immer häufiger auch berufstätigen jungen Frauen genannt: Ein Drittel aller jungen Frauen und sogar über 40% aller jungen Akademikerinnen bekommen gegenwärtig keine Kinder mehr. Wenngleich in Deutschland auch

nach wie vor tradierte kulturelle Vorstellungen, z.B. über die „berufstätige Ra-
benmutter", die jungen Frauen in ihrer Entscheidung zwischen Berufstätigkeit
und Mutterschaft beeinflussen, verstärken sich die Rufe nach einer Erhöhung des
Angebots an Einrichtungen für eine ganztägige Kinderbetreuung auch aus der
Perspektive der Bevölkerungs- und Sozialpolitik, um die Offenheit der jungen
Generation Kindern gegenüber zu steigern.

5.5.2 Angebot an und Nachfrage nach Ganztagsschulen

Deutschland zählt neben Portugal, Griechenland und Luxemburg zu den wenigen
Ländern in Europa, in denen derzeit kaum Ganztagsunterricht angeboten wird.
Nimmt man die außereuropäischen OECD-Länder hinzu, dann fällt auf, dass in
den meisten Ländern sogar der Begriff Ganztagsschule unbekannt ist, weil sie
per se Ganztagsschulen sind. In welchem Umfang in Deutschland eine schulische
Ganztagsbetreuung der Kinder und Jugendlichen gegeben ist, darüber liegen
bezeichnenderweise keine neuen Daten vor (besser ist hier die Informationsbasis
für außerschulische Einrichtungen (BMBF 2002)). Die letzte vom Bundesministerium für Bildung und Wissenschaft in Auftrag gegebene Studie stammt aus dem
Jahr 1990 (Bargel u. Kuthe 1990). Danach sind in den alten Bundesländern ganz-
tätige Betreuungen im Primarbereich mit gerade einem Prozent faktisch nicht
vorhanden. Die Gesamtzahlen verdecken allerdings erhebliche Unterschiede
zwischen den Bundesländern. Die Versorgung ist in den Stadtstaaten deutlich
besser als in den Flächenstaaten. Auch haben im Sekundarschulbereich die Länder Niedersachsen, Nordrhein-Westfalen und Berlin ihre Gesamtschulen durchweg als Ganztagsschulen ausgebaut. Im Bereich der Gymnasien und Realschulen
lag Bayern 1990 noch mit höheren Versorgungsquoten vor den anderen Ländern;
heute ist Nordrhein-Westfalen das Land mit den meisten Ganztagsschulen im
Sekundarbereich.
    Extrapoliert man die Daten der 1990er Studie, dann kann man gegenwärtig von
einer durchschnittlichen Versorgungsquote von ca. 3 – 5% ausgehen. Dieser Versorgungsquote aber steht nach vorsichtigen Bedarfsschätzungen je nach Schulform
ein Mindestbedarf von 15 – 25% der Schülerplätze gegenüber (vgl. Cortina u.a.
2003, S. 107). Das gegenwärtige Angebot und die Nachfrage nach schulischen
Betreuungsplätzen fallen also erheblich auseinander. Ganztagseinrichtungen werden insbesondere von Alleinerziehenden und von Eltern unterer Sozialschichten
nachgefragt. Eltern mittlerer und oberer Sozialschichten standen bisher einer ganz-
tätigen schulischen Betreuung und Förderung ihrer Kinder und Jugendlichen eher
skeptisch gegenüber und haben sie daher eher aus eigenen Mitteln bestritten. Zukünftig ist allerdings auch mit einer verstärkten Nachfrage von beiderseits berufstä-

tigen Eltern der Mittelschichten zu rechnen; Oberschichteltern werden vermutlich weiterhin auf eigene Initiativen setzen.

5.5.3 Was können Ganztagsschulen erreichen?

Unter Bildungsaspekten kann in Ganztagsschulen zunächst einmal die individuelle Förderung der Kinder und Jugendlichen unter fachlichen, d.h. im Wesentlichen unter kognitiven Aspekten verbessert werden. An Nachmittagen können die Hausarbeiten besonders der leistungsschwächeren Schüler unter Mithilfe der Fachlehrer erledigt werden. Lehrer können durch die individuelle Betreuung der Schüler deren Stärken und Schwächen besser erkennen als im Klassen- oder Kursverbund, bei denen sie sich üblicherweise am Durchschnittsschüler orientieren. Sie können sie an ihrem jeweils vorhandenen Leistungsstand abholen und sie durch gezielte Hilfen ihrem Lernfortschritt entsprechend wieder an das durchschnittliche Leistungsniveau der Klassen bzw. Kurse heranführen.

Unter dem Aspekt der sozialen bzw. ethnischen Herkunft ist nicht nur individuelle Förderung sondern auch kompensatorische Erziehung möglich und nötig. Auch wenn man heute das Wort Erziehung nicht gerne hört und Bronfenbrenner in den 70er Jahren sogar vom „Unfug der kompensatorischen Erziehung" durch die Schule sprechen konnte, bleibt darauf hinzuweisen, dass in anderen Ländern mit Ganztagsunterricht, in denen die Kinder und Jugendlichen eben nicht bereits ab dem Mittag in ihre familiären Milieus entlassen werden und dort im Bereich der unteren sozialen Schichten nur einen restringierten Sprachcode oder in einem großen Teil der Migrantenfamilien nur ihre (nicht-deutsche) Muttersprache sprechen, die Schulen durchaus kompensatorisch tätig werden können und faktisch werden. In diesen Ländern haben sowohl die Kinder aus unteren sozialen Schichten als auch die Migrantenkinder erheblich größere Chancen, weiterführende Schulen zu besuchen und gute Schulleistungen zu erzielen als in Deutschland, wie in PISA und TIMSS deutlich nach zu lesen ist. Das ist kein Plädoyer dafür, die Kinder und Jugendlichen ihren Elternhäusern zu entfremden, sondern ein Plädoyer dafür, ihnen eigene Lebenschancen zu eröffnen, die ohne elaborierte deutsche Sprachkenntnisse gerade in Deutschland mit seinem die schulischen und beruflichen Laufbahnen steuernden Leistungszertifikatswesen nicht vorhanden sind.

Bleibt hier zu erwähnen, dass sich die individuelle Förderung nicht nur auf die leistungsschwachen Schüler beziehen darf, sondern auch den Hochbegabten Angebote unterbreiten muss, denjenigen also, die sich im üblichen Klassen- oder Kursunterricht unterfordert fühlen (vgl. Fischer 2004). Chancen zur Differenzierung, die sich aus einem quantitativ erweiterten Schulangebot ableiten, würden also zunächst denen zugute kommen, die vom Durchschnitt abweichen. Im Sinne einer individuellen Differenzierung würde man sich einer Form von Unterricht nähern, in der dem Lehrer Zeit bliebe, sich intensiver mit einem Einzelnen zu befassen.

In diesem „Privatlehrermodell" können im Unterschied zum Klassen- oder Kursmodell darüber hinaus die Aufgaben so differenziert werden, dass die Schüler stets mehr Erfolgs- als Misserfolgserlebnisse erzielen und damit eine positive leistungsorientierte Tendenz, d.h. Leistungsmotivation aufbauen. Damit werden zugleich das Selbstwertgefühl gesteigert, Erfolge und Misserfolge sich selbst (internal kausal) zugerechnet, die Lernfähigkeit erhöht und Verantwortungsübernahme gefördert. Langfristig wird Selbstständigkeit erzielt.

Bezogen auf die gesamte Klasse bzw. den gesamten Kurs dürfte sich die Abstimmung zwischen dem Lernfortschritt der Schüler und dem Lehrfortschritt der Lehrer deutlich verbessern. Ganztagsschulen bieten damit durchaus eine von mehreren Möglichkeiten, einerseits die Zahl der „Sitzenbleiber" zu verringern und andererseits die Schüler in Deutschland in ihrer Gesamtheit wieder an die Spitze der internationalen Leistungsfähigkeit zu führen.

Aber Schulen haben nicht nur die Aufgabe, die kognitiven Fähigkeiten der Schüler individuell oder kompensatorisch zu fördern, sondern auch ihre sozialen Fähigkeiten zu verbessern. Handlungsfähigkeit, Kooperationsbereitschaft und die Fähigkeit zu friedlicher Konfliktlösung zählen in allen Richtlinien ebenfalls zu den offiziellen Zielsetzungen des Erziehungssystems. Ob die Schulen es wollen oder nicht, sie müssen sich der Aufgabe stellen, soziale Kompetenzen zu vermitteln, die in den Familien aufgrund ihres Strukturwandels nicht mehr vermittelt werden, wollen sie der zunehmenden Aggressivität junger Leute auf den Schulhöfen und in deren Freizeitmilieus nicht tatenlos zusehen. Es gilt eine Intensivierung des Schullebens als Ergänzung des systematischen Lernens im Unterricht ins Auge zu fassen. Es gilt in den Ganztagsschulen an den Nachmittagen einen Unterricht zu entwerfen, der sich von der Fächersystematik trennt und an komplexen, altersangemessenen Problemen orientiert ist, die zugleich die Schlüsselprobleme der Gesellschaft sind. Gleichzeitig sollten alternative Lernorte außerhalb der Schule aufgesucht und ein flexibler Zeitrhythmus gefunden werden, der kognitives, praktisches und sinnliches Lernen in einem Prozess des sozialen Aushandelns verbindet. Dieser Unterricht muss in eine Schulgemeinde eingebettet sein, deren Umgangsformen diese Lern- und Lebensgemeinschaft tragen (vgl. Cortina u.a. 2003, S. 110). Damit wird die Schulgemeinde als Teil der Lebenswelt der Schüler betrachtet, zu der auch die Familie, die Nachbarschaft und die lokale Gemeinschaft gehören. Die Schüler könnten in den Ganztagsschulen diejenigen Handlungs- und Kooperationsqualifikationen erwerben, die sie zu einer aktiven Partizipation in dieser Lebenswelt befähigen (vgl. Springer 1999), und zu deren Vermittlung Familien unter den gegenwärtigen Bedingungen vielfach nicht mehr in der Lage sind.

In diesem Zusammenhang kommt z.B. auch dem Sportunterricht eine hervorragende Rolle zu. Neben den Individualsportarten sind hier besonders der Gruppensport und die Sportspiele geeignet, die Kooperation innerhalb der Gruppen zu fördern und die systematisch auftretenden Konflikte zwischen den Teilnehmern mit friedlichen und fairen Mitteln zu lösen.

Der Sportunterricht stellt einen Handlungsbereich dar, in dem klare Regeln existieren, denen gegenüber sich die Schüler regelkonform zu verhalten haben. Im Fall der Normabweichung stehen darüber hinaus klar definierte Sanktionen zur Verfügung, die die Normeinhaltung nahe legen. Damit werden die Schüler in sportlich-spielerischer Weise auf eine regelgebundene Kooperation und auf Formen friedlicher Konfliktlösung auch im außerschulischen Bereich vorbereitet, ohne dass hier bereits ein Automatismus installiert wäre. Dass hier ein professionelles Handeln von qualifizierten Pädagogen gefordert ist, auf das Übungsleiter aus Vereinen nur begrenzt vorbereitet sind, bleibt am Rande zu erwähnen.

5.5.4 Von welchen Bedingungen hängt erfolgreicher Ganztagsunterricht ab?

Wie das „Privatlehrermodell" bereits andeutet, sind an den Nachmittagen in Ganztagsschulen methodisch-didaktische Vorgehensweisen erforderlich, die die Selbstbestimmung der Schüler in der Eigenarbeit und ihre Kooperationsfähigkeit in der Gruppenarbeit fördern. Es wäre fatal, nachmittags anstelle der bisher üblichen selbst bestimmten Freizeit fremdbestimmten Unterricht klassischer Art anzubieten. Erfahrungen mit Ländern, in denen der Unterricht ganztags gleichermaßen fremd diszipliniert abläuft, zeigen ein hohes Maß an Selbstwertschwäche und Unselbstständigkeit bei den Schülern, das sich in regressiven Verhaltensmustern, wie z.B. im Suchtverhalten äußert (z.B. in Südkorea und Polen, wie eine jüngst vom Autor international verglezichend durchgeführte Untersuchung belegt (vgl. Lange 2004).

Da Ganztagsschulen die nächsten Jahre, wenn nicht länger, auf der Basis freiwilliger Teilnahme der Schüler und der Lehrer nur ein Angebot darstellen dürften, müssen angesichts der zu erwartenden Selbstselektion der Schüler und Lehrer Anreize geschaffen werden, diese Unterrichtsangebote auch in Anspruch zu nehmen bzw. sie zur Verfügung zu stellen. So ist zu erwarten, dass gerade die relativ leistungsschwachen Schüler, die diese Angebote am dringendsten benötigen würden, sie gar nicht erst aufsuchen, sofern hier nicht seitens der Eltern ein entsprechender Druck ausgeübt wird.

Aber auch für die Lehrer sind Anreize zu schaffen, an den Nachmittagen in der Schule präsent zu sein und sich den besonderen pädagogischen Ansprüchen zu stellen, die sich aus der Idee einer Ganztagsschule ableiten, wenn die Chancen, die darin gesehen werden, auch wahrgenommen werden sollen. Zumindest müssen für sie auch in den Schulen die organisatorischen (u.a. räumlichen und zeitlichen) Voraussetzungen dafür geschaffen werden, dass sie hier ihre vielfältigen Aufgaben (Unterrichtsvor- und Nachbereitung, Klassenarbeiten, Verwaltungsaufgaben, usw.) bewältigen können.[20]

Höchstwahrscheinlich sind aber auch die notwendigen Voraussetzungen für die Bereitstellung eines qualifizierten personellen Angebots an den Nachmittagen noch zu schaffen, vor allem dann, wenn seitens der Lehrkräfte nur das Gebot der Freiwilligkeit gilt. Inwieweit man das Nachmittagsangebot über Hilfskräfte und andere Personen bestreiten kann, erscheint angesichts des geforderten methodisch-didaktischen Konzepts allerdings problematisch.

In anderen Ländern ist man bei der Institutionalisierung der Ganztagsschulen weiter. So verbringen die Lehrer in Großbritannien und den USA jeweils den gesamten Schultag oder doch einen großen Teil davon in den Schulen. In Schweden gilt für die Lehrkräfte grundsätzlich bereits Präsenz- und Weiterbildungspflicht.

Bleibt zum Abschluss zu erwähnen, dass ein Ganztagsschulangebot in der hier beschriebenen Form auch unter bevölkerungs- und sozialpolitischem Aspekt wünschenswert ist. Vordringlich aber ist unter diesem Aspekt ein pädagogisch qualifiziertes Ganztagsangebot im vorschulischen Bereich, nämlich besonders im Bereich der Kinderkrippen und der Kindergärten; hier wird die Bundesregierung derzeit bereits aktiv.

---

20 Ob man den Lehrern im Zuge der Institutionalisierung des Ganztagsunterrichts Freiwilligkeit abfordern muss oder ob sie schlicht und einfach dienstverpflichtet werden können, ist sicherlich nicht nur eine pädagogische, sondern vor allem auch eine dienstrechtliche bzw. tarifrechtliche Frage.

Literaturverzeichnis

Adorno, T. W., Erziehung zur Mündigkeit, Frankfurt 1971

Alex, L. u.a., Angebot und Bedarf an hochqualifizierten Arbeitskräften in der Bundesrepublik Deutschland bis 1980: Arbeitskräftebilanz und Intensivanalyse, Schriftenreihe 8, hrsg. vom Bundesministerium für Bildung und Wissenschaft, Bonn 1972

Allgemeine Schulordnung von Nordrhein-Westfalen (AschO), Düsseldorf 2002

Allmendinger, J., Hinz, T., Mobilität und Lebensverlauf: Deutschland, Großbritannien und Schweden im Vergleich, in: Hradil, S. Immerfall, S. (Hrsg.), Die westeuropäischen Gesellschaften im Vergleich, Opladen 1997, S. 247 – 285

Anweiler, O., u.a. (Hrsg.), Bildung und Erziehung in der Bundesrepublik Deutschland und in der DDR – Ein historisch-vergleichender Quellenband, Opladen 1992

Atkinson, J. W., Feather, N.T. (ed.), A Theory of Achievement Motivation, New York, London, Sydney 1966

Bargel, T., Kuthe, M., Ganztagsschule: Angebot, Nachfrage, Erfahrungen, Bonn 1990 Bundesministerium für Bildung und Wissenschaft (Bildung – Wissenschaft – aktuell, Bd. 10)

Battelle Institut e.V., Quantitative und qualitative Vorausschau auf den Arbeitsmarkt der Bundesrepublik Deutschland mit Hilfe eines Strukturmodells. Bericht für das Bundesministerium für Arbeit und Sozialordnung, Bonn 1969

Bauer, K.-O., Klemm, K., Pardon, H., Ergebnisse empirischer Schulforschung. Sekundarschulen auf dem Prüfstand, in: Rolff, H.-G. u.a. (Hrsg.), Jahrbuch der Schulentwicklung Bd. 1 , Weinheim, Basel 1980, S. 141 – 169

Bauer, K.-O., Budde, H., Schule und Studium: Mehr Berechtigungen, weniger Chancen, in: Rolff u.a. (Hrsg.), Jahrbuch der Schulentwicklung 1, Weinheim 1980, S. 141 ff.

Baumert, J., Köller, O., Nationale und internationale Schulleistungsstudien: Was können sie leisten, wo sind ihre Grenzen? In: Pädagogik 50(1998), S. 12 – 18

Baumert, J. u.a., TIMSS – Mathematisch-naturwissenschaftlicher Unterricht im internationalen Vergleich. Deskriptive Befunde, Opladen 1997

Baumert, J., Köller, O., Unterrichtsgestaltung, verständnisvolles Lernen und multiple Zielerreichung im Mathematik- und Physikunterricht der gymnasialen Oberstufe, in: J. Baumert, W. Bos, R. Lehmann, TIMSS/III. Die dritte Internationale Mathematik- und Naturwissenschaftsstudie – Mathematische und naturwissenschaftliche Bildung am Ende der Schullaufbahn, Bd. 2, S. 271 – 316, Opladen 2000

Baumert, J., Stanat, P., Demmrich, A., PISA 2000. Untersuchungsgegenstand, theoretische Grundlagen und Durchführung der Studie, in: Deutsches PISA-Konsortium (Hrsg.), PISA 2000. Basiskompetenzen von Schülerinnen und Schülern im internationalen Vergleich, Opladen 2001, S. 15 – 68

Baumert, J., Trautwein, U., Artelt, C., Schulumwelten – institutionelle Bedingungen des Lehrens und Lernens, in: Deutsches PISA-Konsortium (Hrsg.), PISA 2000. Ein differenzierter Blick auf die Länder in der Bundesrepublik Deutschland, Opladen 2003, S. 261 – 331

Baumert, J. u.a., Konzeption und Aussagekraft der TIMSS-Leistungstests. Zur Diskussion um TIMSS-Aufgaben aus der Mittelstufenphysik, in: Die Deutsche Schule 92(2000), S. 102 – 115

Becker, H., Die verwaltete Schule. Kulturpolitik und Schule, Stuttgart 1956

Beelitz, A., Streitsache: Gesamtschule in Nordrhein-Westfalen zwischen Pädagogik und Politik, Köln 1980

Berger, P., Luckmann, T., Die gesellschaftliche Konstruktion der Wirklichkeit, Frankfurt 1966

Bernstein, B. Studien zur sprachlichen Sozialisation, Düsseldorf 1972

Besorth, R., Organisationsklima in Schulen, Neuwied, Frankfurt 1998

Bethäuser, H., Probleme der Orientierungsstufe, in: Bildungsberatung in der Praxis, Reihe A, Nr. 29, Villingen 1975, S. 208 – 235

Bidwell, C.E., The School as a Formal Organization, in: March, J.G. (ed), Handbook of Organizations, Chicago 1965, S. 972 – 1022

Birg, H., Demographisches Wissen und politische Verantwortung. Überlegungen zur Bevölkerungsentwicklung Deutschlands im 21. Jahrhundert, in Zeitschrift für Bevölkerungswissenschaft 23 (1998), S. 221 – 251

Blankertz, H., Die Sekundarstufe II. Perspektiven unter expansiver und restriktiver Bildungspolitik, in: Ders. u.a. (Hrsg.) Enzyklopädie Erziehungswissenschaft, Bd. 9, Stuttgart 1982, S. 321 ff.

Bloom, B. S., Stability and Change in Human Characteristics, New York 1964

Bloom, B. S., Human Characteristics and School Learning, New York 1976

Blossfeld, H.-P., Shavit, Y., Persistent Inequality. Changing Educational Attainment in Thirteen Countries, Boulder u.a. 1993

Blüm, A., Frenzel, E., Quantitative und qualitative Vorausschau auf den Arbeitsmarkt der Bundesrepublik Deutschland – Stufe 3, in: Kaiser, M. u.a. (Hrsg.), Flexibilisierung der Vorausschätzungsergebnisse – Übergang von Punkt- zu Intervallprojektionen, in: BeitrAB Bde. 8.1 und 8.2, Nürnberg 1975

Bolte, K. M., Deutsche Gesellschaft im Wandel, 2. Aufl. Opladen 1967

Bonsen, M., Gathen, J. von der, Pfeiffer, H., Wie wirkt Schulleitung?, in: Rolff. H.-G. u.a. (Hrsg.), Jahrbuch der Schulentwicklung Band 12, Weinheim, München 2002, S. 287 – 322

Boocock, S. S., Die Schule als soziale Umwelt für Lernprozesse. Soziale Organisation und Mikroprozesse der Erziehung, in: Hurrelmann, K. (Hrsg.), Soziologie der Erziehung, Weinheim, Basel 1974, S. 283 – 318

Bos, W. u.a. (Hrsg.), Erste Ergebnisse aus IGLU. Schülerleistungen am Ende der vierten Jahrgangsstufe im internationalen Vergleich, Münster 2003

Bronfenbrenner, U., Wie wirksam ist kompensatorische Erziehung? Stuttgart 1974

Brusten, M., Hurrelmann, K., Abweichendes Verhalten in der Schule. Eine Untersuchung zu Prozessen der Stigmatisierung, München 1973

Buchen, H., Burkard, C., Wird Schulmanagement zum Qualitätsmanagement? Handlungsbereiche von Schulleitung und Schulaufsicht bei der Qualitätsentwicklung und Qualitätssicherung von Schule, in: B. Frommelt u.a. (Hrsg.), Schule am Ausgang des 20. Jahrhunderts. Gesellschaftliche Ungleichheit, Modernisierung und Steuerungsprobleme im Prozess der Schulentwicklung, Weinheim, München 2000, S. 227 – 247

Bucholzer, A., Das Innovationsklima in Schulen, Aarau 2000

Bujok-Hohenauer, E. u.a., Jugendliche in der Schule. Leistung, Herrschaft und Konkurrenz, Manuskript, München 1978

Büchner, P., Vom Befehlen und Gehorchen zum Verhandeln -Entwicklungstendenzen von Verhaltensstandards und Umgangsnormen seit 1945, in: Preuß-Lausitz, U. (Hrsg), Kriegskinder, Konsumkinder, Krisenkinder, Weinheim 1983, S. 196 ff.

Bundesministerium für Bildung und Wissenschaft (Hrsg.), Zahlenbarometer. Ein bildungsstatistischer Überblick, Bonn 1984.

Bundesministerium für Bildung und Wissenschaft (Hrsg.), Grund- und Strukturdaten, Bonn 1984,1985, 1990 (im Text abgekürzt als GSD)

Bundesministerium für Bildung und Forschung (Hrsg.), Grund- und Strukturdaten 2001/2002, Bonn 2002 (im Text abgekürzt als GSD)

Bundesministerium für Bildung und Forschung, OECD-Veröffentlichung „Bildung auf einen Blick 2003. Wesentliche Aussagen der OECD zur Ausgabe 2003, Bonn 2003

Bund-Länder-Kommission für Bildungsplanung und Forschungsförderung (BLK), Zukunft von Bildung und Arbeit. Perspektiven von Arbeitskräftebedarf und -angebot bis 2015, in: Materialien zur Bildungsplanung und zur Forschungsförderung Nr. 104/2002

Carroll, J. B., A Model of School Learning, in: Teachers College Record 64, 1963, S. 723 – 733

Clausen, J. A., A Historical and Comparative View of Socialization Theory and Research, in: Clausen, J. A. (Hrsg.), Socialization and Society, Boston 1968

Coleman, J. S., Grundlagen der Sozialtheorie, Bde 1 – 3, München, Wien 1995

Cortina, K. S. u.a (Hrsg.), Das Bildungswesen in der Bundesrepublik Deutschland. Strukturen und Entwicklungen im Überblick, Reinbek 2003

Dahrendorf, R., Industrielle Fertigkeiten und soziale Schichtung, KZfSS 8, 1956, S. 540 – 568

Dahrendorf, R., Bildung ist Bürgerrecht. Plädoyer für eine aktive Bildungspolitik, Hamburg 1965

Dahrendorf, R., Gesellschaft und Demokratie in Deutschland, München 1968

Deutscher Ausschuss für das Erziehungs- und Bildungswesen, Empfehlungen und Gutachten des Deutschen Ausschusses für das Erziehungs- und Bildungswesen 1953 – 1965, Stuttgart 1966

Deutscher Bildungsrat, Strukturplan für das Bildungswesen. Stuttgart 1970

Deutscher Bildungsrat (Hrsg.), Zur Reform von Organisation und Verwaltung im Bildungswesen, Teil 1: Verstärkte Selbstständigkeit der Schule und Partizipation der Lehrer, Schüler und Eltern, Stuttgart 1973

Deutscher Bildungsrat, Zur Neuordnung der Sekundarstufe II. Konzept für eine Verbindung von allgemeinem und beruflichem Lernen, Bonn 1974

Deutscher Bildungsrat, Die Bildungskommission, Bericht 75, Entwicklung im Bildungswesen, Bonn 1975

Deutsches Institut für Wirtschaftsforschung (DIW) (Hrsg.), Projektion der Qualifikationsstruktur des Arbeitskräftebedarfs in den Wirtschaftsbereichen der Bundesrepublik Deutschland bis 1985, Frankfurt, Berlin 1973

Deutsches PISA-Konsortium (Hrsg.), PISA 2000. Basiskompetenzen von Schülerinnen und Schülern im internationalen Vergleich, Opladen 2001

Deutsches PISA-Konsortium (Hrsg.), PISA 2000. Die Länder der Bundesrepublik Deutschland im Vergleich, Opladen 2002

Deutsches PISA-Konsortium (Hrsg.), PISA 2000. Ein differenzierter Blick auf die Länder der Bundesrepublik Deutschland, Opladen 2003

Dichanz, H., Bischoff, H. u.a., Das Methodenrepertoire von Lehrern. Eine Untersuchung zum Unterrichtsalltag in der Sekundarstufe I, Manuskript, Fernuniversität Hagen 1984

Diederich, J., Tenorth, H.-E., Theorie der Schule. Ein Studienbuch zur Geschichte, Funktionen und Gestaltung, Berlin 1997

Dreher, E., Zum Schulklima in Integrierten Gesamtschulen und Schulen des traditionellen Schulsystems in Hessen. Zwischenbericht einer empirischen Untersuchung, Konstanz 1978

Ditton, H., Ungleichheit und Mobilität durch Bildung, Weinheim, München 1992

Eckes, K., Haenisch, H., Antoni, W., Abschlußbericht zur Versuchsreihe Gemeinsame Orientierungsstufe Rheinland-Pfalz (Arbeitstitel) , Landau 1977

Eder, F., Schul- und Klassenklima, Innsbruck, Wien, München 1996

Erikson, R., Goldthorpe, J.H., The Constant Flux, Oxford 1993

Esser, H., Soziologie. Allgemeine Grundlagen, Frankfurt, New York 1993

Esser H., Soziologie. Spezielle Grundlagen, Bde 1 – 6, Frankfurt, New York 1999 – 2002

Esser, H., Soziologie. Spezielle Grundlagen, Bd. 2: Die Konstruktion der Gesellschaft, Frankfurt, New York 2000

Fauser, R., Schreiber, N., Schulwünsche und Schulwahlentscheidungen in Arbeiterfamilien, in: A. Bolder, K. Rodax (Hrsg.), Das Prinzip der aufge(sc)hobenen Belohnung, Bonn 1987, S. 31 – 58

Fend, H., Schulorganisation als Makroorganisation von Lernprozessen, in: Messner, R., Rumpf, H. (Hrsg.), Didaktische Impulse, Studientexte zur Analyse von Unterricht, Wien 1971, S. 197 – 238

Fend, H. u.a., Gesamtschule und dreigliedriges Schulsystem. Eine Vergleichsstudie über Chancengleichheit und Durchlässigkeit, Deutscher Bildungsrat: Gutachten und Studien der Bildungskommission, Band 55, Stuttgart 1976

Fend, H., Schulklima. Soziale Einflussprozesse in der Schule, Weinheim, Basel 1977

Fend, H., Theorie der Schule, München, Wien, Baltimore 1981

Fend, H., Sozialisation durch Literatur, Weinheim, Basel 1979

Fend. H., Qualität im Bildungswesen. Schulforschung zu Systembedingungen, Schulprofilen und Lehrerleistung, Weinheim, München1998

Fischer, A., Das Bildungssystem der DDR. Entwicklung, Umbruch und Neugestaltung seit 1989, Darmstadt 1992

Fischer, C., Begabtenförderung als Herausforderung für die Schulentwicklung, in: Journal für Begabtenförderung 1/2004

Flora, P. u.a. (Hrsg.), State, Economy, and Society in Western Europe 1815 – 1975, Bd. 1, Frankfurt, London, Chicago 1983

Forum Bildung, Empfehlungen, Expertenberichte und Materialien, Bonn 2001

Friedeburg, Ludwig von, Bildungsreform in Deutschland. Geschichte und gesellschaftlicher Widerspruch, Frankfurt 1992

Fullan, M., Leadership for Challenge, in: K. Leithwood et al. (Hrsg.), International Handbook of Educational Leadership and Administration, Part 2, Dordrecht, Boston, London 1996, S. 701 – 722

Furtner-Kallmünzer, M., Sardei-Biermann, S., Schüler der Schule, in: betrifft: Erziehung 11, 1978, S. 35 – 42

Gehlen, A., Der Mensch, seine Natur und Stellung in der Welt, Frankfurt, Bonn 1965 (1940)

Geiger, T., Die soziale Schichtung des deutschen Volkes, Stuttgart 1932

Geißler, R., Die Sozialstruktur Deutschlands, Opladen 1996

Geulen, D., Hurrelmann, K., Zur Programmatik einer umfassenden Sozialisationstheorie, in: Hurrelmann, K., Ulich, D. (Hrsg.), Handbuch der Sozialisationsforschung, Weinheim,. Basel 1980, S. 51 – 67

Groothoff, H.-H., Artikel „Bildungswesen in der BRD", in: Ders., (Hrsg.), Pädagogik, Das Fischer-Lexikon, Frankfurt 1964

Groothoff, H.-H., Artikel „Hochschulen", in: Ders. (Hrsg.), Pädagogik, Das Fischer-Lexikon, Frankfurt 1964

Gruehn, S., Vereinbarkeit kognitiver und nichtkognitiver Ziele im Unterricht, in: Zeitschrift für Pädagogik, 41(1995), S. 531 – 553

Gruehn, S., Unterricht und schulisches Lernen. Schüler als Quellen der Unterrichtsbeschreibung, Münster 2000

Habermas, J., Legitimationsprobleme im Spätkapitalismus, Frankfurt 1973

Haenisch, H. u.a., Gesamtschule und dreigliedriges Schulsystem in Nordrhein-Westfalen. Schulleistungsvergleiche in Deutsch, Mathematik, Englisch und Physik, Paderborn u.a. 1979

Hage, K.-H., Staupe, J., Schulrecht von A – Z, München 1985

Hallinger, P., Heck, R.H., The Principal`s Role in School Effectiveness: An Assessment of Methodological Progress, in: International Handbook of Educational Leaderschip and Administration, 1996, S. 723 – 783

Hallinger, P., Murphy, J., Instructual Leadership in School Contexts, in: W. Greenfield (ed.), Instructual Leadership: Concepts, Issues and Controversies, Lexington 1986

Hansen, R., Rolff, H.-G., Abgeschwächte Auslese und verschärfter Wettbewerb, in: Jahrbuch der Schulentwicklung 6(1990), S. 45 – 79

Harnischfeger, A., Wiley, D. E., Kernkonzepte des Schullernens, in: Zeitschrift für Entwicklungspsychologie und Pädagogische Psychologie 19, 1977, S. 207 – 228

Hartmann, M., Kopp, J., Elitenselektion durch Bildung oder durch Herkunft?, in: KZfSS 53 (2001), S. 436 – 466

Heckhausen, H., Hoffnung und Furcht in der Leistungsmotivation, Meisenheim 1963

Heckhausen, H., Leistungsmotivation, Unternehmerinitiative, Wirtschaftswachstum, in: Ders. u.a. (Hrsg.), Das Leistungsprinzip in der Industriegesellschaft, Köln 1974

Heckhausen, H., Motiv und Motivation, in: Hermann, T. u.a. (Hrsg.), Handbuch psychologischer Grundbegriffe, München 1977, S. 296 – 313

Helmke, A., Väth-Szusdziara, R., Leistungsangst, Selbstakzeptierung und soziale Angst in Abhängigkeit vom elterlichen Erziehungsklima, in: Eckensberger, L.H. (Hrsg.), Bericht über den 31 . Kongress der Deutschen Gesellschaft für Psychologie in Mannheim 1978, Bd. 1, Göttingen 1979

Helmke, A., Schrader, F. W., Zur Kompatibilität kognitiver, affektiver und motivationaler Zielkriterien des Schulunterrichts. Clusteranalytische Studien, in: M. Knopf, W. Schneider (Hrsg.), Entwicklung. Festschrift zum 60. Geburtstag von Franz Emanuel Weinert, Göttingen 1990, S. 180 – 200

Helmke, A., Weinert, F.E., Bedingungsfaktoren schulischer Leistungen, in: F.E. Weinert (Hrsg.), Psychologie des Unterrichts und der Schule, Göttingen 1997, S. 71 – 176

Henning, U. u.a., Daten und Thesen zum differenzierten Unterricht in der Gesamtschule. Längsschnittuntersuchung des Schülerjahrgangs 5/1979 der Gesamtschule Alter Teichweg in Hamburg, Hamburg 1973

Hentig, H. von, Systemzwang und Selbstbestimmung, Stuttgart 1969

Hiewerdeis, H., Erziehungsinstitutionen, in: Weber, E. (Hrsg.), Pädagogik. Eine Einführung, Bd. 3, Donauwörth 1974

Hirsch, J., Leibfried, S., Materialien zur Wissenschafts- und Bildungspolitik. Frankfurt 1971

Hölscher, B., Zur Soziologie der Life-Style-Werbung, Opladen, Wiesbaden 1998

Hofstätter, P. R., Gruppendynamik, Hamburg 1957

Hofstätter, P. R., Einführung in die Sozialpsychologie, Stuttgart 1963

Hradil, S., Soziale Ungleichheit in Deutschland, Opladen 1999

Hurrelmann, K., Unterrichtsorganisation und schulische Sozialisation. Eine empirische Untersuchung zur Rolle der Leistungsdifferenzierung im schulischen Selektionsprozess, Weinheim, Basel 1971

Hurrelmann, K., Erziehungssystem und Gesellschaft, Reinbek 1975

Hurrelmann, K., Einführung in die Sozialisationstheorie, Weinheim und Basel 2002

Hurrelmann, K., Lebensphase Jugend. Eine Einführung in die sozialwissenschaftliche Jugendforschung, Weinheim, München 2004

Institut für Arbeitsmarkt- und Berufsforschung (Hrsg.), Hochschulbildung und Arbeitsmarkt, QuintAB 3, Nürnberg 1975

Klemm, K., Koch, H., Schule und Arbeitsmarkt, in: Rolff u.a. (Hrsg.), Jahrbuch der Schulentwicklung 3, Weinheim 1984 , S. 44 ff.

Klemm, K., Rösner, E., Holtappels, H. G., Quantitative Entwicklungen im Bildungswesen Nordrhein-Westfalens, Werkheft 20 des Instituts für Schulentwicklungsforschung, Dortmund 1985

Klemm, K., Rolff, H.-G., Tillmann, K.-J., Bildung für das Jahr 2000. Bilanz der Reform, Zukunft der Schule, Reinbek 1985

Klemm, R., Bildungsausgaben: Woher sie kommen, wohin sie fließen, in: K.S. Cortina u.a. (Hrsg.), Das Bildungswesen in der Bundesrepublik Deutschland, Reinbek 2003, S. 214 – 251

Klieme, E., Rakoczy, K., Unterrichtsqualität aus Schülerperspektive: Kulturspezifische Profile, regionale Unterschiede und Zusammenhänge mit Effekten von Unterricht, in: Deutsches PISA-Konsortium (Hrsg.), PISA 2000. Ein differenzierter Blick auf die Länder der Bundesrepublik Deutschland, Opladen 2003, S. 333 – 359

Klima, R., Artikel Sozialisation, in: Fuchs, W. u.a. (Hrsg.), Lexikon zur Soziologie, Opladen 1973

Kohn, M.L., Class and Conformity: A Study in Values, Homewood 1969

Köller, O., Gesamtschule – Erweiterung statt Alternative, in: K.S. Cortina u.a. (Hrsg.), Das Bildungswesen in der Bundesrepublik Deutschland, Reinbek 2003, S. 458 – 486

Köller, O., Baumert, H., Schnabel, K., Wege zur Hochschulreife: Offenheit des Systems und Sicherung vergleichbarer Standards. Analysen am Beispiel der Mathematikleistungen von Oberstufenschülern an integrierten Gesamtschulen und Gymnasien in Nordrhein-Westfalen, in: Zeitschrift für Erziehungswissenschaft 2, 1999, S. 370 – 405

Köller, O., Trautwein, U. (Hrsg.), Schulqualität und Schulleistung. Evaluationsstudie über innovative Schulentwicklung an fünf hessischen Gesamtschulen, Weinheim, München 2003

Krohne, H.W., Stichwort „Leistungsmotivation", in: W. Fuchs u.a. (Hrsg.), Lexikon zur Soziologie, Opladen 1973, S. 399

Kultusministerium NW (Hrsg.), Allgemeine Schulordnung, Köln 1983

Lange, E. u.a., Evaluation der Berufsberatung der Bundesanstalt für Arbeit. Die Orientierungsmaßnahmen in der gymnasialen Oberstufe, BeitrAB 79, Nürnberg 1983

Lange, E., Jugendkonsum im 21. Jahrhundert, Wiesbaden 2004

Leschinsky, A., Der institutionelle Rahmen des Bildungswesens, in: K.S. Cortina u.a. (Hrsg.), Das Bildungswesen in der Bundesrepublik Deutschland, Reinbek 2003, S. 148 – 213

Lösel, F., Prozesse der Stigmatisierung in der Schule, in: Brusten, M., Hohmeier, J. (Hrsg.), Stigmatisierung, Bd. 2, Neuwied, Darmstadt 1975, S. 7-32

Lohmann, I., After Neoliberalism. Können nationalstaatliche Bildungssysteme den „freien Markt" überleben?, in: I. Lohman, R. Rilling (Hrsg.), Die verkaufte Bildung, Opladen 2002, S. 89 – 107

Lohmann, I., Rilling, R. (Hrsg.), Die verkaufte Bildung. Kritik und Kontroversen zur Kommerzialisierung von Schule, Weiterbildung, Erziehung und Wissenschaft, Opladen2002

Lortie, D. C., School Teachers. A Sociological Study, Chicago 1977

Max-Planck-Institut für Bildungsforschung, Bildungsverläufe und psychosoziale Entwicklung im Jugendalter (BIJU). 2. Bericht für die Schulen, Berlin 1996

Maxeiner, Gutachten für das rheinland-pfälzische Kultusministerium durch den Fachgutachter der Zentralstelle für das ausländische Bildungswesen beim Gemeinsamen Büro der Kultusministerkonferenz (Bonn), Bonn 2002

Mead, G. H., Mind, Self, and Society, Chicago 1934

Moore, H., Kleining, G., Das soziale Selbstbild der Gesellschaftsschichten in Deutschland, KZfSS 12, 1960

Mortimore, P., Auf der Suche nach neuen Ressourcen. Die Forschung zur Wirksamkeit von Schule (School Effectiveness), in: Böttcher, Weishaupt, Weiß (Hrsg.), Wege zu einer neuen Bildungsökonomie, Weinheim, München 1997

Müller-Wolf, E. u.a., Empirischer Leistungsvergleich zwischen Orientierungsstufen- schülern und Schülern der Hauptschule, der Realschule und des Gymnasiums (Klasse 5 und 6). Eine Untersuchung zu Intelligenz-, Schulleistungs- und Persönlichkeitsmerkmalen unter Berücksichtigung sozialer Variablen und Lehrerurteil, Lüneburg 1979

OECD (Hrsg.), Bildung auf einen Blick 2003, Paris 2003

Offe, Claus, Leistungsprinzip und industrielle Arbeit. Mechanismen der Statusverteilung in Arbeitsorganisationen der „Leistungsgesellschaft", Frankfurt 1970

Offe, Claus, Strukturprobleme des kapitalistischen Staates, Frankfurt 1972

Offe, Claus, Bildungssystem, Beschäftigungssystem und Bildungspolitik. Ansätze zu einer gesamtgesellschaftlichen Funktionsbestimmung des Bildungssystems, in: Deutscher Bildungsrat, Gutachten und Studien der Bildungskommission Bd. 51, Bildungsforschung. Probleme, Perspektiven, Prioritäten, Teil 1, Stuttgart 1975, S. 215 – 252

Parsons, T., Das System moderner Gesellschaften, München 1972

Peek, R., Die Bedeutung vergleichender Schulleistungsmessungen für die Qualitätskontrolle und Qualitätsentwicklung von Schulen und Schulsystemen, in: F. E. Weinert (Hrsg.), Leistungsmessungen in Schulen, Weinheim, Basel 2001, S. 323 – 335

Peisert; H., Framheim, G., Das Hochschulsystem in der Bundesrepublik Deutschland, Stuttgart 1979

Peters, M., Leistungsvergleich im Fach Mathematik zwischen Schulen des traditionellen Systems und einer Gesamtschule mit Hilfe standardisierter Tests, Arbeitsstelle Schulberatung im Deutschen Institut für wissenschaftliche Pädagogik, Münster 1977

Petri, G., Evaluation der Schulversuche im Bereich der Zehn- bis Vierzehnjährigen. Vergleiche zwischen Versuchsschulen und Kontrollschulen bis zum Ende der 6. Schulstufe, Graz 1976

Picht, G., Die deutsche Bildungskatastrophe, Freiburg 1964

Plessner, H., Die Stufen des Organischen und der Mensch, Berlin 1928

Plessner, H., Conditio Humana, in: Propyläen Weltgeschichte Bd. 1, Berlin 1961

Pöttgen, H., Jekul, W., Kumpfert, V., Allgemeine Schulordnung – Kommentar, Essen 2003

Reinberg, A., Hummel, M., Steuert Deutschland langfristig auf einen Fachkräftemangel zu? In: IAB-Kurzbericht 9/7.7.2003a

Reinberg, A., Hummel, M., In der Krise verdrängt, sogar im Boom vergessen, in: IAB-Kurzbericht 19/11.11.2003b

Rolff, H.-G., Sozialisation und Auslese durch die Schule, Heidelberg 1967

Rolff, H.-G., Soziologie der Schulreform, Weinheim, Basel 1980

Rolff, H.-G., Was bringt die vergleichende Schulleistungsmessung für die pädagogische Arbeit in Schulen? In: Franz E. Weinert (Hrsg.), Leistungsmessungen in Schulen, Weinheim: Beltz 2001, S. 337 – 352

Rolff, H.-G., Bauer, K.O., Bussigel, M., Pardon, H., Sozialisationsbedingungen in Sekundarschulen unterschiedlicher Schulform, in: Rolff, H.-G., Soziologie der Schulreform, Weinheim, Basel 1980, S. 130 – 143

Rosenshine, B., Furst, N.F., The Use of Direct Observation to Study Teaching, in: Travers, R.M.W. (ed.), Second Handbook of Research on Teaching, Chicago 1973, S. 122 – 183

Rosenshine, B., Recent Research on Teaching Behaviors and Student Achievement, in: Journal of Teacher Education 27, 1976, S. 61 – 64

Royl, W., Lind, G., Röpke, B., Vogel-Krahforst, E., Lernerfolgsmessung im Rahmen der wissenschaftlichen Begleituntersuchungen zu den schleswig-holsteinischen Gesamtschulen. Zwischenbericht des Projekts „Koordinierte Lernerfolgsmessung", Kiel 1978

Schelsky, H., Schule und Erziehung in der industriellen Gesellschaft, Würzburg 1957

Schelsky, H., Einsamkeit und Freiheit, Reinbek 1963

Scherens, J., Bosker, R. J., The Foundations of Educational Effectiveness, Oxford 1997

Scheuch, E.K., Sozialprestige und soziale Schichtung, in: Glass, D.V., König, R. (Hrsg.), Soziale Schichtung und Mobilität, Sonderheft 5 der KZfSS, Opladen 1961

Schmerl, C., Sozialisation und Persönlichkeit, Stuttgart 1978

Schneider, W., Was erwartet die Wirtschaft von den Pflichtabsolventen?, Manuskript, Wien 1985

Schorb, A. O. (Hrsg.), Schulversuche mit Gesamtschulen in Bayern, Stuttgart 1977

Schümer, G. u.a., Lebens- und Lernbedingungen von Jugendlichen, in: Deutsches PISA-Konsortium (Hrsg.), PISA 2000, Opladen 2001, S. 411 – 509

Schultz, T. W., The Economic Value of Education, New York 1963

Schultze, W., Die Leistungen im naturwissenschaftlichen Unterricht im internationalen Vergleich, in: Deutsches Institut für Internationale Pädagogische Forschung, Mitteilungen und Nachrichten, Frankfurt 1974

Schulze, G., Die Erlebnisgesellschaft. Kultursoziologie der Gegenwart, Frankfurt, New York 1993

Shell Jugendstudie, Jugend 2002, Frankfurt 2002

Sinus-Institut, Die Sinus-Milieus. Kurzinformation, Heidelberg 1991, 1995

Springer, W., Die Sozialraumorientierung – ein präventiver Ansatz, in: Katholische Arbeitsgemeinschaft Kinder- und Jugendschutz Nordrhein-Westfalen e.V. (Hrsg.), In & Out. Anregungen zur Konsumerziehung in der Kinder- und Jugendarbeit, Münster 1999

Steffens, U., Bargel, T., Erkundungen zur Qualität der Schule, Neuwied, Kriftel, Berlin 1993

Steinkamp, G., Sozialstruktur und Sozialisation, in: K. Hurrelmann, D. Ulich (Hrsg.), Neues Handbuch der Sozialisationsforschung, Weinheim1991, S. 251 – 277

Ulich, K., Schulische Sozialisation, in: K. Hurrelmann, D. Ulich (Hrsg.), Neues Handbuch der Sozialisationsforschung, Weinheim 1991, S. 377 – 398

Vester, M., Deutschlands feine Unterschiede, in: Aus Politik und Zeitgeschichte, B20(1995), S. 16 ff.

Walker, D.A., The I.E.A. Six-Subject Survey. An Empirical Study of Education in Twenty-One Countries, Stockholm 1976

Weiss, R., Zensur und Zeugnis, Linz 1965

Weiss, R., Modellschulen im Vergleich. Schulleistungsvergleich zwischen Modell- und Regelschulen Baden-Württembergs, Institut für Bildungsplanung und Studieninformation, Stuttgart 1975

Wendeler, I., Schulsystem, Schulleistungen und Schülerauslese, Weinheim u.a. 1974

Wettstädt, G., 30 Jahre polytechnischer Unterricht. Polytechnische Bildung und Erziehung, 30/1988, S. 343 – 348

Winkler, G. (Hrsg.), Sozialreport `90. Daten und Fakten zur sozialen Lage in der DDR, Berlin 1990

Wößman, L., Familiärer Hintergrund, Schulsystem und Schülerleistungen im internationalen Vergleich, in: Aus Politik und Zeitgeschichte B21 – 22/2003, S. 33 – 38

Wright, E. O., Class Boundaries in Advanced Capitalist Societies, in: New Left Review 98 (1976), S. 3 – 41

Sachregister

Studiengebühren 68, 122
Studienplätze 65
Studierende 13, 58, 62, 64, 66, 68, 76, 117,
    118, 127, 129, 130
Substitution 75, 79
Subsumtionsthese 74
Symbole 18, 106
Technisierung 77
teilautonome Schule 11, 199, 201, 204
Teilautonome Schule 166
TIMSS 5, 76, 77, 117, 130, 173, 206, 211, 216
Tradition von Herbart 173
trainee-Programme 81
Unentgeltlichkeit des Unterrichts 36
Ungerechtigkeit 94
Ungleichheitssysteme 97
Ungleichwertigkeit 94, 95
Universität 6, 52, 55, 57, 58, 59, 60, 61, 62,
    63, 64, 65, 84, 110, 115, 149
Unterricht 11, 133, 135, 137, 145, 147, 149,
    162, 165, 166, 167, 168, 169, 170, 171, 173,
    174, 176, 177, 178, 179, 180, 185, 188, 190,
    192, 193, 194, 195, 197, 199, 201, 203, 205,
    212, 213, 216, 218, 219, 222
Unterrichtsbeziehungen 169, 195
Unterrichtsdifferenzierung 207
Unterrichtsforschung 177, 178, 190
Unterrichtsklima 170, 174, 192, 195
Unterrichtskultur 177
Unterrichtskulturen 171, 176, 177
Unterrichtsqualität 11, 173, 174, 175, 206
Unterrichtssituation 153, 172
Unterschichten 99, 109, 144

Unterstützungsbereitschaft 177
Verbände 28
Vereinbarkeit von Mutterschaft und
    Berufstätigkeit 38
Verfahrensprinzipien 137
Verstehen 23
Vorschulerziehung 9, 40, 42, 109
Wahrheit 62, 63, 64
Weiterbildung 6, 31, 32, 35, 36, 70, 77, 119,
    121, 122, 123, 127, 220
Weltoffenheit 26
Werte 18, 24, 28, 102, 129, 154, 197
Werthaltungen 18, 27, 69, 103, 107, 108, 131,
    139, 165, 166, 195, 196, 197, 198
Wertorientierungen 101, 102, 104, 162
Wirtschaft 17, 18, 66, 69, 70, 73, 74, 75, 76,
    77, 78, 80, 81, 85, 86, 98, 114, 115, 116,
    131, 139, 142, 144, 165, 183, 222
Wirtschaftssystem 9, 70, 72, 75, 80, 81
Wissen 25, 27, 35, 52, 63, 66, 68, 73, 103, 108,
    115, 117, 118, 139, 168
Wissenschaft 13, 58, 63, 64, 76, 118, 122,
    123, 124, 125, 126, 210, 216, 220
Wissenschaftliche Hochschulen 57
wissenschaftliche Mitarbeiter 65
Wissenschaftsrat 74
Wohlfahrtsregime 88
Zeugnisse 17, 36, 86
Zwangsexmatrikulation 65
Zwangskommunikation 169
zweiter Bildungsweg 54
Zwiebelmodell 99

Personenregister

Geschlechterforschung

Christine Bauhardt (Hrsg.)
Räume der Emanzipation
2004. 254 S. mit 15 Abb. und 15 Tab.
Br. EUR 34,90
ISBN 3-531-14368-9

Ruth Becker / Beate Kortendiek (Hrsg.)
Handbuch Frauen- und Geschlechterforschung
Theorie, Methoden, Empirie
2004. 736 S. Geschlecht und Gesellschaft, Bd. 35.
Geb. EUR 49,90
ISBN 3-531-14278-X
Br. EUR 34,90
ISBN 3-8100-3926-8

Bettina Boekle / Michael Ruf (Hrsg.)
Eine Frage des Geschlechts
Ein Gender-Reader
2004. 285 S. mit 9 Abb. Br. EUR 29,90
ISBN 3-531-14271-2

Sylvia Buchen / Cornelia Helfferich / Maja S. Maier (Hrsg.)
Gender methodologisch
Empirische Forschung in der Informationsgesellschaft vor neuen Herausforderungen
2004. 355 S. mit 2 Abb. und 11 Tab.
Br. EUR 34,90
ISBN 3-531-14291-7

Nina Degele
Sich schön machen
Zur Soziologie von Geschlecht und Schönheitshandeln
2004. 240 S. Br. EUR 27,90
ISBN 3-531-14246-1

Sigrid Metz-Göckel
Exzellenz und Elite im amerikanischen Hochschulsystem
Portrait eines Women's College
2004. 310 S. mit 20 Abb. und 18 Tab.
Geschlecht und Gesellschaft, Bd. 30.
Br. EUR 26,90
ISBN 3-8100-3711-7

Christine Weinbach
Systemtheorie und Gender
Das Geschlecht im Netz der Systeme
2004. 206 S. Br. EUR 24,90
ISBN 3-531-14178-3

Karin Zimmermann / Sigrid Metz-Göckel / Kai Huter
Grenzgänge zwischen Wissenschaft und Politik
Geschlechterkonstellationen in wissenschaftlichen Eliten
2004. 142 S. Geschlecht und Gesellschaft, Bd. 37. Br. EUR 21,90
ISBN 3-8100-4207-2

Erhältlich im Buchhandel oder beim Verlag.
Änderungen vorbehalten. Stand: Januar 2005.

www.vs-verlag.de

VS VERLAG FÜR SOZIALWISSENSCHAFTEN

Abraham-Lincoln-Straße 46
65189 Wiesbaden
Tel. 0611.7878-722
Fax 0611.7878-400

Sozialstruktur

Peter A. Berger /
Volker H. Schmidt (Hrsg.)
**Welche Gleichheit –
welche Ungleichheit?**
Grundlagen der Ungleichheitsforschung
2004. 244 S. mit 4 Abb. Sozialstruktur-
analyse, Bd. 20. Br. EUR 26,90
ISBN 3-8100-4200-5

Matthias Drilling
Young urban poor
Abstiegsprozesse in den Zentren
der Sozialstaaten
2004. 339 S. mit 41 Abb. und 57 Tab.
Br. EUR 29,90
ISBN 3-531-14258-5

Klaus Eder / Valentin Rauer /
Oliver Schmidtke
Die Einhegung des Anderen
Türkische, polnische und russland-
deutsche Einwanderer in Deutschland
2004. 308 S. mit 35 Abb. und 8 Tab.
Br. EUR 32,90
ISBN 3-531-14302-6

Ronald Hitzler / Stefan Hornbostel /
Cornelia Mohr (Hrsg.)
Elitenmacht
2004. 351 S. Soziologie der Politik, Bd. 5.
Br. EUR 32,90
ISBN 3-8100-3195-X

Stefan Hradil
**Die Sozialstruktur Deutschlands
im internationalen Vergleich**
2004. 304 S. Br. EUR 24,90
ISBN 3-8100-4210-2

Monika Jungbauer-Gans /
Peter Kriwy (Hrsg.)
**Soziale Benachteiligung
und Gesundheit bei Kindern
und Jugendlichen**
2004. 205 S. mit 33 Abb. und 33 Tab.
Br. EUR 29,90
ISBN 3-531-14261-5

Gunnar Otte
**Sozialstrukturanalysen
mit Lebensstilen**
Eine Studie zur theoretischen
und methodischen Neuorientierung
der Lebensstilforschung
2004. 400 S. mit 35 Abb. und. 50 Tab.
Sozialstrukturanalyse, Bd. 18.
Br. EUR 34,90
ISBN 3-8100-4161-0

Marc Szydlik (Hrsg.)
Generation und Ungleichheit
2004. 276 S. Sozialstrukturanalyse,
Bd. 19. Br. EUR 24,90
ISBN 3-8100-4219-6

Erhältlich im Buchhandel oder beim Verlag.
Änderungen vorbehalten. Stand: Januar 2005.   **www.vs-verlag.de**

VS VERLAG FÜR SOZIALWISSENSCHAFTEN

Abraham-Lincoln-Straße 46
65189 Wiesbaden
Tel. 0611.7878-722
Fax 0611.7878-400